グローバル世界史
と
環境世界史

深草 正博 著

青山社

まえがき

本書は、表題に関して、これまで書いたものを、若干の削除・加筆・修正を施して編集したものである。以下に、それぞれの執筆契機や内容の簡単な紹介をし、今後の課題にも触れておきたい。

第Ⅰ部第1章の「二一世紀に向けた世界史の再構築―梅棹忠夫『文明の生態史観』を手がかりとして―」は、二〇世紀の末に二一世紀を見据えて書いたものである。もうそこから一七、八年が経過し、二一世紀にも一五年ほど入ってしまっているが、基本的な思いは今も変わっていない。近年いよいよグローバル世界史の必要性が叫ばれているが、私は、梅棹氏の「文明の生態史観」が、世界史のグローバルな捉え方を示したものとしては、最も優れたものの一つと考えている。もとよりそれがユーラシアのみに焦点が当てられており、アメリカやアフリカ、オーストラリアが視野に入っていないという批判はあろう。が、近年ダイヤモンドにより、ユーラシア大陸が東西方向に経度的な広がりを持つ陸地であったが故に、他の大陸に比べて食料生産の伝播の速度が非常に速く、それがユーラシア大陸の社会的・文化的発展につながったとの指摘もあるように、改めてユーラシア大陸の重要性が浮かび上がってきていることにも注意したい（ジャレド・ダイヤモンド『銃・病原菌・鉄』（上・下）草思社、二〇〇〇年）。しかし、それよりもむしろ本稿では、「生態史観」を批判する川勝平太氏の「海洋史観」やイスラムネットワーク理論、さらに気候変動論などを取り込む方向で、梅棹理論を豊かにすることを構想したのである。

それにしても、永年世界史を勉強してきて、二つの不思議さを感じるようになった。一つは、ヨーロッパ近代の突出したエネルギーというかパワーというべきか、それがどのようにして生み出されてきたのかという点であり、もう一つは、なぜアジアにおいて「奇跡」といわれるまでに、日本が近代化・工業化に到達できたのかということである。それをつきつめていくと、どうしても梅棹理論にたどり着かざるを得ないのである。今後、このような観点からもこの理論を検討していきたいと考えている。

さて次に、第2章の「新しいシステム論の構築―山下範久『世界システム論で読む日本』の検討を通して―」は、山下氏がユーラシア大陸史の非常にグローバルな見方を示したくれたこと（とりわけブローデルの発想を基礎にした、一六世紀の空間的理解は見事である）に大きな刺激を受けたことが、本稿を書く契機となった。ただ、私の目から見ると、「一七世紀危機論」や気候変動論が欠落しているように思われ、さらにそれらに梅棹理論を組み込めば、より一層進んだグローバル世界史が構想できるのではないかと考えたのである。

第3章の「発見―モンゴル帝国大崩壊の秘密がたった一本の桧の中にひめられている―」は、本文中にも書いたように大げさな題であった。が、永年にわたって歴史上の気候変動の問題を考えてきた私にとって、杉山正明氏がまだ解明できていないとする、ユーラシア全般にわたる一四世紀「大天災」の原因を、かつて高等学校の日本史・世界史の教員として親しんでいた、西岡秀雄氏の『気候七〇〇年周期説』（好学社、一九七二年）に掲載されている一枚のグラフによって解き明かしたものである。もはや現段階においては、一四世紀が急激な寒冷化に見舞われたことは、気候変動史からみて当然視されているといってよいであろう。

第4章の「『一四世紀の危機』について」では、上記第3章でも示したように、一四世紀のユーラシアが深刻な危機に見舞われていたにもかかわらず、同時期の日本の研究史においては、その深刻さがみられないのはなぜかという違和感、疑問が、執筆動機となっている。結論だけ示せば、これまで日本史の研究者が使用してきたフェアブリッジ曲線が、今日ではもはや使用に耐え得ないところに根本原因があるのではないかということである。もとより今後のきめ細かな論証が必要であろう。

最後に、第5章の「ミヒャエル・エンデが『モモ』で訴えたかったこと—その挿絵の解釈—」は、私が永年親しんできた『モモ』のなかの、エンデ自身が描いた挿絵のうち、その中の二枚が一体何を言おうとしているのか、また不気味な灰色の男たちは何者か、いろいろ思いめぐらせた末の結論である。ある時、安田喜憲氏の書物のなかで示された図とその挿絵が重なったことで、急に自分の視野が開けた気がしたのである。

第Ⅱ部は、市民を対象に行った学内講演である。

第6章の「文明と環境から見た福沢諭吉と夏目漱石」では、これまでなかった福沢諭吉と夏目漱石の比較を、まさしく「文明と環境」という視角から論じたものである。といっても、この視角を打ち立てるのにはいささか苦労した。同時期に『環境世界史学序説』(国書刊行会、二〇〇一年)を書き終えていたこと、諭吉の『福翁自伝』や『学問のすすめ』、さらには『文明論之概略』の読み直しを進めていたことが幸いしたと思う。

さらに、この講演の直前までアメリカへ研修に行っていたことも、自分の考えを前進させる意味で大きかった(その成果の一端は、本書第Ⅲ部の第8章と第9章である。さらに詳しくは、拙稿「アメリカ研修の旅」『皇學館大学教育学会年報』第二三号、二〇〇二年、を参照していただければありがたい)。

第7章の「世界的気候変動の中の日本史」は、第6章の一〇年後に行ったものである。第I部第4章の執筆と同時期で、すでに先の拙著で日本史における気候変動と歴史の相関に関しては一応の見取り図はできあがっていた。それをできるだけ新しい資料を基に幅広く、世界の気候変動のなかで改めて考察したかったのである。とりわけ「五三五年の破局」を取り入れることができたことは一つの成果であった。これによって過去二〇〇〇年の人類史の中で、五三五年、一四世紀および一七世紀の危機という三つの画期を、大きな世界史の流れにおいて、それぞれを古代↓中世↓近代といった移行期として跡づけることができる見通しが立ったと考えている。が、これはこれからの大きな課題である。

第Ⅲ部は、短いものばかりである。

第8章と第9章は、愛知教育大学の衾住忠久教授(当時)を団長とした、二〇〇〇年から二〇〇二年の三年間に亘る「米国理解教育プロジェクト」のうち、二年次東海岸および三年次中西部を視察したときの成果の一部である。

第8章の「エジプトからアメリカに渡ったオベリスク――『環境世界史学』の視点から――」は、もともとラビブ・ハバシュの『エジプトのオベリスク』(六興出版、一九八五年)を読んでいて、海外にあるオベリスクに非常な関心があったことによっている。その後、石弘之氏の『酸性雨』(岩波新書、一九九二年)を読んで、ニューヨークにあるオベリスクがひどい状況にあることを知って、現地へ行ったらぜひとも見てみたいと思っていた。実際は想像以上に大きく高く、現代病に悩む古代の摩天楼の惨状を知ることができた。それとともに、地球環境の行く末に思いをはせざるを得なかった。

第9章の「アメリカ民主主義の本質―ターナーとアーノルド理論に触発されて―」は、アメリカ中西部といえば、フロンティアの歴史と切っても切り離せない関係にあることから構想したものである。民主主義がそこから生まれたとするターナーの理論は、あまりにも有名である。しかし、よくよく考えてみればフロンティアの開拓とは原住民を追い払い、森を切り倒して畑に変えていくことであり、自然破壊＝森林破壊である。ターナーを厳しく批判するアーノルドは、その点に民主主義の暗い影を見る。「環境世界史学」を提唱する私は、アーノルドに近い。

第10章の「環境史と世界史」は、歴史的思考力を伸ばす「世界史授業デザイン」を企図したいという編者（福井憲彦・田尻信壹）の求めに応じて、執筆したものである。世界史上に見られる森林破壊と気候変動に焦点を当てて、これまでの世界史の捉え方を一八〇度ひっくり返すことを試みた。が、なにぶんにも短い論考であるので、同時期に書かれた本書第Ⅰ部の第4章、第Ⅱ部の第7章、第Ⅲ部の第9章などで補っていただければと願う。が、今後のための大きなデザインというかスケッチは描けたのではないかと思う。

次いで、第11章の「グローバル教育とグローバル・ヒストリー」は、日本グローバル教育学会創立（一九九三年）一〇周年記念のために、学会が総力を結集して編纂したものの一項目である。歴史教育が常に歴史学の後追いに甘んじるばかりではなく、それに先立った問題提起をすることもあることを訴えたかったのである。しかもグローバル・ヒストリーといえば経済的な見方に偏する傾向があり、気候や文明史の視点からも論じる必要性のあることを強調したかった。これも、本書のその他の部分（特に第Ｉ部第２章や第Ⅱ部第７章など）で補完していただければありがたい。

第12章の「十字軍と斎王制度終焉の謎」は、これは私ならではのものでないかと思っている。世界史を専門としつつ、皇學館大学へ縁あって奉職できたればこその成果であろう。ある意味で全く偶然の産物である。学生たちとともに訪れた斎宮歴史博物館、そこで、これまた偶然に目にした年表。斎王制度終焉と十字軍終焉が全く同時期。そこに急に降ってきた私の仮説。まさにグローバル・ヒストリーといってもよいかもしれない。大きく見たとき、それほど間違ってはいないと考えるが、今後、もっとつきつめてみたいと思っている。

最後に、読者にお許し願いたいことがある。それは本書の各所に図やグラフ、さらに叙述の重複があることである。そこで、図やグラフについては基本的には一度掲載するだけにとどめ、あとは本文中にその掲載された本書の頁数を記すことにする。面倒をおかけするがそこを参照していただきたいと思う。

また叙述について、くり返し引用させていただいたのは、杉山正明氏の『クビライの挑戦』（朝日選書、一九九五年）の中の、ユーラシア一四世紀の「大天災」の箇所で、「一四世紀の危機」が見事に論じられているためである。この点、氏にはここに記して、感謝の意を表したい。

目次

第Ⅲ部

第I部

第1章　二一世紀に向けた世界史の再構築

―梅棹忠夫「文明の生態史観」を手がかりとして―

はじめに

本稿は、一九九八年一一月二九日に愛知教育大学歴史学会大会にて講演した「二一世紀に向けた世界史の課題」の一部である。すでにその時点からほぼ五年たっており、話した内容のいくつかは著書や論文のなかに発表されている(1)。が、新たに筆を執ったのは、ここに論じる部分だけでも独立した問題となし得ると考えたからである。しかも、その間に新しい研究も進んでおり、そうしたものも加味できると考えている。

近年、グローバル・ヒストリーに対する関心が高まっている(2)。かつて私自身はヨーロッパ中心史観を批判するという観点から、世界史のグローバルな捉え方が必要だと考え、なかでもその最も重要なものとして、梅棹氏の「文明の生態史観」を取り上げて分析したことがある(3)。今回、さらに新たな観点からそれを深めてみたいと思うのである。

注

（1）たとえば拙著『環境世界史学序説』（国書刊行会、二〇〇一年）第一章など。

（2）二〇〇二年二月には、A・フランクの『リオリエント』（藤原書店、二〇〇〇年）を受けた川勝平太編『グローバル・ヒストリー』（藤原書店）が出版され、また同年五月発行の『思想』（岩波書店）は、「グローバル・ヒストリー」を特集している。

（3）拙稿「社会科教育の国際化課題—『三つの相対化』」『皇学館大学紀要』第二八輯、一九九〇年、のち拙著『社会科教育の国際化課題』（国書刊行会、一九九五年）に加筆・修正の上収録。そこでは、その他グローバルな世界史の捉え方をしているものとして、伊東俊太郎、謝世輝、和辻哲郎らの理論を検討した。

一、「文明の生態史観」とは

さて、まず最初に梅棹理論を簡潔にまとめておかねばならない。氏の理論モデルは図1—1に示されている。すなわち、東洋と西洋という従来の地域区分はナンセンスと考える氏は、図の両端にある日本と西ヨーロッパを第一地域、両者に挟まれた中間地帯を第二地域と名付ける。その上で両者の地理的・気候的相違からそれぞれの文明のあり方を考察するのである。まず第二地域には、全大陸を東北から西南に斜めに横断する巨大な乾燥地帯が存在する。これが歴史的にはきわめて重要な役割を果たすと氏は考える。すなわちこの乾燥地帯は、いわば「悪魔の巣」（遊牧民、匈奴、モンゴル、ツングース、イスラム）であって、暴力と破壊の源泉であり、その周辺の文明は回復できないほどの打撃を受ける。しかし古代文明はいずれも第二地域からおこり、第一地域は文明から取り残されている。そこには図に示されているように、Ⅰ中国世界、Ⅱインド世界、Ⅲロシア世界、Ⅳ地中海・イスラム世界という四つの共同体ないし世界が成立する。が、先の、暴力によるおびただしい生産力の浪費により、社会の発展は妨げられた。

さて、近世になってこうした暴力がほぼ抑えられ、第二地域には中国、ロシア、インド、トルコの四大帝国が成立するが、今度はこの第二地域に対して、その外でゆっくりと着実に発展を続けていた第一地域が侵略的勢力として登場してくるのである。この第一地域は、中緯度温帯、適度の雨量と高い土地の生産性を誇り、さらに森林におおわれ、位置的にもはしっこだったため、第二地域からの攻撃と破壊をまぬかれていたことが、その順調な発展に幸いした。

おおよそ以上が梅棹氏の論点であるが、その背後には「現代の世界という空間の中で、日本がしめている位置の、正確な座標を決定する」という課題があった。[1] いいかえれば、第一地域の特殊性の解明といってもよいであろう。すなわちこの地域にのみ、大きくいって封建制↓

図 1-1

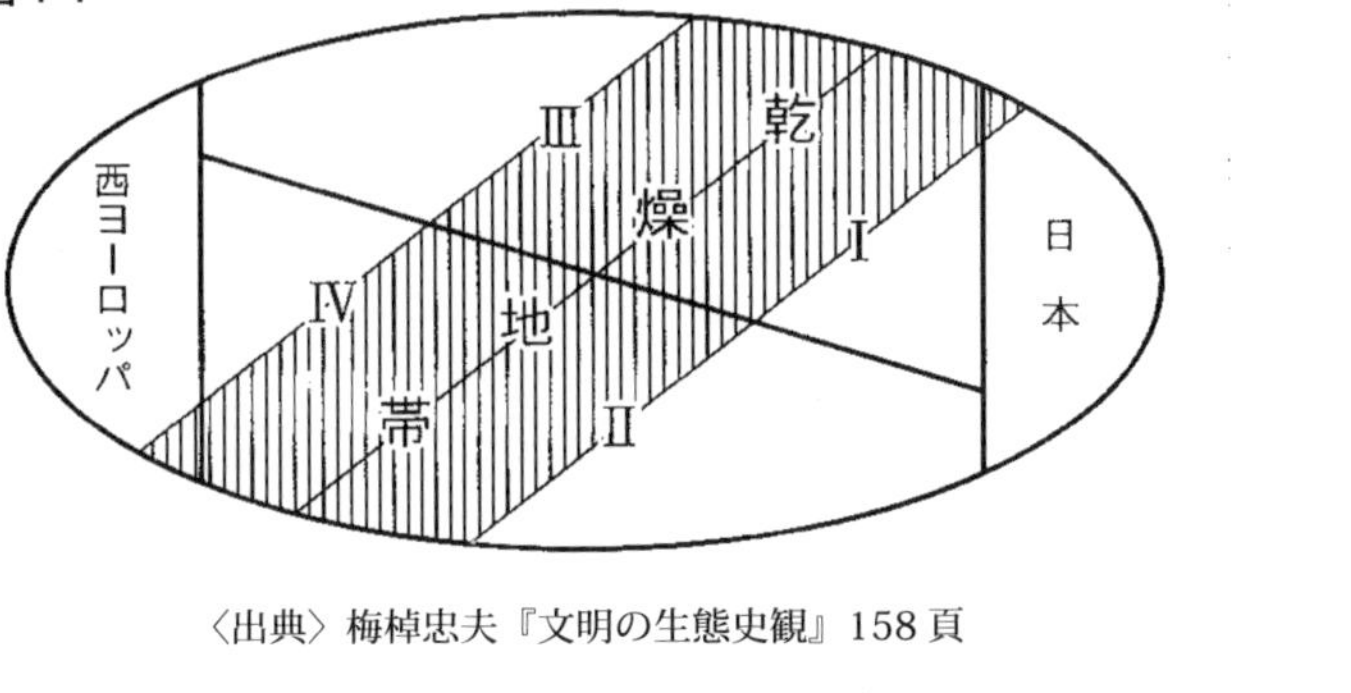

〈出典〉梅棹忠夫『文明の生態史観』158 頁

絶対主義→革命→近代資本主義社会という類似の発展経路が見られるからである。[2] そうして私の注目したいグローバル性から見れば、氏の天才的作図と着想による先の説明によって、その課題は一応果たせたのではないかと思う。[3]

図1－1の構想のほぼ一年半後に、それを図1－2のように修正した。[4] これにより、第一地域の形は以前のような左右相称の位置にではなく、現実の緯度に近い形になった。すなわち、日本と西ヨーロッパとは気候型などがよく似ているのであるが、後者の方が一般に気温が少し低く、高緯度にあることがよく図に表されている。さらに、図1－1には姿を見せなかった東南アジアと東ヨーロッパが対照的な位置に示される。しかし、どちらもたくさんの小国を抱え、さなざまな異質的なものの併存する地域で、くりかえし周辺の大国から侵入をうけた点で似かよったところがあるともいう。[5]

ところで、梅棹理論の第一地域と第二地域の相違の捉え方の根本には、サクセッション理論がある。すなわち生態学でいうところの「遷移」で、いいかえれば、主体と環境との相互作用の結果がつもりつもって、前の生活様式ではおさまりきれなくなって、次の生活様式にうつるという現

図 1-2

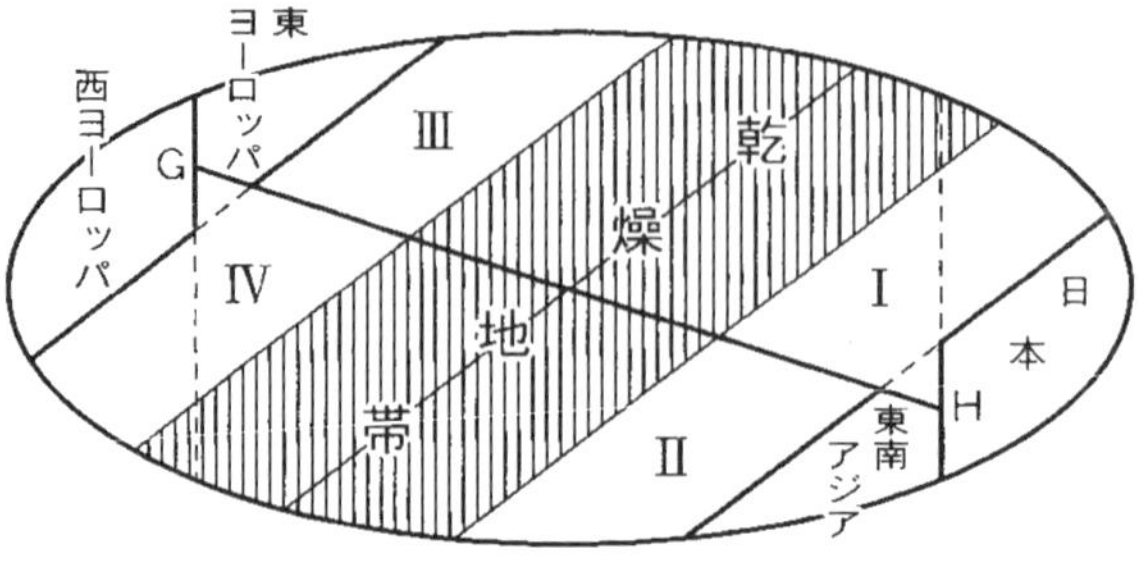

〈出典〉梅棹、前掲書、167 頁

象である。それが、一定の条件の下では、共同体の生活様式の発展が、一定の法則にしたがって進行する。したがって、条件がちがうところでは運動法則もちがう。重要なことは、梅棹氏の生態史観が、それまで進化を一本道と考え、何でもかでも、いずれは同じところにゆきつくと考えた進化史観に対して、第一地域と第二地域はそれぞれ運動法則がちがうという多系史観への道を開いたことにある[6]。

それではつぎに、この第二地域の性格をどのように捉えたらよいのであろうか。梅棹氏のもう一つの貢献は、この、東洋でも西洋でもない地域の独自性の把握である。一九五五年に、アフガニスタンからパキスタンを経てインドに赴いた旅行のなかで（図1−3）、氏はインドおよびイスラム諸国が、東洋でも西洋でもないことについて、明確な意識をもっていなかったことを、深く恥じた。そして、デリーで知り合った日本人の留学生に「ここは、中洋です

図 1-3

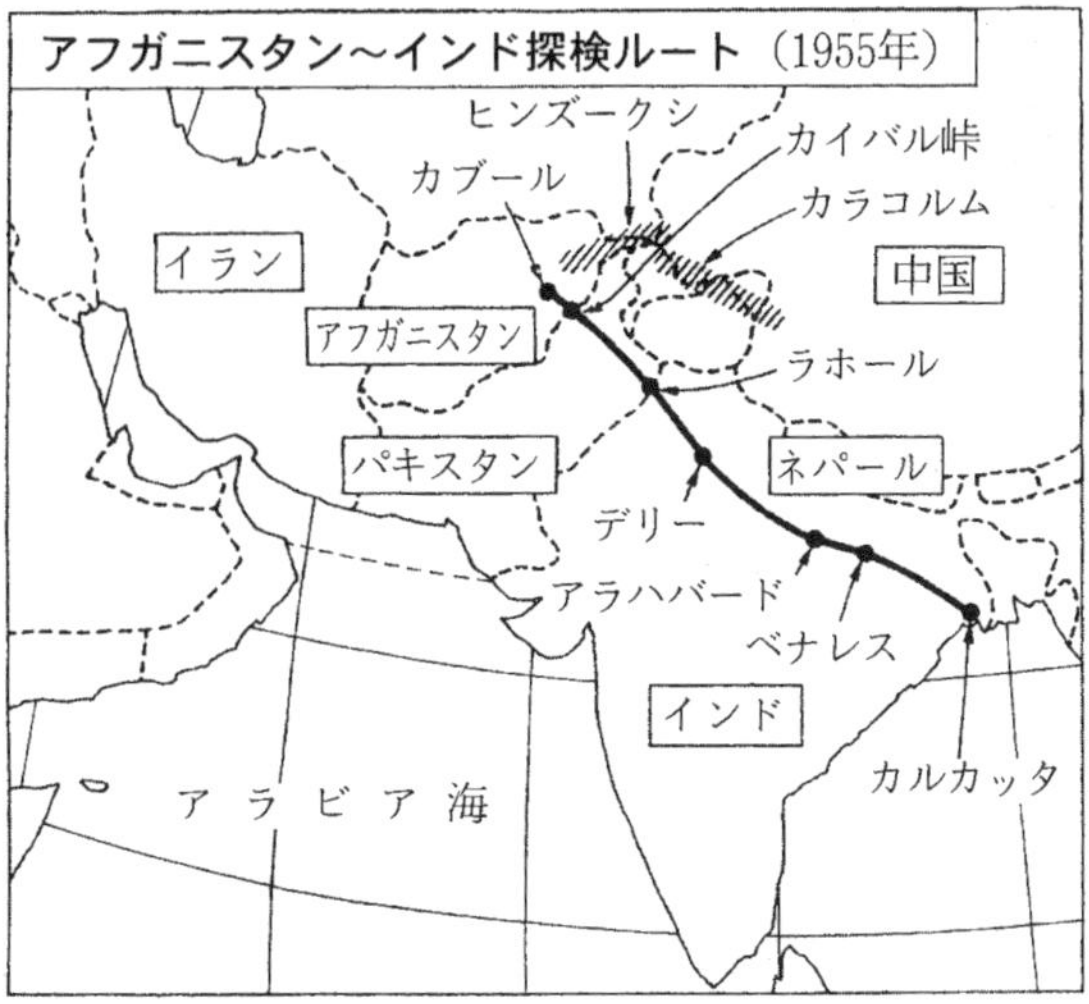

〈出典〉梅棹忠夫『比較文明の社会学』41頁

よ」と言われ、それに感心して、以後この言葉を使うことにしたという。[7] まさに「中洋」の発見であった。[8]

注

（1）梅棹忠夫『文明の生態史観』中央公論社、一九六七年、七六頁。

（2）これについては村上泰亮氏も梅棹氏の指摘をふまえて、強調している点である。すなわち、ユーラシア大陸の大部分では、「有史文明ないしその周辺文明→近代文明」という型が基本なのに対して、ヨーロッパと日本のみが「古代文明＋有史文明→中世（しばしば封建社会として一括される）→近代文明」という型を有しているのであって、封建社会としての中世をもっていることは世界史的な例外だというのである。同『文明の多系史観』中公叢書、一九九八年、一八二～一八三頁。

（3）梅棹氏の次の指摘に注意したい。「こういうかんたんな図式で、人間の歴史がどこまでも説明できるとは、わたしももちろんおもっていない。こまかい点をみてゆけば、いくらでもボロが出る。しかし、ごくおおまかなところは、ほぼこういう図式で了解がつく」。梅棹、前掲書、一六八頁。ところで、このような優れた新発見は、梅棹氏が人文系の学者ではなく、人類学者であったこと、すなわち、トレヴァー・ローパーの「最も大きい新鮮さは常にしろうと性から生まれる」という言葉を引きながら、氏が歴史のしろうとであったればこそかえって可能であったという評価を、神山四郎氏が行っている。そのような新鮮な目であったからこそ、それまで通時性一点張りで歴史を見ていたのを、共時的にみることが出来たというのである。同『比較文明と歴史哲学』刀水書房、一九九五年、二〇五～二〇六頁。これは重要な指摘だと思う。私の言葉で言えば、グローバルな見方が可能になったとも言い直せるだろう。

（4）正確には、最初の構想時点では図（図1−1）は掲載せず、修正時点で比較のために修正以前の図を出した。

（5）梅棹、前掲書、一七〇〜一七二頁。

（6）同、九〇〜九三頁。いうまでもなく、これはマルクス主義歴史学に対する批判であろう。これに対して、当然のことながらマルクス主義者たちからの批判があるが（たとえば、太田秀通『世界史認識の思想と方法』青木書店、一九七八年、廣松渉『生態史観と唯物史観』ユニテ、一九八六年、など）、残念ながらここでは立ち入って論じる余裕がない。ただ一言だけ触れておけば、廣松氏は唯物史観は生態史観を構造的契機として包摂できるものと主張するのに対して、梅棹氏は、その逆に、一元的な唯物史観の図式は多元的な生態史観の一つの特殊ケースではないかと反論している（梅棹編『文明の生態史観はいま』中公叢書、二〇〇一年、一三頁）。私自身は梅棹氏の方に与するものである。なお、先の注（2）とも関連して、日本でかくもマルクス主義歴史学が受け入れられたのは、まさにそこが西ヨーロッパと類似の発展系列をもつ第一地域だったからだと私は考えている。

（7）梅棹、前掲書、五二頁。ただし、この「中洋」という言葉は、古代オリエント史の碩学杉勇氏が、もっと早くから明確に意識していたことをここで言及しておかねばならない。同『中洋の歴史と文化』筑摩書房、一九九一年、二五頁以下。

（8）この点については、米山俊直「地球と文明―文明の生態史観をめぐって」米山俊直・吉澤五郎『比較文明の社会学』放送大学教育振興会、一九九七年、四一〜四二頁をも参照。

二、「中洋」をいかに捉えるか―自形と他形、ネットワーク―

本稿での関心は、むしろこの第二地域＝「中洋」にある。梅棹氏はこの地域を一番特徴づけるものとして、東北から西南に横切る大乾燥地帯を挙げた。しかし先にも記したように、そこを「悪魔の巣」と名付け、それを暴力と結びつけたところにこの地域に住む人々への大きな偏見も感じられる。(1) 梅棹氏の捉え方も確かにこの地域の本質の一つをえぐり出していると思われるが、そうした偏見のない角度を変えた新しい見方で、補完ができないだろうか。

その点で今、私が注目している理論が二つある。一つは、「世界単位」で著名な高谷好一氏(2)の「自形と他形」説である。これは岩石学の用語で、花崗岩のように早く結晶する鉱物はサッと結晶形をつくってしまう。これを自形という。これに対して、石英などのように、ぐずぐずしている鉱物は、いざ自分が結晶しようとする時には、先に結晶している鉱物の間隙を埋めて結晶しなければならない。これを他形という。これを氏のいう「世界単位」に当てはめるのである。

ところで、氏は「世界単位」を三類形に分類している。第一は生態適応型で、与えられた生態の上にそれに対応した生業や生活が生まれ、またそれに規制されて特有の社会ができ、世界観がつくられている、そうした型である。ジャワ世界や大陸東南アジア山地世界が典型である。第二はネットワーク型で、海と、砂漠・草原帯にできた「世界単位」のすべてが入る。ここでは全体として人口は希薄であるが、その小人口を拠点に配して、その間をネットワークで結ぶというような世界ができる。第三は大文明型で、ネットワーク型とは対極にあって、高密度の人口が広大な範囲にわたって広がっている。その基礎になるのは農民であるが、その農民の密集帯周辺にはオアシスの商人、森の焼畑民、海岸の商人や船乗りなどいろいろな人達がいるが、それをまとめ上げているものは一つのイデオロギーだという。この型に当てはまるのは「中華世界」と「インド世界」で、前者は儒教が、後者はヒンドゥ教がそのイデオロギーである。

そこで、先の自形と他形に戻れば、以上の類型のうち、大文明型が自形に、ネットワーク型が他形になるのではないかというのである。(3) 大変興味深いアナロジーで、これによって梅棹氏が示した中洋の様相がややちがった角度から浮かび上がってきたように思える。すなわち自形を他形が間隙を埋めてがっちりと結びつけているイメージである。

さて、私が注目している二つ目の理論は、まさにこのネットワーク型にかかわるもので、家島彦一氏のインド洋世界を中心としたイスラム国際商業ネットワークの研究がこれである。氏がネットワークという概念に注目したのは、これが、広域的結びつきと流動性のダイナミズムを分析する手段として、かなりの有効性をもっているのではないかと考えたからである。氏は次のようにいう。

　ネットワークという用語のアナロジー（類推概念）から、われわれは人間・社会の諸関係（relations)、物産の交換、文化・情報の伝達などにみられる広域的・相互的結びつきの方向性、広がり、波及と連続の度合い―強度・持続性・頻度・分布など―、結びつきの方法・手段、それらの役割、担い手、中継機能、中心と周縁などの、いわゆる連関のメカニズムを総合的に分析することができる。ネットワーク論のもつ有効性は、まさにこの点にあるのであって、国境を越えて生成した広域的地域空間をとらえるための、新しい手段を提供するものであるといえよう[4]。

次いで、長距離間の交通ネットワークを図化した図1－4を掲げている。これによれば、中心Aと末端Cとの間には、中間拠点BとEがある。末端（境域C）は、異域世界Dと接することで、境域における接点としての機能をもち、それに基づいて中心を指向した反作用を送信し、中心Aを活性化するエネルギーとなる。またネットワークを中軸として、その周囲には経済的・文化的影響を及ぼす作用領域の広がり、つまり磁力圏がある。これを交流圏ネットワークFと呼ぶ[5]。

さらに氏は、長距離間ネットワークが成立するための条件を考える。かいつまんでまとめれば、第一に、自然地理環境と生態系の諸条件で、海洋・河川・島嶼・山岳・砂漠・土壌・動植物などの分布、それらの自然的生産性と人間生活との関わりから生まれる秩序、である。インド洋の場合、とりわ

図 1-4

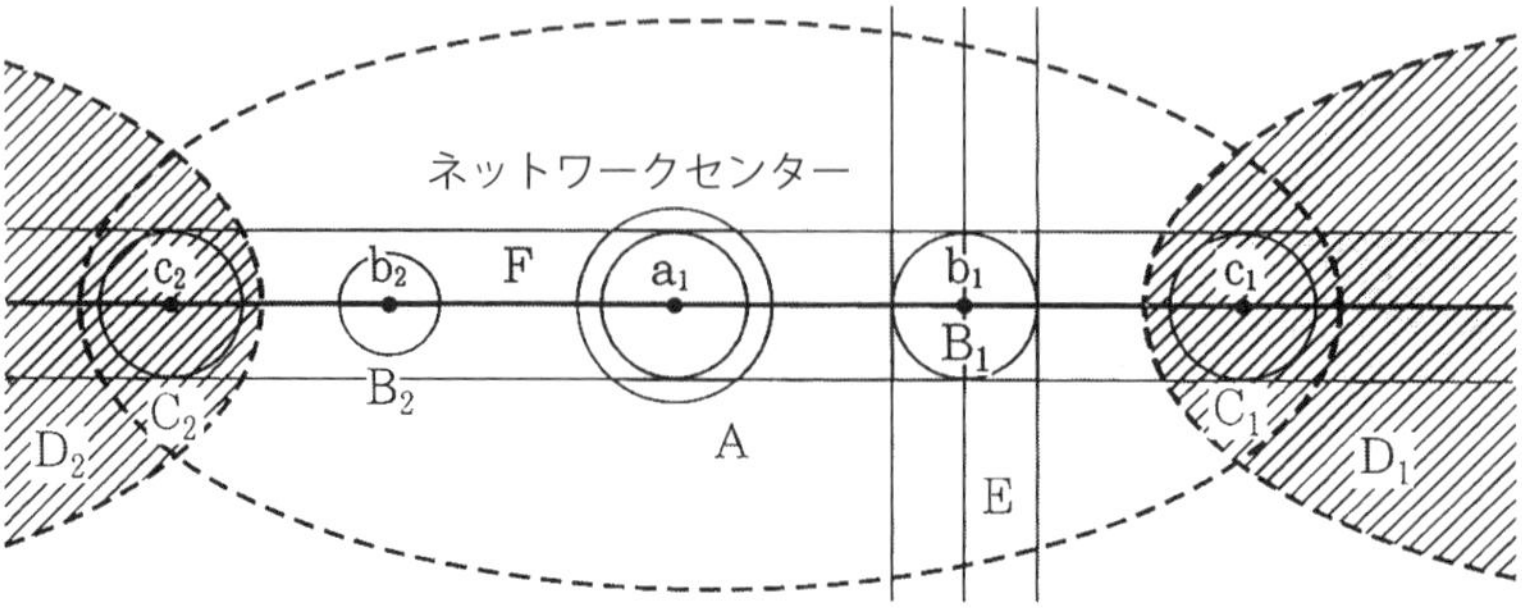

A：中心，B：中間拠点，C：末端(境域)，D：異境域，
E：分岐ネットワーク，F：交流圏ネットワーク

〈出典〉家島彦一『イスラム世界の成立と国際商業』33 頁

けモンスーンが重要であることが強調されている。(6)

第二に、人間の移動・拡散と地域形成で、何らかの原因によって共同体的連帯関係を維持できなくなったとき、その再編を求めて移動・拡散が起こると考えられるが、その過程でいくつかの中間拠点（中継地）がつくられ、それらの拠点間に原郷（出身地）を中心（ネットワークセンター）とする人的交流のネットワークが形成されること、しかもそれらが歴史的に根強く維持されていくことが、重要な点である。第三は、中心的文化（文明）と周縁文化（文明）との関係である。強力な中心的文化（文明）は、周縁地域へ強い影響力を及ぼし、文化の中心部へ向かっての吸引力と統合力をもっている。例えば、洗練されたイスラム都市文明は、とりわけアッバース朝時代に、ペルシャ湾沿岸の諸都市を経てアラビア海とインド洋の周縁部に向かって拡大し、その影響のもとに西アジアの諸都市とインド洋周縁部とを連ねるイスラム文化・経済のネットワークを作り上げたのである。(7)

以上を、家島氏は別のところでは、次のように整理している。すなわち、長距離間の交通のネットワークは、まずその基層部に第一の自然地理・生態系の諸条件、次の中間部に第二の人間移動、そして最上部に第三の文明体系の三つの基本要素の重なりによって成立すること、そして、メソドロジカルにいうならば、このネットワークが複数組み合わさることによって、面的な広がりをもつ「空間」が形成される、と。(8)

図1－5は、図1－4の図式をより具体的にイスラム世界を構成するネットワーク構造と、異域世界との関係に写し直したものである。これを見ると、イラク・ヒジャーズ・エジプトをセンターとするイスラム・ネットワークが、東は中国・東アジア世界から西はビザンツ・スラヴ世界まで、「中洋」を実に見事に結び

つけていることが分かり、その理解に不可欠な枠組みとなっているであろう。

注

（1）木村尚三郎氏は、「中世以来の世界史の上で、おそらく西欧人、アメリカ人ほど攻撃的・戦闘的な人々は存在しなかったと思う」と述べている（同『和魂和才のすすめ』日本経済新聞社、一九七九年、六八頁）。私も最近のイラク戦争などを見ていても、現代でもそれは妥当するのではないかと思えてならない。とすれば、乾燥地帯に住む人々を暴力と結びつけたのは自分たちを棚に上げた、ヨーロッパ側から見た大きな偏見ではなかったかと思う。それゆえたとえば、オスマントルコを「東洋的専制の国」

図 1-5

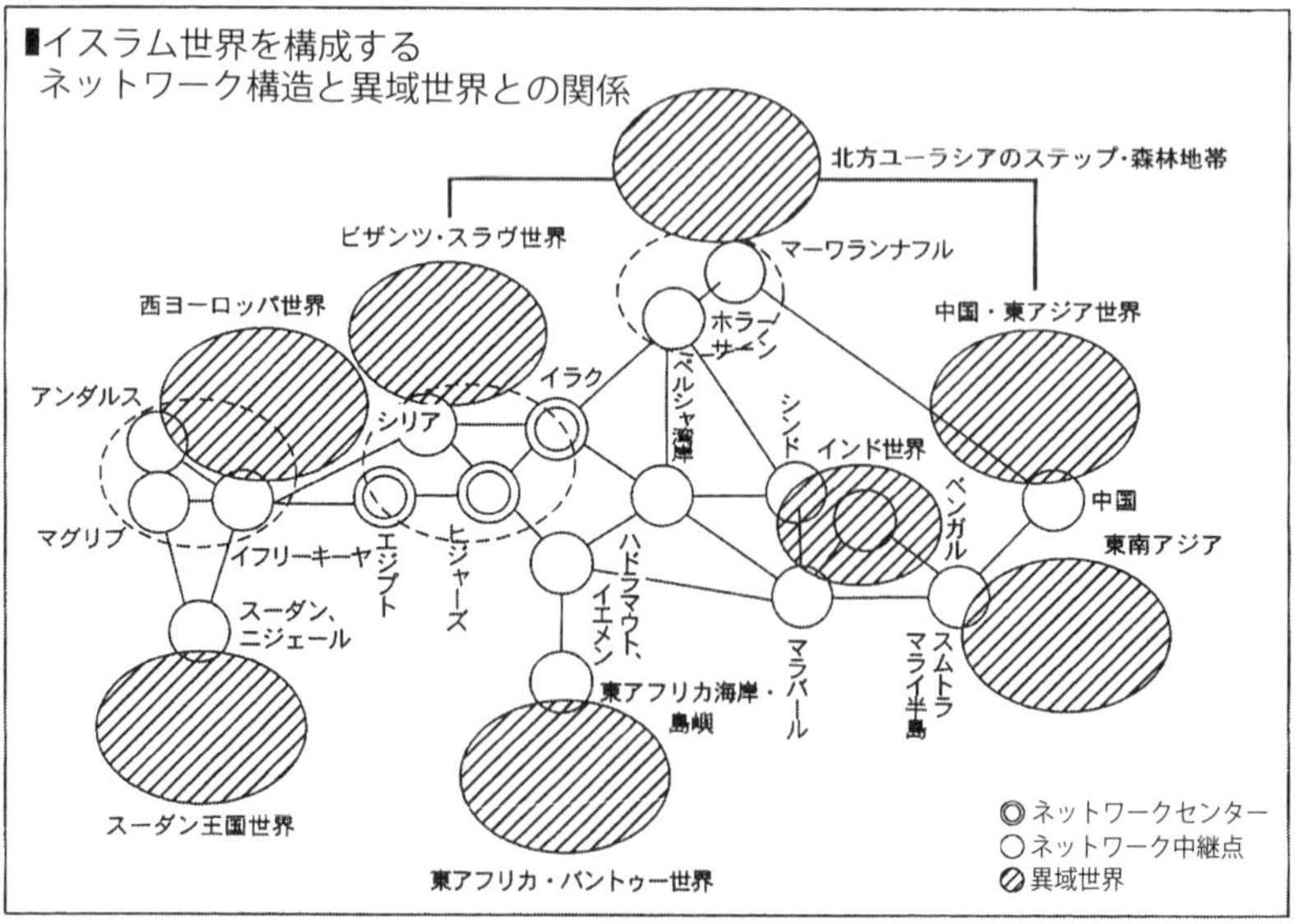

〈出典〉家島彦一『海が創る文明』37 頁

「文化なき征服者」「苛酷な抑圧者」などとみることは、西洋人が勝手に作り出したイメージだと、そして西洋中心史観に慣れ親しんでしまっている日本人もそれを受け入れてしまっているのだと、鈴木董氏は厳しく批判している。同『オスマン帝国』講談社現代新書、一九九二年、一一～一四頁。そうすると、かつて和辻哲郎が『風土』（岩波書店、一九三五年）の中で「沙漠」に住む人間を「戦闘的」と形容したことも、こうした西洋の歪んだイメージの受け売りではなかったかと思えてならないし、梅棹氏にもそうしたものが流れ込んでいるのではなかろうか。

（2）高谷好一『「世界単位」から世界を見る』京都大学学術出版会、一九九六年。

（3）同『多文明世界の構図』中公新書、一九九七年、一七四～一八〇頁。

（4）家島彦一『イスラム世界の成立と国際商業』岩波書店、一九九一年、三二頁。

（5）同、三三～三四頁。

（6）特にインド洋の西海域は、モンスーンが季節的な卓越を示し、海表面に発生する吹送流が一種の海流となって、冬季には時計軸と逆方向に、夏季には同じ方向に強い流れをつくる。したがって、モンスーンと吹送流を利用する帆船は一〇～一二ノットの速度で、安全・確実に、大量の商品と人間を長距離間・広範囲に運ぶことができるという。同、三五頁。

（7）同、三四～三七頁。

（8）同『海がつくる文明』朝日新聞社、一九九三年、三八頁。なおこの関連で、宮崎正勝氏の『イスラム・ネットワーク』（講談社選書メチエ、一九九四年）も、「世界史成立の起点」が、イスラム・ネットワークにあるという観点から、世界史認識のための重要な問題を提起している。

三、「海洋史観」による修正(1)

先に見たイスラム・ネットワーク論において、海の果たした役割はきわめて重要であった。ところが、改めて梅棹氏の生態史観を見直してみると、海についての言及が全くないのである。しかし海を無視して世界史が理解できるのであろうか。この点を明快に指摘したのが、川勝平太氏であった(2)。

まず氏は、梅棹氏の文明地図（図1―1・1―2）について、それを天才的作図と評価する。なぜなら、それはユーラシア大陸の文明の分布を見事に概括しており、その楕円の形といい、乾燥地帯の走る角度といい、現実の地形・地理から見事に抽象されているからである(3)。だが先にも触れたごとく「生態史観」には海洋がない。川

図 1-6

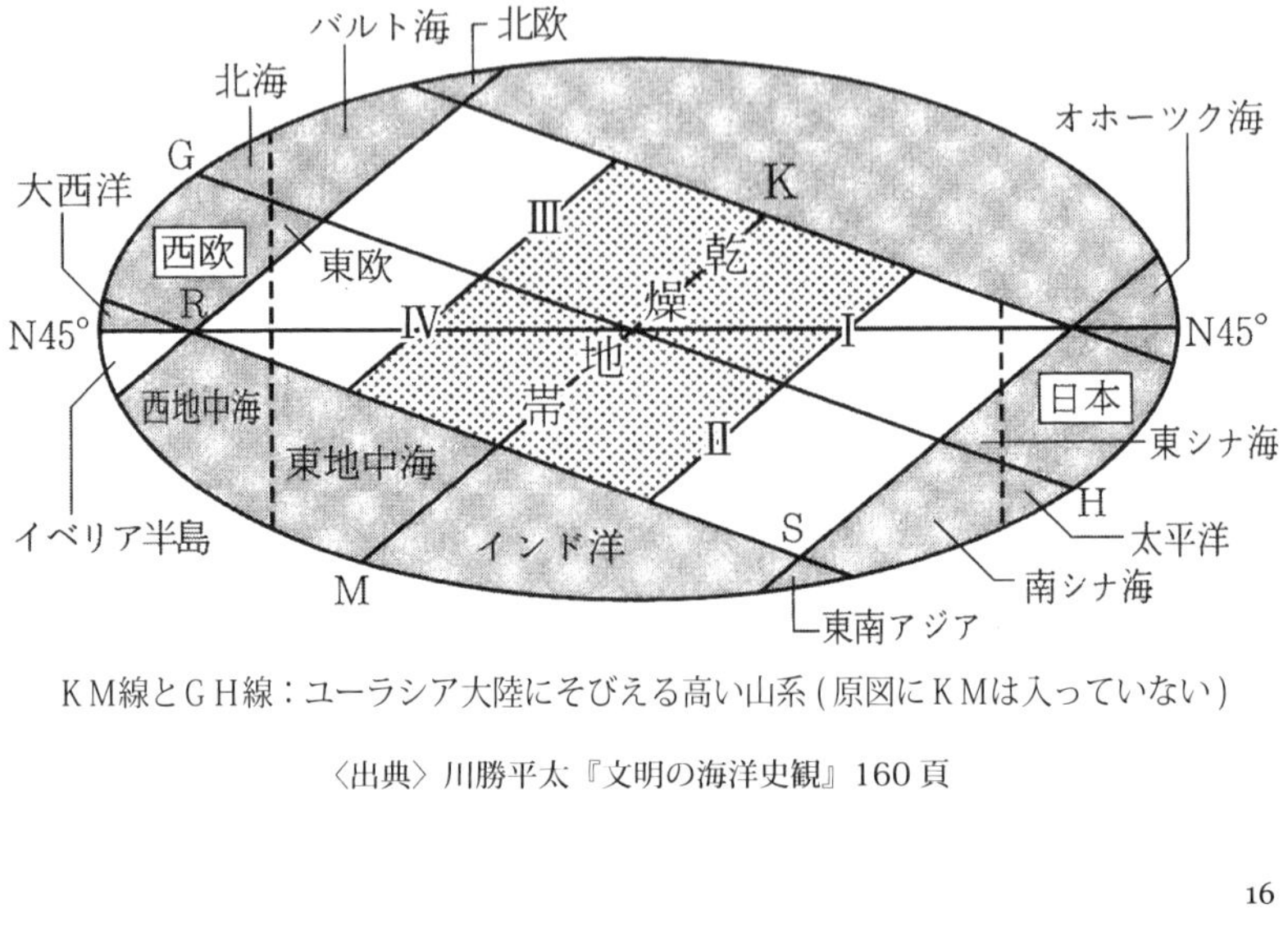

ＫＭ線とＧＨ線：ユーラシア大陸にそびえる高い山系 (原図にＫＭは入っていない)

〈出典〉川勝平太『文明の海洋史観』160 頁

勝氏は、それを海から洗い直す必要を感じるのである。そうして、いくつかの段階を経て修正されたのが図1―6である。この図のポイントの一つは、日本と西ヨーロッパがそれぞれ東西両端の「海洋」に浮かんでいることが示された点にある。こうせざるをえなかった川勝氏から見た梅棹テーゼの最大の難点は、第一地域である日本と西ヨーロッパの社会変容について、遷移が順調にとげて極相にいたるという植物群落の比喩があるばかりで、説明が全くないに等しいということにある。(4)

それでは、川勝氏は自分の主張する海洋史観からどのように問題を解くのか。氏は社会の「物産複合」に着目する。それは社会の生活様式をかたちづくるためにセットになった物の複合体で、社会生活の物的基盤になっているものである。そうしたものが変容して社会変化が起こるというような事態は、日本やイギリスといった海洋に浮かぶ島国の場合、島の内部から生み出されてくるというよりも、島の外部から舶来する文物のもつ意味が決定的に大きい。すなわち、先史の日本において、コメが「海上の道」にのって伝来して縄文文化から弥生文化へ転換したように、あるいは近代のイギリスにおいて、中国やインドから茶が帆船によって舶載されてティー文化が形成されたように、未知の物が既存の物産複合の内部に継続的にもたらされると、生活様式が変化するのである。

このように、海洋史観は海外から押し寄せてくる外圧を社会変容の主因と見るのである。マルクスの唯物史観がそれを生産力に、梅棹氏の生態史観が暴力に求めるのとは大きく異なる点を、川勝氏は強調している。(5)さらに別のところでも後者の暴力論に対する批判は手厳しく、また様々な点で視野の欠落や限界を指摘しており、生態史観に対して非常に排斥的な印象を受ける。(6)確かにこの批判にはもっともな点もあり、参考になるところが少なくない。しかし、川勝氏ほどに排斥的になる必要はないのではないか。すでに論じたように、第一地域がはしっこにあるために第二地域からの暴力の直接の攻撃にさらされることなく、それ故に順調に成長できたということはやはり一面の真理ではないかと思える。(7) 海洋からの影響のみでは説明できないのではないか。したがって、梅棹生態史観（＝陸地史観とも言えるのでないか）と川勝海洋史観を相補的に捉えてよいのではなかろうか。(8)

ところで、最近では妹尾達彦氏が興味深いモデルを提起している。というのも、複数の図式で歴史性を取り込み、(9) しかも陸地と海洋を結合させた試みが見られるからである。すなわち、時期区分の基準を世界各地域の人間集団の交流と、往来する情報量の変遷、環境の変化などにおきながら、次のような三時期に分ける。(10)

第一期　古典文化の形成期（紀元前三五〇〇年～紀元後三、四世紀）

第二期　ユーラシア史の形成期（四、五世紀～一五、一六世紀）

第三期　地球一体化の進展（一六、一七世紀～現在）

図1－7は以上の時期区分を考慮に入れた、妹尾氏の作図である。何よりも北緯三〇～四〇度を図の中に正確に位置づけたことを特筆すべきであろう。なぜなら、ここが農業―遊牧境域線に隣接する農耕地帯のために、異なる生業が接触し、異なる産物が交易され、それゆえに多様な人々が交流して情報と富の集積する場となったからである。同じ理由で、この地帯を主要舞台に、普遍的な哲学や世界宗教、法律が生まれ伝播していった。かくしてこのベルト地帯に西からⒶ地中海北部、Ⓑイラン高原、Ⓒ中国華北の三拠点が並ぶ。(11)

図 1-7

第1期：古典文化の形成期（紀元前3500年～後3、4世紀）

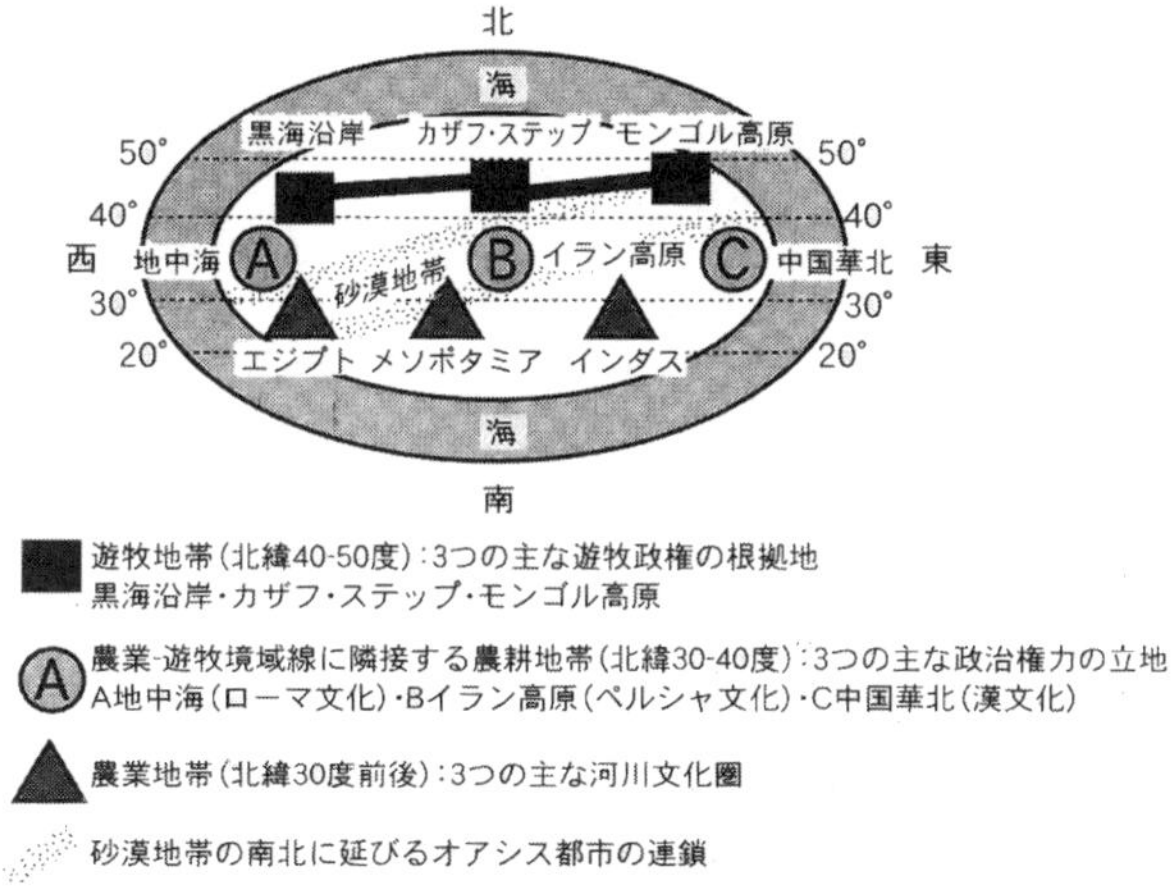

第2期：ユーラシア史の形成期（4、5世紀～15、16世紀）

（1）4、5世紀～7世紀

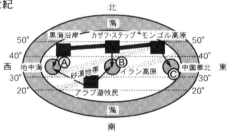

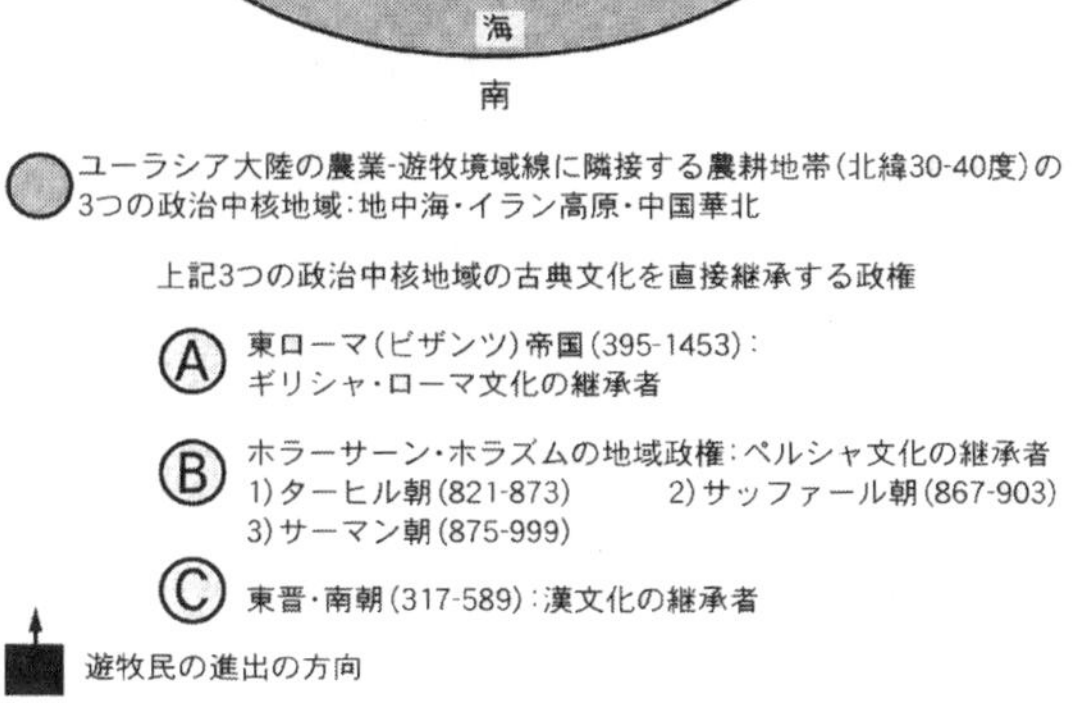

(2)7世紀～13世紀

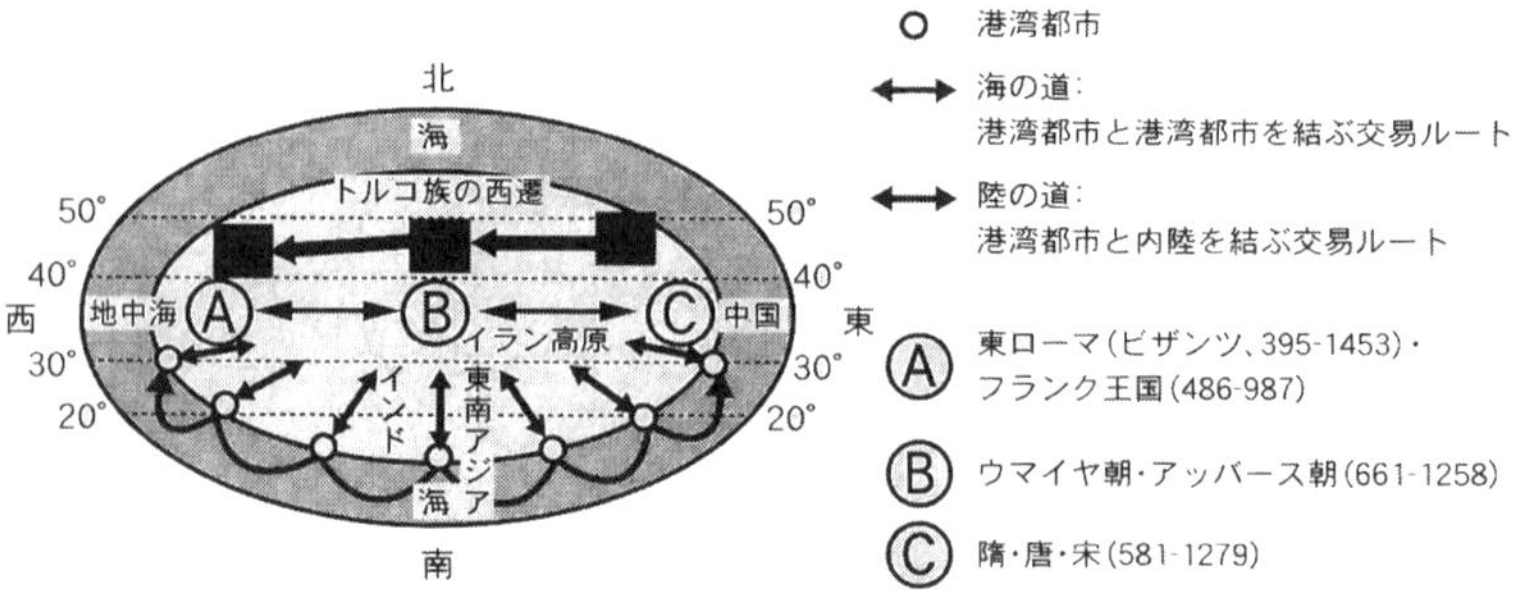

(3) 13世紀～15・16世紀

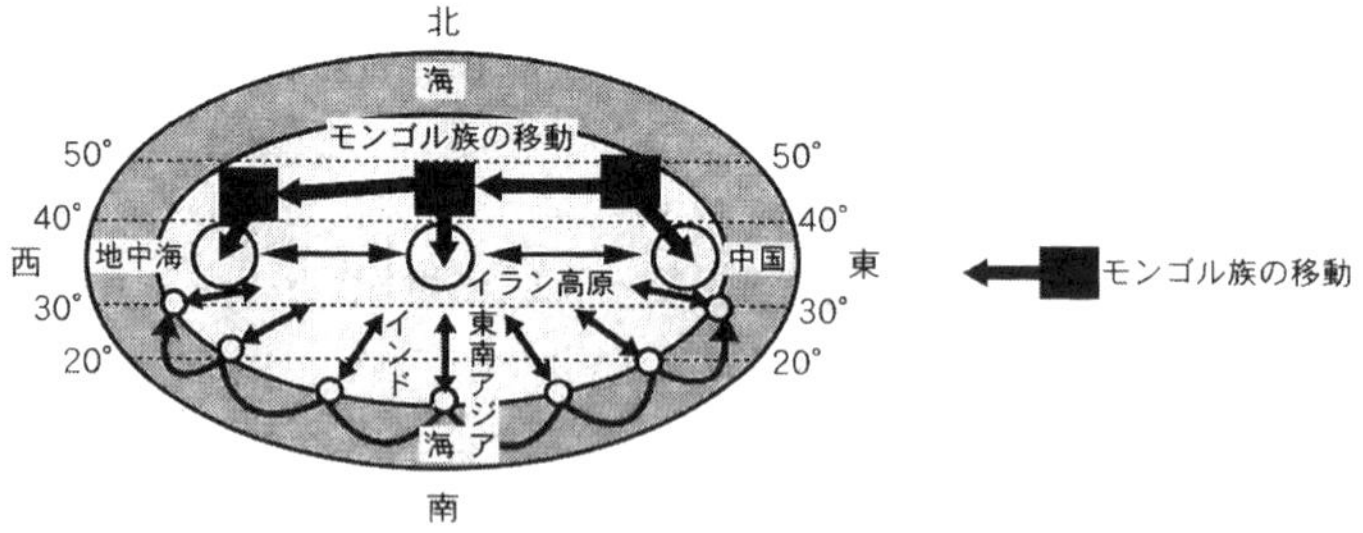

第3期:地球一体化の進展(16、17世紀～現在)

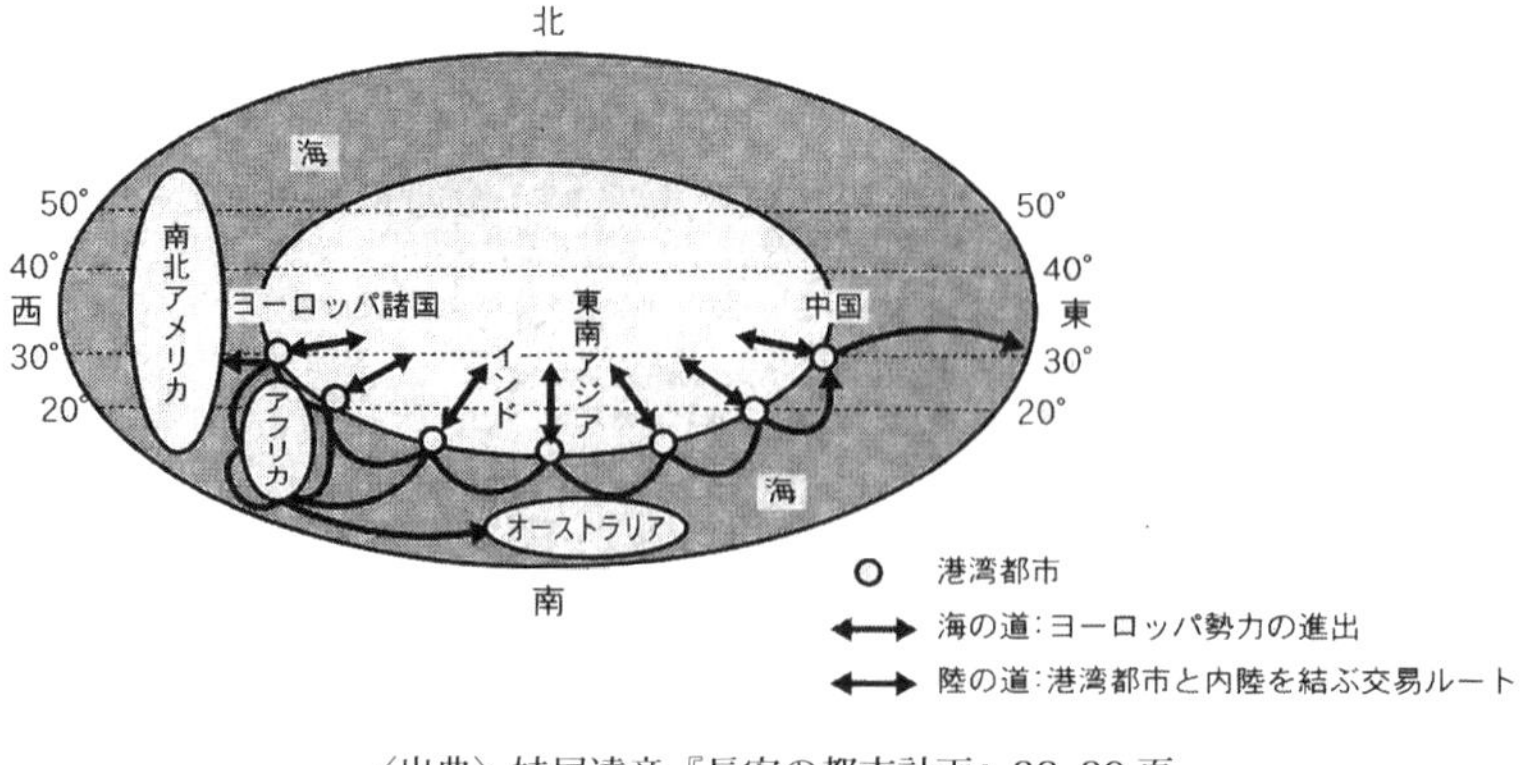

〈出典〉妹尾達彦『長安の都市計画』38~39頁

図中のⒶⒷⒸをその下の解説とともに目で追っていけばその推移がよく分かり、一三世紀に入ると、それぞれの地域が強度の差はあれモンゴル族の支配下に入る。地球の一体化が進展する最後の図では、梅棹・川勝両氏の図にはない南北アメリカ、アフリカ、オーストラリアまで組み込まれており、まさに地球全体を視野に入れたグローバルなものになっている。しかも七世紀以降は、海の交易ルートも描かれて陸と海が一体化した様相も読み取れるようになっている。ただまことに残念なことは、氏の中心課題があくまでユーラシア史の、ひいては中国史の時期区分であるため、梅棹氏のいう第一地域がスッポリ抜け落ちてしまっていることである。したがってわれわれの目標のためには、逆にこちらに梅棹・川勝理論を取り込む必要があるだろう。(12)

注

（１）この点については、すでに若干の考察をした。臭住忠久・山根栄次編『21世紀「社会科」への招待』学術図書出版社、二〇〇〇年、五一～五三頁。

（２）川勝平太『文明の海洋史観』中央公論社、一九九七年。

（３）川勝氏の梅棹生態史観に対する積極的な評価は以下の一〇項目にまとめられる。すなわち、①古典としての意義を獲得②日本における文明学の先駆③ソビエトの崩壊ないし社会主義圏の限界への見通しという先見性④ヨーロッパ中心主義から自由な精神での叙述⑤フィールドワークを書斎の学問と対等に位置づける⑥ユーラシア大陸の歴史を理解する理論を立てる（牧畜革命と農耕革命を対等に位置づける）⑦「中洋」の発見⑧日本とヨーロッパを対等に位置づける⑨地球を狭いとみなす始まりを告げる書物（地球システム論の提起）⑩比較宗教論の提起。前掲『文明の生態史観はいま』六三～九七頁。

（4）川勝、前掲書、一六四頁。

（5）同、一六六～一六八頁。梅棹氏は川勝氏との対談で、自分の書物の中には海の影響をほとんど書いていないので、それを入れなければならないと反省している。前掲『文明の生態史観はいま』一〇二頁。

（6）「梅棹氏のいう第二地域が人類の遺産ともいうべき偉人（例えば孔子、ブッダ、ギリシャの哲人―引用者）を輩出しました。これらを無視して『悪魔の巣』で論断する梅棹モデルは、むしろ文明交流を排斥する理論だとも言えます。」「梅棹モデルは一見、地球的視野に立っていますが、それは陸地的発想の地球ですね。…生態史観は海洋アジアとアメリカの理解には無力であり限界を露呈しています。…社会変革の理論として、梅棹モデルにおける暴力論は非常にずさんであると同時に、未来性がありません。」「特別対談　比較文明学の現在、そして未来へ…伊東俊太郎・川勝平太」『比較文明』一八、刀水書房、二〇〇二年、二五～二六頁。

（7）もちろん、こう言ったからといって、決して暴力論を肯定しているわけではない。

（8）この点、大島襄二氏も「海洋史観という論議が梅棹理論を補完するという役を担う」と考えているし、佐伯啓思氏も「どちらかが正しくどちらかが間違っているという二者択一的なものではない。世界史のなかには、確かに二つの原理が相互に作用しているといわざるをえない」と述べている。前掲『文明の生態史観はいま』一二三、一四四頁。

（9）川勝氏の批判に、「梅棹モデルでは系譜論は排除されているから、…錯綜した因果関係を読み解く時間軸がない。歴史がないといってもよい」というものがある。前掲「特別対談」二二頁。もっとも、一節の注（3）で見たように、梅棹理論の新しさは、それまで通時性一辺倒であったのを、共時的に見たところにあったのだが。

（10）妹尾達彦『長安の都市計画』講談社選書メチエ、二〇〇一年、三七頁以下。

（11）同、三〇～三二頁。

（12）さらに、妹尾モデルでは図が複数であるため、当然のことながら梅棹・川勝モデルのような簡潔性がそこなわれるという欠陥はあるだろう。

四、気候変動論の組み込み

以上、いくつかの観点から梅棹氏の文明の生態史観を検討してきたが、「環境世界史学」[1]を提唱する私の目から見て、なおかつ物足りない点がある。それは気候にかかわる問題で、確かに梅棹氏の楕円の図（図1－1・1－2）のベースにはケッペンの気候区分があるとはいえ、[2]それは現代の区分にとどまるものである。歴史的にはいまから明らかにするように、きわめて激しい気候変動があり、そのインパクトを考慮に入れなければとうてい真実には迫りえない。そうしてこの視点は川勝氏の海洋史観にも全くないのである。

そこで結論からいえば、梅棹・川勝両理論にさらに気候変動論を組み込むことによって、よりいっそう豊かな歴史認識が可能になるのではないだろうか、と考えるのである。

川勝氏が日本とヨーロッパの近代化の起点としてきわめて重要視する、ユーラシア大陸全体を襲った「一四世紀の危機」[3]とは、いかなる要因によって生じたものであろうか。これを「地球規模の天災」として見事に描いたのは、モンゴル史を専門とする杉山正明氏であった。氏は、「世界史」を論じようとこころみる人は、この一四世紀をおおった暗黒と不幸から目をそらすべきでないという。[4]

氏の叙述を要約してみれば、一三一〇年代から二〇年代ころより、異様なほど長期で巨大な地球規模の天変地異が始まる。ヨーロッパでは、一三一〇年代ころより、ひんぴんと災害や異常な天候不順がおこり、農業生産はひどくそこなわれた。天変地異は、信じられないほどの長期にわたった。地震、洪水、長期の異常気象――。ユーラシア全域は、くらい影におおわれていった。そして、ついに一三四六年より黒死病が、エジプト、シリア、東地中海沿岸部、そして西洋を襲い、国家と社会を破滅においこんだ。おなじころ、中国でも黄河が大氾濫し、悪疫が華北・華中を襲った。この「地球規模の天災」の猛烈さは、いくら強調してもしすぎでない。記録で確認されるかぎり、この「大天災」が史上最大規模であったことは事実で、それが人類史・世界史の展開にあたえた影響は、はかりしれない、と。[5]

以上によって「一四世紀の危機」の猛烈さがよく伝わってくる。世界史に「異常な天候不順」や「異常気象」といった気候変動を組み込まなければならないことの重要性が、分かってもらえるのではないかと思う。ただ杉山氏は、この地球規模の大天変地異の原因が分からないと述べている。私は一本の桧の年輪分析から、それが、一三二〇年代初頭から一三三七年ないし一三四七年までの、滑り落ちるような気候の寒冷化であることを突き止めることができた。[6]

そこで、杉山氏も最後に指摘した、この「大天災」の世界史の展開にあたえた影響について一瞥しなければならない。まずヨーロッパではペストが猖獗を極め、人口の約三分の一が失われたことはよく知られている。[7] また百年戦争によって英仏をはじめとする国土が荒廃した。こうした状況からの脱出がのちのいわゆる「地理上の発見」による領土的拡大であり、大西洋を股にかけた「近代世界システム」の創出である。[8]

次に日本では、「一四世紀の危機」は国内では南北朝の内乱となって現れ、対外的には倭寇となって現れる。[9] ここでは危機の克服は「鎖国」として結実する。[10]

中国では、紅巾の乱が勃発し、モンゴル帝国崩壊を決定づける。中洋をパークスモンゴリカという形でまとめ上げていた世界システムは崩壊し、ヨーロッパによる新たな再構成が始まる。[11]

さらに東南アジアでは、気候変動による人間の移動や、それに伴う疫病の発生により陸上ルートが混乱し、それに代わって交易港が発達する。[12]

最後に中東では、伝染病、[13] 飢饉、物価高騰、貨幣変動やアラブ系遊牧民の叛乱などが頻発する多事多難な時代をむかえる。こうした政治・社会・経済の動向の急速な変質・変容のなかで、マムルーク朝はヒジャーズ地方と北シリア、アナトリア方面への軍事介入によって、エジプト―紅海―インド洋を基軸とする国際交通・運輸と貿易システムを国家の統制下において、インド洋周縁部からもたらされる諸物産の専売化、関税収入と、西ヨーロッパの地中海商人たちに売却する東方物産の代価としてえられる金貨の獲得などに努めることになる。[14]

注

（1）拙著『環境世界史学序説』国書刊行会、二〇〇一年。

（2）前掲『文明の生態史観はいま』四二〜四四頁。

（3）川勝氏は「一四世紀の危機」（同『日本文明と近代西洋』NHKブックス、一九九一年、一一七頁、同「日・欧の近世」同監修『新しいアジアのドラマ』筑摩書房、一九九四年、三一頁）と言ったり「一四世紀半ばの危機」（同「日本の工業化をめぐる外圧とアジア間競争」浜下武志・川勝平太編『アジア交易圏と日本工業化一五〇〇―一九〇〇』リブロポート、一九九一年、一六七頁）と言ったりしている。私は一四世紀全体が世界的に厳しい状況なので、「一四世紀の危機」と大きく捉えた方がよいと考えている。

（4）杉山正明『クビライの挑戦』朝日選書、一九九五年、二四八頁。

（5）同、二四六〜二四八頁。

（6）拙稿「発見―モンゴル帝国大崩壊の秘密がたった一本の桧の中にひめられている―」『皇学館大学紀要』第四一輯、二〇〇二年（本書、第Ⅰ部第3章）。寒冷化はその後も長期にわたって続く。

（7）村上陽一郎『ペスト大流行』岩波新書、一九八三年、一一七頁以下。

（8）I・ウォーラーステイン『近代世界システムⅠ』岩波現代選書、一九八一年。

（9）先の拙稿で分析した一三三七年の、新田義貞軍の兵馬凍死事件も南北朝内乱の一こまである。

（10）川勝氏は、「近代世界システム」と「鎖国」とは、「開放」と「封鎖」という対照的な違いはあれ、ともにアジア物産から経済的に自立しうる見通しが立ったことの体制的表現で、両者は歴史的意義を共有したと考えている。前掲「日本の工業化をめぐる外圧とアジア間競争」一七八～一七九頁。もとより、私はヨーロッパも日本ももう一つ「一七世紀の危機」をクリアしないと近代化には辿り着けないと考えている。特に「鎖国」はこの危機への対応である。が、詳しくは、また別稿を準備中である。その際には、山下範久氏のきわめて刺激的な理論（同『世界システム論で読む日本』講談社メチエ、二〇〇三年）を批判的に検討しなければならないと思っている。（本書第Ⅰ部第2章二の（二）を参照）

（11）Ｊ・Ｌ・アブー＝ルゴド『ヨーロッパ覇権以前』（下）岩波書店、二〇〇一年、一六七頁以下。

（12）家島、前掲『海が創る文明』四八頁。

（13）エジプトのペスト流行については、長谷部史彦「一四世紀エジプト社会と異常気象・飢饉・疫病・人口激減」『シリーズ世界史への問い　1歴史における自然』岩波書店、一九八九年、参照。なお注（9）に述べたことにかかわって、エジプトでも特におなじ年、すなわち一三三七年以降、大雨・暴風・大雪・雹・洪水・渇水・熱風・ネズミの異常発生・地震などが絶え間なく続いたということである（同、六四～六五頁）。

（14）家島、前掲『海が創る文明』二八三頁。

おわりに

「はじめに」でも触れたすでに一二、三年前にもなる拙稿で、梅棹氏の生態史観について、「読めば読むほど豊かなイメージが湧き出る」理論と書き、また「読みようによっては、発想のスケールで他に比をみないほど、グローバルな世界史の捉え方を示」すとも書いた。[1] この思いはいまも変わっていない。ただその後、ネットワーク論に触れ、川勝氏の海洋史観から大きな刺激を受け、さらに気候の及ぼす歴史への影響を考えるにつれ、そうしたものを梅棹テーゼに取り込めば、二一世紀が求める新たな世界史像により近づけるのではないかと考えたのである。もとよりその新たな世界史像が一体何かはまだまだ未知数の部分もあるが、少なくともヨーロッパ中心史観批判を含み、グローバルでなおかつ多様性にも開かれているものでなければならないであろう。今回の試みがそれに対してどこまで応えうるものとなっているかは、はなはだ心もとないが、忌憚のないご批判をお願いしたいと思う。

注

（1） 前掲拙稿「社会科教育の国際化課題」七五頁。

第2章　新しい世界システム論の構築
—山下範久『世界システム論で読む日本』を検討して—

はじめに

山下範久氏の『世界システム論で読む日本』を読み、久し振りに大変な才能を持った大型の新人が登場したとの感を持った。私自身もこれまでグローバルな世界史の構築と、その中での日本の位置付けについて考えを巡らしてきたこともあって、本書はきわめて大きな刺激を与えてくれた。が、私の眼から見て氏の論理の不十分な点を修正し、あるいは新たな視点を組み込んでみれば、さらに一歩進んだグローバル世界史が構築できるのではないかと思ったのである。したがって、本稿は山下氏が提案している図に対する修正案といってもよい。

一、山下氏の提案する図

それでは早速山下氏の提起する、世界史の時空のイメージを模式的に表したとされる図を見よう。まず世界史の時空における日本の位置付けに注目しながら、氏の解説にしたがってこの図を見れば、図2－1では日本の歴史的進行を示す点線矢印が最初にぶつかるのは、一九世紀の半ばで、相手は大きな楕円である。この楕円は、一五〇〇年頃にヨーロッパあたりでできたシステムが拡大してできあがったもので、「近代世界システム」という名前がついており、日本の点線矢印が、この大きな楕円とぶつかる点が、「開国」と呼ばれ、そこが日本の近代化の起点とされている。いいかえれば、日本は一九世紀に、向こうから広がってきた近代世界システムにぶつかって「開国」し、近代世界システムに取り込まれることで、そこから近代化が始まり、今のような国の形になったという理解である。

私自身も、我が国におけるおおよそこれまでの日本史理解は、図2－1のようなものであったと思う。簡単ではあるが、巧みな図である。

次に図2－2に移りたいが、この図こそが山下氏の独創で、結論を

図2-1

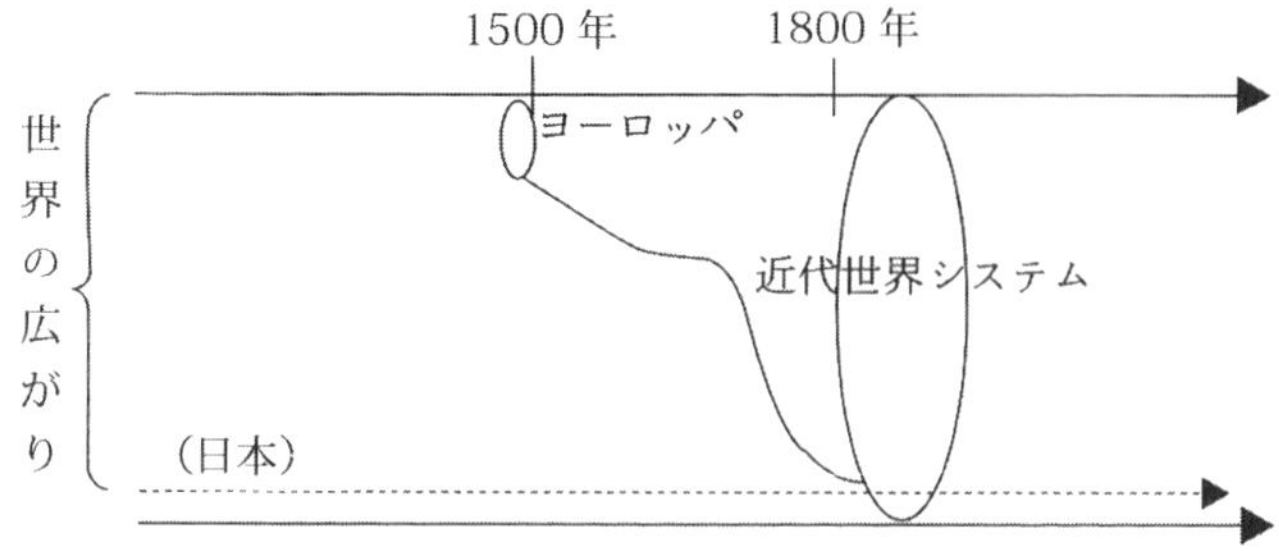

〈出典〉山下範久『世界システム論で読む日本』7頁

先に言ってしまえば、世界史の時空における日本の位置付けを図２−１からこの図２−２に転換することが、ここで検討している氏の著作の目的なのである。すなわちここでは、日本の点線矢印が最初にぶつかるのは一六世紀ごろで、相手は五つ並んでいる楕円のひとつである。氏はこの五つの楕円の共通の性格に注目して、「近世帝国」と呼んでいる（図２−３はこれに具体的な歴史的事実を書き入れたものである）。

このように日本は一六世紀に、これら近世帝国のひとつとしての東アジアの地域的なシステムの中に組み込まれた。この時期の日本はいわゆる「鎖国」の時代であり、従来は世界史的にみてかなり特殊なコースを歩んでいることが強調されがちであった。しかし、氏は「この時期の日本が近世帝国という文脈に埋め込まれており、そしてその文脈の型が、五つの近世帝国の間でグローバルに共通のものであるがゆえに、特殊で例外的というよりは、むしろこの時代の標準を成しているという視角に立つ」というのである。[1] 氏の基本姿勢はこの言葉に尽きるといってもよいかもしれない。

その後、図を見れば、一八〇〇年前後において近世帝国が解体し、

図 2-2

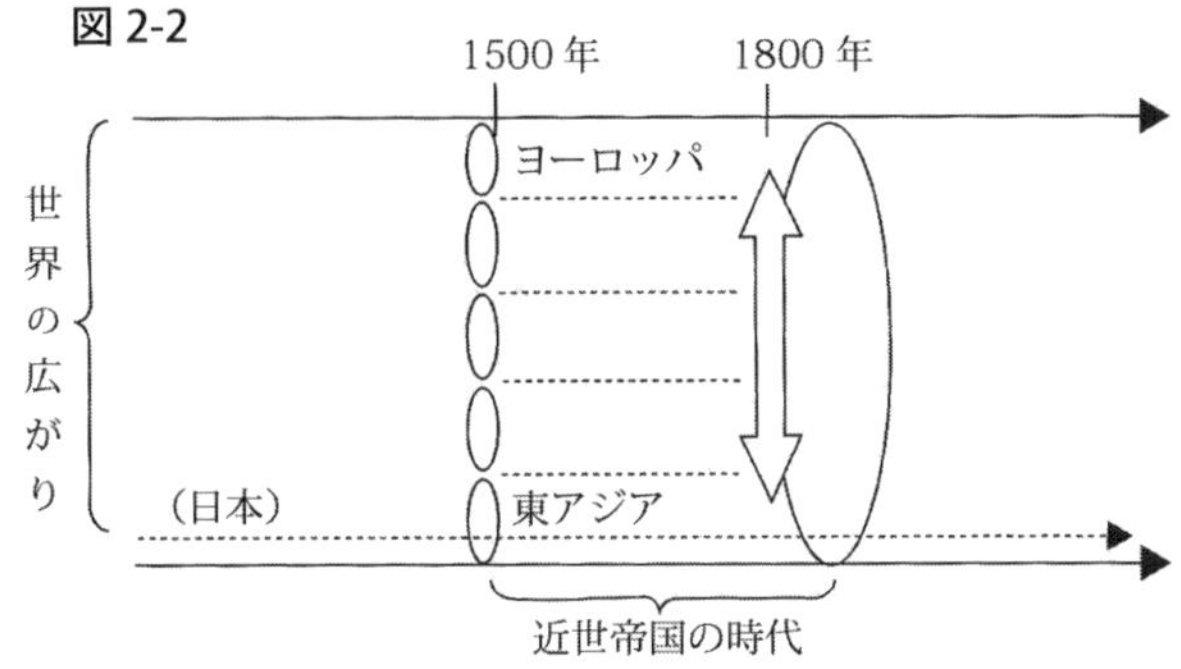

〈出典〉山下、前掲書、７頁

図 2-3

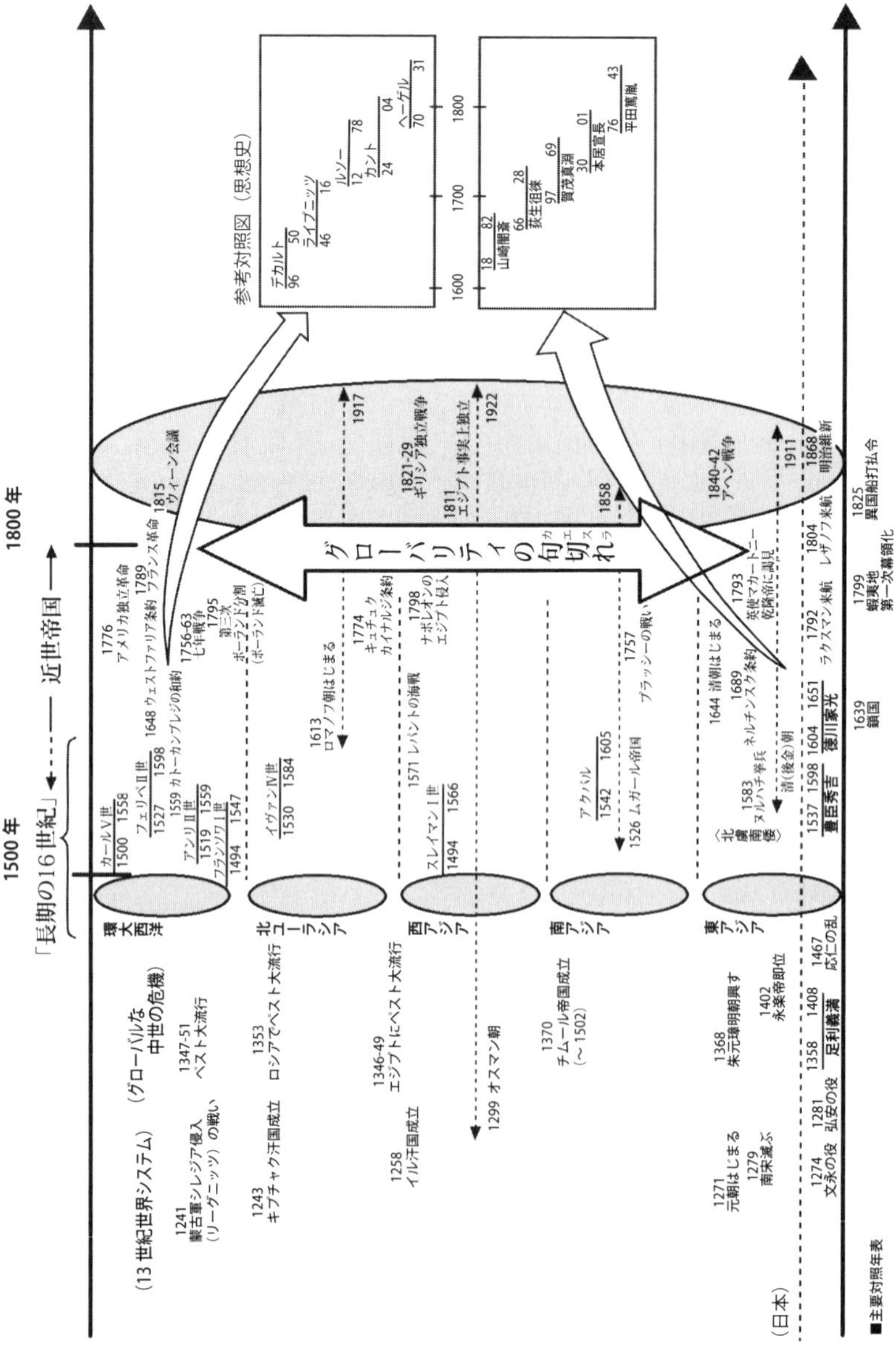

〈出典〉山下、前掲書、4~5頁

かといって新しい空間秩序の文脈は固定されていない状況が現れる（図２－３中のタテの大きな矢印）。山下氏はこれを「グローバリティの句切れ」と名付けている。この設定も氏の独創であろう。日本も当然この中に巻き込まれ、東アジアの近世帝国内の他の社会や、東アジア以外の近世帝国の諸社会と同様に、一八〇〇年前後の数十年間に、ひとつの選択を経験している。それゆえ日本も「開国」以前にグローバルな空間秩序の変容に巻き込まれていた、という事態を氏は強調する。(2) これは先にも触れたように「日本例外論」をくつがえそうとする試みなのである。

さて、ここまで山下氏の論理を紹介してみて、日本の位置付けについては後に議論することとして、広く世界史の立場に立ったとき、図２－１はヨーロッパのみ世界の中で隔絶した地位にあるという、ヨーロッパ中心史観に他ならない。私はこれまで、この史観からいかにして脱却するかということに心を砕いてきた。(3) そのような視点から図２－２を眺めたとき、ヨーロッパと対等の共通の特徴を持つ四つの帝国の設定は、そのような脱却の重要な方法と考えてよい。

ところで、同書の最大の特色は、五つの近世帝国の形成を、ブローデルのいう「長期の一六世紀」の中で展開してみせたことである。が、私がいろいろと論じたいのもまさにそれに関する氏の見解についてである。

注

（１）　山下範久『世界システム論で読む日本』講談社選書メチエ、二〇〇三年、八～九頁。

（２）　同、九頁。

(3) 拙著『社会科教育の国際化課題』国書刊行会、一九九五年、特に第一章~三章および拙著『環境世界史学序説』同刊行会、二〇〇一年、第四章を参照されたい。

二、「長期の一六世紀」と「一七世紀の危機」

(一)「長期の一六世紀」と「帝国」

それでは、山下氏は「長期の一六世紀」をどのように捉え、その中で帝国をどう展開するのか。まず、北ユーラシアでは、イヴァン四世(雷帝)が、一五四七年「全ロシアの皇帝」を称して、モスクワ大公国からロシア帝国へと脱皮し、西アジアでは、スレイマン一世(大帝)の統治が完成する時期であり、北アフリカ、バルカン半島を含む多様な地域を統治する法制度が確立した。また南アジアでは、ムガール帝国にアクバル(大帝)が現れ、グジャラート、ベンガル、アフガニスタン、カシュミールと次々に征服・平定事業を成功させ、支配地に新しい統治制度を敷いた。そうして、東アジアでは、明清交替期の始まりに当たる。いわゆる北虜南倭を憂う声もすでに久しく、動乱の時代であるが、山下氏は、朝鮮、ヴェトナム、琉球、日本も含めた中国周辺の諸王朝が、明清交替に際して、王統の不連続にもかかわらず、深層における中華的な地域秩序自体の否定や変更を求めなかった事実を強調している。すなわち、動乱にもかかわらず、東アジアにおいてもやはり、何らかの地域的な秩序があったということである。(1)

以上がヨーロッパ以外の四つの帝国の辿った概略であるが、問題は再びヨーロッパである。実は山下氏が苦慮しているのは、ブローデルの『地中海』(2)を受け継いだウォーラーステインの『近代世界システム』の捉え方なのである。というのも、ウォーラーステインは、全ユーラシア的な体勢においては、まだ世界＝帝国優位の「古い」パターンが続いているのに対して、ひとりヨーロッパだけが、世界＝帝国から（資本主義）世界＝経済への転換を果たしたところに、その後の世界史のコースを決定する分岐点があったと見ているからである。つまるところ、これも結局は別の形でのヨーロッパ中心史観なのである。私自身も彼の近代世界システム論は、どうしてもヨーロッパ中心になってしまっていると感じていた。これに対して山下氏は別の次元からまったく逆の見方、すなわち「グローバルな長期の一六世紀は、ヨーロッパも含めた五つの近世帝国のパラレルな形成期であった」という見方を提示する。(3)

この論点は一五五九年のカトー・カンブレジの和約の捉え方にある。山下氏の詳しい分析は簡略化させていただくが、一五世紀の後半から一六世紀の半ばにかけてのヨーロッパ政治の基本線は、ハプスブルク家とフランスのヴァロワ家との覇権争いであった。だが前者のカール五世の治世の末期には両家間の抗争は膠着状態に入り、その後も何ら打開策なく、カール五世の後を継いだフェリーペ二世とフランスのアンリ二世との間に、「現状維持」を確約したものがこの条約であった。ウォーラーステインは、これを「世界＝帝国」と「世界＝経済」の分水嶺と見て、以後、ここから先にも述べたようにヨーロッパのみが前者から後者に脱皮してゆくのであって、いわばゲームのルールが変わったと考えるのである。(4)

山下氏はこうしたウォーラーステインの見解に対して、過度で深刻な単純化を犯していると批判する。「長期の一六世紀」は、まずもってもはやヨーロッパ史の文脈にのみに限定されることなくグローバルなものとして捉えられるべきであるとし、それはゲームのプレーヤーたちの行動の前提になっている世界認識ないしは空間的な想像力の次元で、むしろ理念的な帝国秩序が確立された時期であって、ヨーロッパも含めた五つの「帝国」が、互いに部分的ないしは全面的に重なり合う「ふさわしい広がり」をイメージしつつ交錯していた時期であると考えた方がよい、というのである。[5] なぜなら、帝国の本質を、それぞれの「帝国」による理念上の「世界」に対する権利主張において捉えれば、近世におけるヨーロッパの絶対王政国家と非ヨーロッパのいわゆる帝国との間に本質的な相違はなくなり、むしろ同時代的な共通構造を共有するものとして位置づけることができるからである。

山下氏の論理を手短かに整理しているために、抽象的な議論になってしまっているが、要は、ヨーロッパのみを特殊扱いせずに、五つの「帝国」の共通の特徴を重く見、これまた全ユーラシア的現象としてグローバルに拡大した「長期の一六世紀」の中でそれらをひとまとまりのものとして捉えようというのである。それを端的に指し示す言葉を引用しておきたい。

近世のグローバリティは、つごう五つの近世的な地域システムによって分節化されており、そのそれぞれが、理念としての帝国という同じ型をとって、ひとつの世界をなしている――この知見こそ空間的想像力に注目し、世界システム論のパースペクティヴを更新してえられる新しい議論の出発点である。[6]

私自身これまでの氏の見解に、大枠において賛同したい。とりわけヨーロッパ中心史観をグローバルな捉え方から批判する方法は、すでに一五年前に提起した私自身のそれと全く共通するからである。(7)それを五つの「帝国」という具体相において示していただいたものとして受け取ることができたと思う。

（二）「一七世紀の危機」導入の必要性

ところで、山下氏の議論の中で一番不満に思うのは、「一七世紀の危機」論が全く欠落していることである。これまで私の研究課題のうち最大のものが「一七世紀の危機」であるので、よけいにそう思うのかもしれないが。

一体「長期の一六世紀」を、時期的にはどこまで引っ張ったらよいのであろうか。山下氏は、これを拡大と収縮の二つの局面に分けている。その様相は、前者においてはリスクに対して積極的であり、後者においてはリスクに対して管理的であるということができる。もう少し具体的に述べれば、「長期の一六世紀」の前半においては、ヨーロッパのみならずその他の地域においても、域際的な規模においても、リスクに対して積極的な交通の拡大が見られ、ヨーロッパ人にとってのいわゆる「大航海時代」もその一部であった。(8)

ところが後半になると、さまざまな可能性を試行錯誤するような交通の拡大の時代は終わり、交通の回路の制度化が進んだという。そのような観点からすれば、近世ヨーロッパのいわゆる重商主義政策も、清朝が再度実施した海禁政策も、さらには日本の鎖国も、程度の違いはあれ、基本的に交通・交易の権力による管理の強化という点で一致しており、この転換の同期性には構造的な意味があるのではないかと山下氏は論じている。[9]

氏がこれらに共通したものを見だしている点は大いに評価できるが、しかし、氏が掲げているこうした諸特徴は、私の眼から見れば、「一七世紀の危機」に対応してとられたものなのである。例えば近世ヨーロッパ重商主義の典型といわれるルイ一四世治下のコルベールの政策は、学者たちによって「国家主導主義」とか「王制的社会主義」などと名付けられるほど国家の管理が隅々にまで行き渡ったものであるが、これも一九三〇年代のアメリカのニューディール政策と同様に、深刻な危機に直面してとられたものと考えることができよう。[10] そして日本の鎖国も同様に、東アジアを襲った「一七世紀の危機」への対応としてとられた政策と理解できるのである。

図2―4はG・パーカーらが作成した全世界にわたる「一七世紀の危機」を示した、非常に意欲的な図である。地球的規模にわたる危機の原因をパーカーらは気候の悪化（「小氷期」）に求めているが、[11] その点については後に考えることにして、ヨーロッパ地域を見ても実に多くの事件が起きている。三〇年戦争、イギリスの清教徒革命、フランスのフロンドの乱などはその代表的なものである。ヨーロッパでは近代化の起点としてこのイギリス革命だけが非常な注目を集めがちだが、視点を変えれば、これも「一七世紀の危機」のひとつの現れであり、その対応策とも考えられる。同様に、フロンドの乱鎮圧後しばらくしてルイ一四世の親政が始まり、先にも触れた典型的な絶対王制が展開されることになるが、これも危機への別の形での対応である。現象形態が違うのは、それぞれの国や地域での内部事情の相違による。

図 2-4

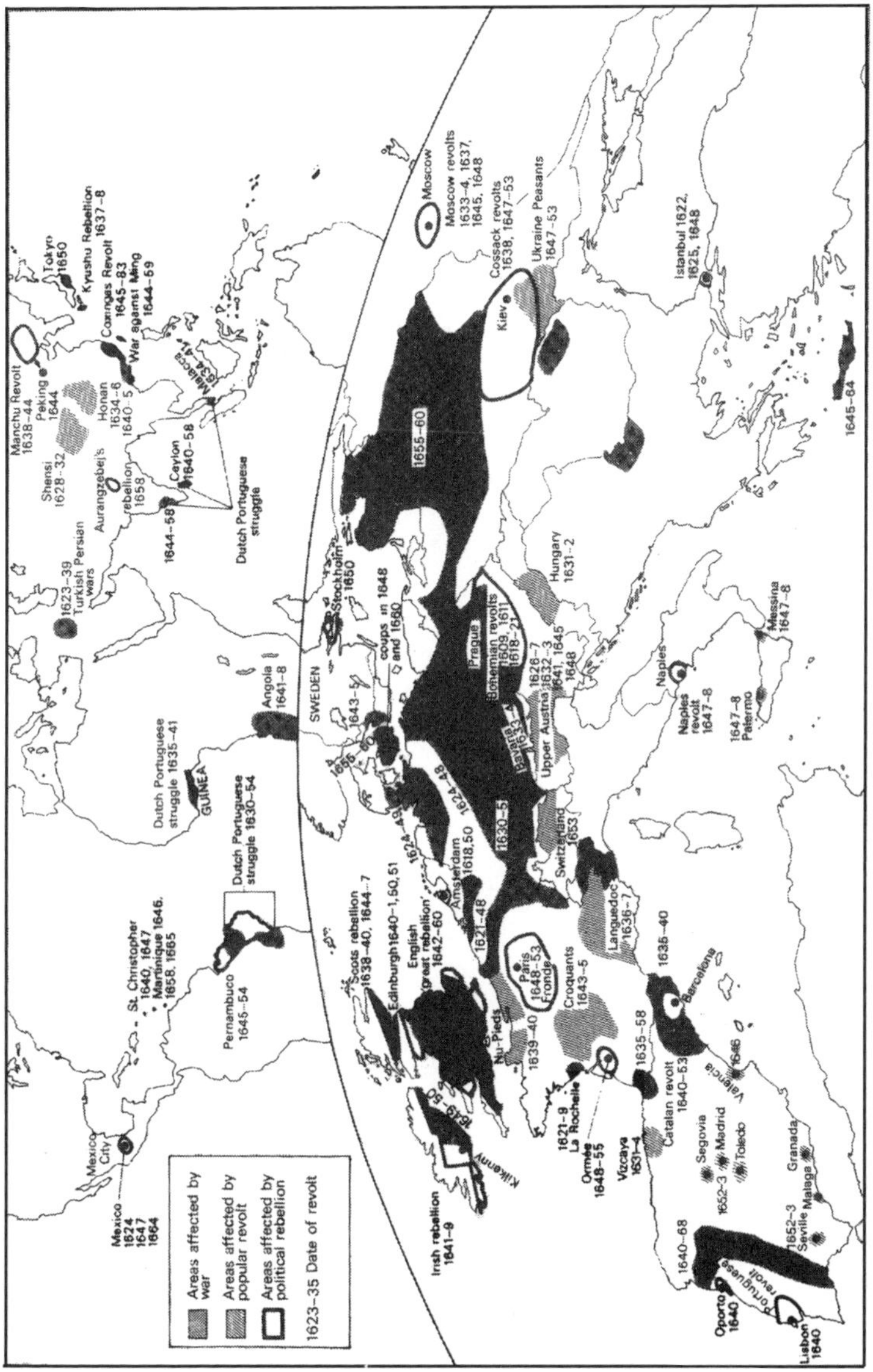

〈出典〉G. Parker / L. Smith(eds), *The General Crisis of the Seventeenth Century*, 1978, P.5.

そのような観点から東アジアに目を向ければ、同様の考え方が成り立つのではないかと思われる。この図2―4では中国に関しては、満州から立ち上がった李自成が北京を占領し明を滅ぼした事件が、日本に関しては、島原の乱[12]と、一年年号がずれていると思うが（正しくは一六五一年）、由井正雪の乱が載せられている。後者は鎖国とは直接関係がないが、前者はその大きな契機となった事件である。この明の滅亡と鎖国とをどう見るのか。私は当の山下氏が翻訳している、A・G・フランク『リオリエント』が興味深い論点を提供しているように思う。フランクは全般的な「一七世紀の危機」に関してはきわめて懐疑的な論者のひとりであるが、このフランクも、一六四〇年代を中心とした二〇～三〇年程度の短期の危機（一七世紀の「ミニ危機」）を中国と日本に同定しているのである。[13]手短かに結論を示せば、一六四〇年頃のスペイン経営のラテン・アメリカ銀の急激な減産は、スペイン経済を突然突き放すとともに、世界的な貨幣危機を招き、アジアでもそれまでの持続的な拡大のいわゆる「A」局面に区切りがもたらされた。一六四四年の明滅亡の直前直後に、銀輸入が半分以上という下落を示し、明を支える機能を維持できる資金がなくなったと考えられる。明から清へ交替の原因はここにある。[14]先に述べた観点からすれば、この明から清への転換こそが危機への対応と考えられるのでないか。

他方、日本は、この時期まで大量の銀を輸出していたが、この世界的危機に際して最終的にはいかなる銀の輸出も（法的には）禁ずるという反応をした。フランクはこの危機への日本の対応を「鎖国」と捉えており、興味深い。[15]すなわち、この政策を、それまでの銀本位的な世界では銀の巨大輸出国であった日本が、こうした国際的な貨幣危機に巻き込まれたことへの反応として、いいかえれば、その経済的立場が全員に対して赤字であるという世界システム的な文脈への対応としてみるのである。
いずれにしても日中両国の事件ないし政策は、一方は明から清への国家の切り替えによって、他方は国家を閉ざすことによってといった具合に、性格に大きな違いはあるが、それぞれの国内事情に応じた「一七世紀の危機」への対応と見なすべきなのである。

注

（1）山下、前掲書、六一〜六三頁。
（2）F・ブローデル『地中海』（浜名優美訳）全五分冊、藤原書店、一九九一年。
（3）同、六三頁。
（4）I・ウォーラーステイン『近代世界システムⅡ』（川北稔訳）岩波現代選書、一九八一年、四「セビーリャからアムステルダムへ—帝国の挫折—」参照。
（5）山下、前掲書、六四、六七頁。
（6）同、八七頁。
（7）前掲拙著『社会科教育の国際化課題』、一〇頁。
（8）山下、前掲書、七五〜七八頁。
（9）同、八三頁。
（10）不十分な点が多いが、とりあえず拙稿「一七世紀の危機とコルベールの工業政策」『愛知教育大学附属高等学校研究紀要』第一一号、一九八四年、一七六頁以下や、同「一七世紀フランス経済史をめぐる諸問題」『歴史研究』愛知教育大学歴史学会、第三一・三二号合併号、一九八六年、一四頁以下を参照。
(11) G. Paker/L. Smith(ed.), *The General Crisis of the Seventeenth Century*,1978, p.4.
(12) この乱の性格は、のちに触れる一七世紀の気候の寒冷化による飢饉と、九州という特殊条件によるキリスト教とが結びついたものと、私は考えている。
(13) アンドレ・グンダー・フランク『リオリエント』(山下範久訳)藤原書店、二〇〇〇年、四一七頁。
(14) 同、四〇九～四一一頁。
(15) 同、四一七頁。

三、西ヨーロッパと日本の特殊・例外論

もう一度最初の図2－1に戻れば、すでに述べたように山下氏はヨーロッパの特殊性を相対化するために、五つの同等の「帝国」を設定した。そしてこのことは非常にすぐれた独創であると私は思う。しかしこれまで梅棹忠夫氏の「文明の生態史観」や、川勝平太氏の「文明の海洋史観」を検討し、それらを高く評価してきた私の立場からすると、(1) 山下氏の図の中にもう少し工夫をしたいと思うのである。

まず周知の図を掲げる。図2－5が文明の生態史観であり、図2－6が文明の海洋史観である。かいつまんで要点のみ示せば、生態史観は、ユーラシア大陸を第一地域と第二地域に分け、後者第二地域が中央を斜

図 2-5

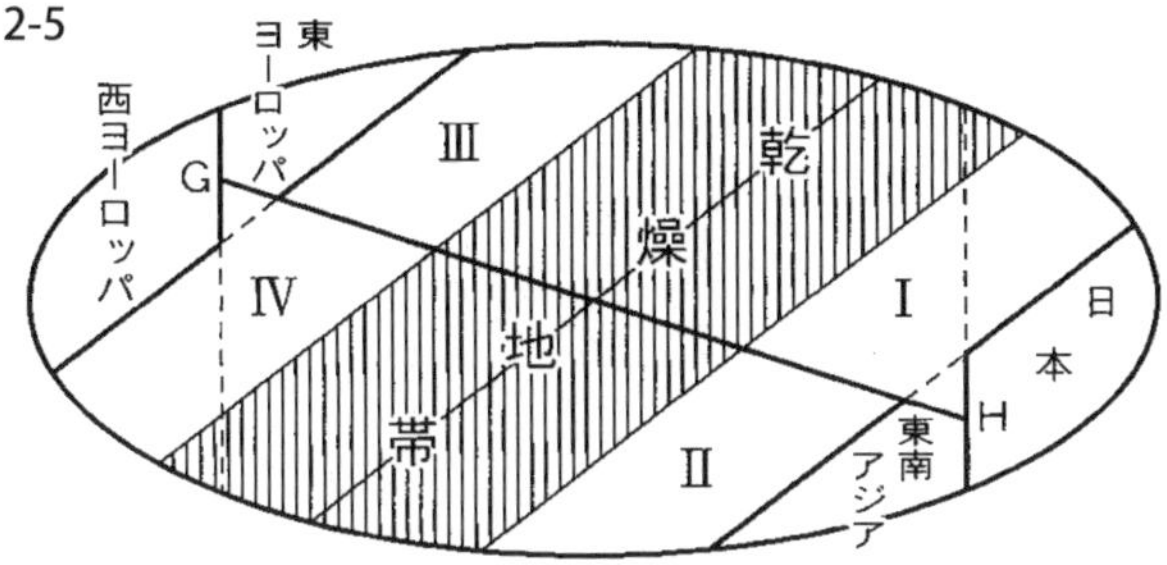

〈出典〉梅棹『文明の生態史観』167 頁

図 2-6

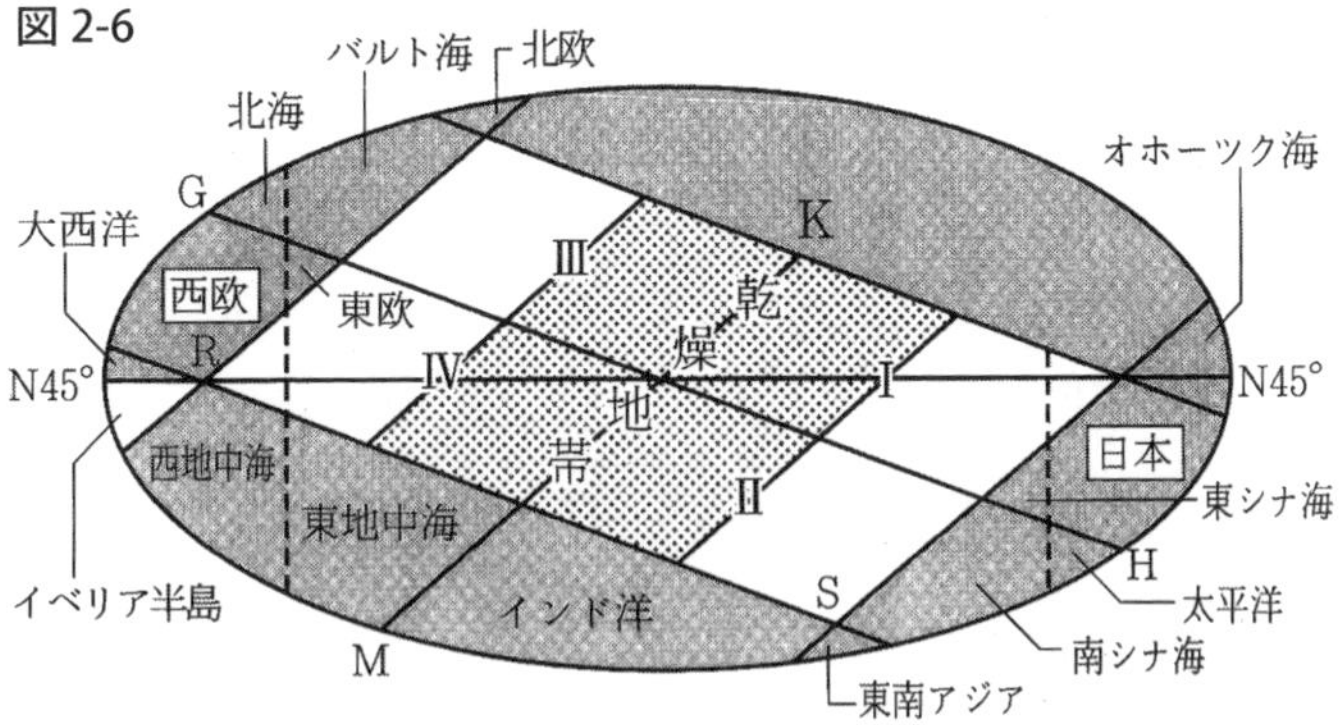

ＫＭ線とＧＨ線：ユーラシア大陸にそびえる高い山系（原図にＫＭは入っていない）

〈出典〉川勝『文明の海洋史観』160 頁

図 2-7

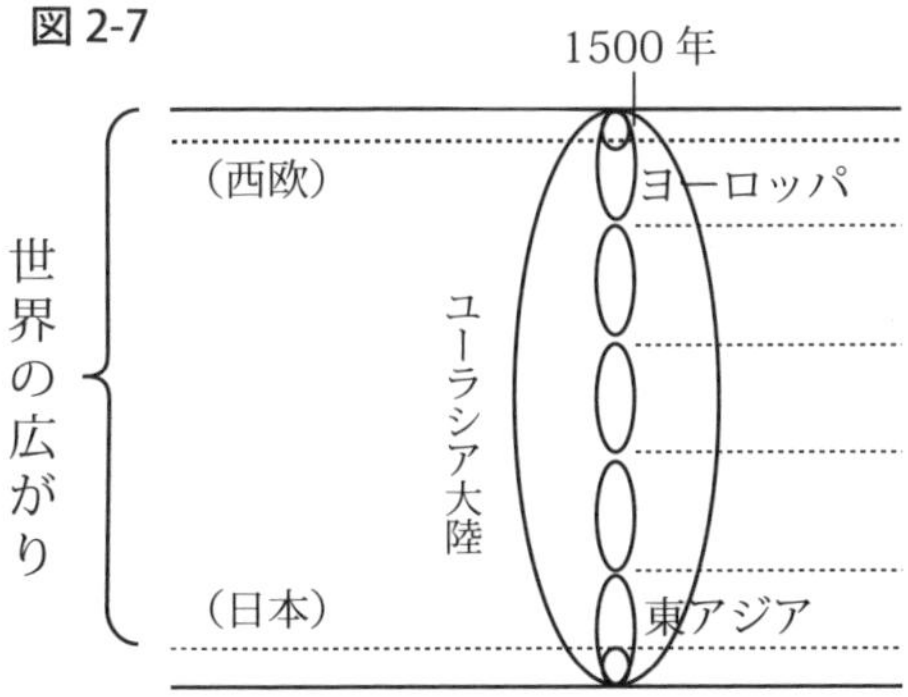

めに走る大乾燥地帯に生息する諸民族の暴力と破壊によって、全体の発展が妨げられてしまったのとは対照的に、そのはしっこに位置する前者第一地域は、その暴力と破壊をまぬかれ、封建制から高度資本主義社会へ発展したとみる。

他方、海洋史観は、梅棹氏の作図を天才的と評価しつつも、そこには海洋がないことを指摘し、第一地域が先のように変容したとすれば、それは海外から押しよせてくる外圧こそがその主因とみるのである。私は両者を相補的に捉えることが重要であることを提案したが[2]、それはともかくとして、山下氏はこれらをどのように見ているのであろうか。もとより氏も好意的である。なぜなら、氏の目論見は、近世におけるヨーロッパと日本の間の平行性を、その背後にある理念的な近世帝国の平行性として捉え直そうというところにあり、その観点からすれば、これらの議論は氏の主張の方向性と軌を一にするからである[3]。

面白いことに、山下氏は一方では、これまでヨーロッパの例外性として強調されてきた「封建制→絶対王政→近代国民国家」という縦の連続性を相対化しようと試み、他方では、日本が例外的にそなえていた「近代化」の内在的条件を探し回る従来の議論から一歩進んで、日本の近代化を脱例外化しようとする。そしてそれらを帝国的な空間想像力の型を共有するグローバルな近世という、横の連続性として前景化しようとしている[4]。

しかし、改めて考えてみれば、ヨーロッパ・日本両者を第一地域として捉え、「封建制→高度資本主義社会」という平行進化を辿ったものとして、共通の特徴を唱える生態史観的見方からすれば、やはりそれは広大な第二地域に比べて特殊・例外的なものとみなしうるのではなかろうか。そうすると図2－2の五つの帝国の

ところは、図2−7のようにユーラシア大陸を書き込んで、西ヨーロッパと日本をそのはしっこに置くのである。(5)

注

（1）梅棹忠夫『文明の生態史観』中央公論社、一九六七年、川勝平太『文明の海洋史観』同社、一九九七年、拙稿「二一世紀に向けた世界史の再構築―梅棹忠夫の『文明の生態史観』を手がかりとして―」『皇学館大学文学部紀要』第四二輯、二〇〇三年（本書、第I部第1章）。

（2）前掲拙稿「二一世紀に向けた世界史の再構築」、一三八頁（本書、一八頁）。

（3）山下、前掲書、一八五〜一八六頁。

（4）同、七〇、一八六頁。

（5）ただし、図2−3を見ると、図2−2の簡潔性とは異なって、一番上の帝国は「環太平洋」とされているので、ユーラシア大陸に組み込まれない部分が残るため、山下氏の意図からははずれるおそれがあることは承知している。が、生態史観や海洋史観の図との関連性を考えた結果である。

四、気候変動論の組み込みと二つの危機

さて、もう一つ山下氏の図に書き入れたいものがある。以前に生態史観と海洋史観について検討したとき

にも論じたが、[1]それは全地球を襲った二つの気候激変＝急激な寒冷化である。ひとつは一四世紀であり、もう一つは一七世紀である。図2ー8を見ていただけば、その様相がよく分かる。一二九六年がそれまでの中世の温暖期を終焉に導く画期であり、それ以降急激な寒冷期・湿潤期に入る。学者によってはここから「小氷期」が始まると唱える意見もある。[2] 一三一五年から一六年にかけて、寒冷化と激しい雨によって大飢饉が勃発する。[3] その後一四世紀半ばまで、滑り落ちるような気候の寒冷化が続き、図にもあるように[4]その底を打ったところで、あの黒死病（ペスト）がエジプト、シリア、東地中海沿岸部そしてヨーロッパを襲い、国家と社会を破滅においこんだ。中国では、この寒さと飢饉と疫病蔓延の中で紅巾の乱が勃発し、モンゴル帝国は崩壊する。杉山正明氏は、この「大天災」が史上最大規模であったことは事実で、それが人類史・世界史の展開にあたえた影響ははかりしれないとまで断言し

図 2-8

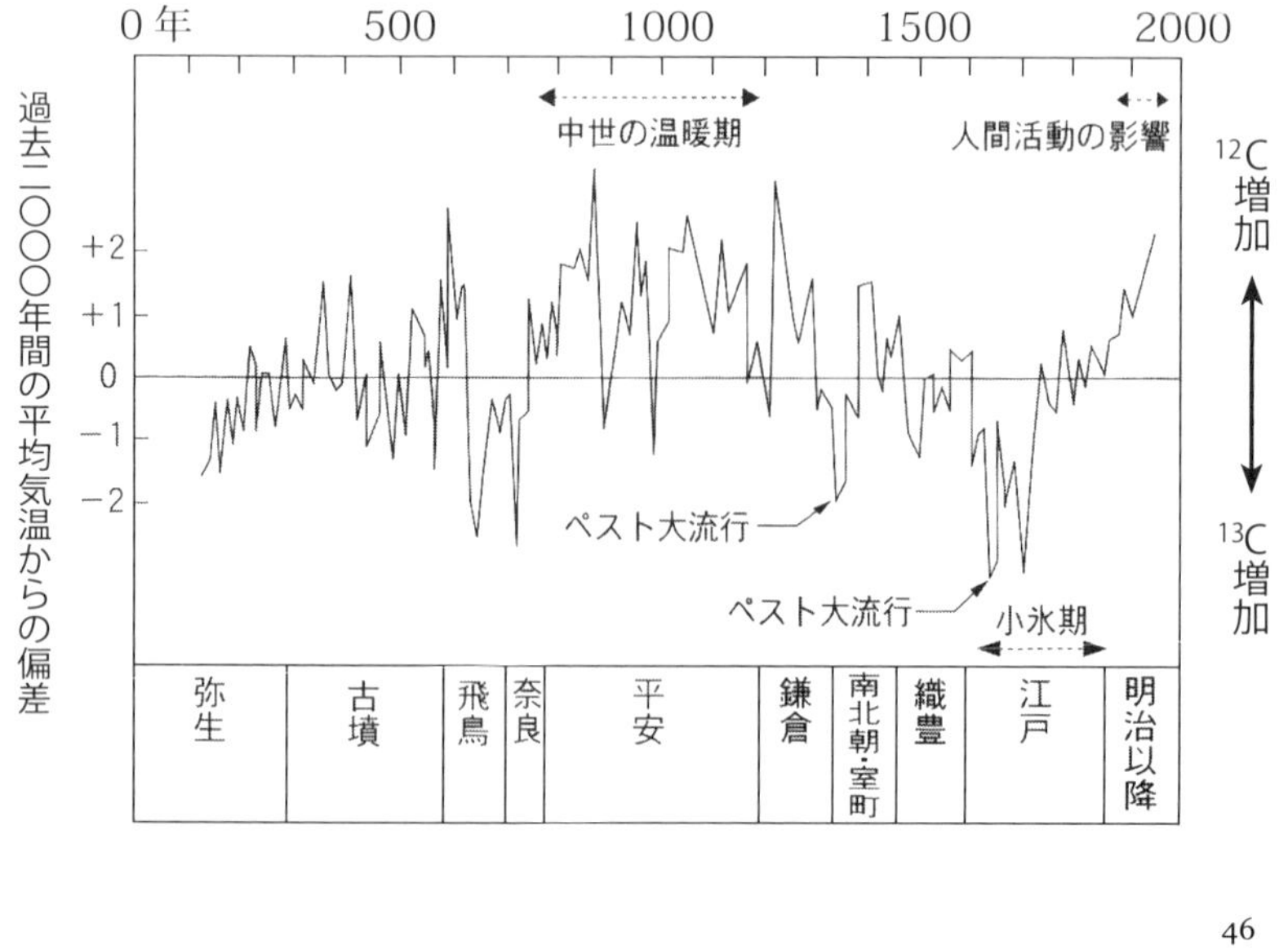

ている。[5]

川勝平太氏もこの「一四世紀の危機」に早くから注目している。しかし、気候を重視してはいない。むしろ人間の大量死に注目し、その直接の原因である「黒死病」こそをこの危機の根本に置いている。中東や中国の人口減少に関しても疫病に原因を求めているが、[6]気候の寒冷化・湿潤化による農業凶作と飢饉こそ、危機の根本に置くべきであろう。そもそも黒死病が気候の寒冷化と感応していると考えられている。[7]この点、山下氏は、究極的な原因をひとつに同定することは不可能としつつも、ペストなどの疫病、既存の政治経済体制による資本蓄積の制度的限界と並んで、小氷期による寒冷化の影響をあげている点は評価したい。[8]

私自身も経済史から出発したときは、気候的要因を無視ないし軽視していた。しかし、後でも触れる「一七世紀の危機」研究のなかで、次第にその重要性に気づき始めたといってよい。私は、ヨーロッパに関してではあるが、J・ギャンペルの次のような論じ方がきわめて妥当だと思っている。

> 別の災厄が西欧世界にのしかかってきた。気候の変化である。十字軍の時期の間、順天がヨーロッパの発展を助けていたのに、その後の時期には経済に重大な関係をもつ不利な諸条件が見舞ったのである。平均気温が下がり、雨量が増加した。…（略）
>
> 一三一五年から一三一七年までの三年間、ヨーロッパは、スコットランドからイタリアまで、ピレネー山脈からロシア平原まで、恐ろしい気候不順に捉えられ、それは中世末期の経済不振の出発点となった。この不振はルネサンスまで一五〇年間続いた。[9]

一三三七年には、百年戦争が始まり、最初の大きな銀行破産がヨーロッパ経済に衝撃を与えた。その一〇年後、一三四七年から一三五〇年にかけて黒死病が西洋に猛威をふるい多数の人が死んだ。世紀末少し前の一三七八年以後、ヨーロッパのいくつかの国は民衆の反乱の舞台となった。そのうちもっとも有名なものがフィレンツェのチオンピの乱とイギリスにおけるワット・タイラーの乱である。[10]

農業が社会の基本であったときには、気候変動は経済にも大きな影響を与えるのである。[11] いずれにしても「一四世紀の危機」は、図2-3では「グローバルな中世の危機」として描かれてはいるがペストのみにとどまっており、気候悪化を起点として、百年戦争や民衆反乱も含めた深刻なものとして、もう少しそれらを書き入れる必要があろう。

以上、「一四世紀の危機」について論じてきたが、同様のことは「一七世紀の危機」についてもあてはまる。再び図2-8を見れば、気温低下はさらに深刻になり、ここそ図中にもあるように「小氷期」に値する。ここでもペストが猛威をふるう。すでに見た戦争や民衆反乱なども、「一四世紀の危機」と共通するものが多い。先に見たフランクも、日本の鎖国に触れたところで、危機の原因に貨幣とともに気候上の問題にも言及していることは大いに評価できる。

中国においてと同様、低温（おそらく、ここでも小氷河期の影響か）によって、食糧不足や伝染病が発生し、銀生産の減少は、貨幣および財政上の遅滞を引き起こした。

実際、例外的に寒冷な気候や、疾病の拡大、人口成長の停滞、交易の停止、貨幣供給にかかわる問題などは、この期間に、ユーラシアの多くの地域を襲っている。[12]

ただ、大変よく類似しているように見えるこの二つの危機は、その後の歴史的経過をみたとき、その性格にきわめて大きな相違があるのである。すなわち「一四世紀の危機」を経過した後、それがそのまま近代社会には直結していないのに対して、「一七世紀の危機」の後、ヨーロッパを先頭として近代化が始まるのである。[13]

そこで全体を総括すると、次のような進展になるのでないか。まず、アブー・ルゴドのいう「一三世紀世界システム」[14]→「一四世紀の危機」（一五世紀も危機は続く）[15]による崩壊（とりわけ一三世紀システムを支えていたモンゴル帝国の崩壊）[16]→「長期の一六世紀」による繁栄→「一七世紀の危機」による崩壊と再編成→山下氏のいう「グローバ

図 2-9

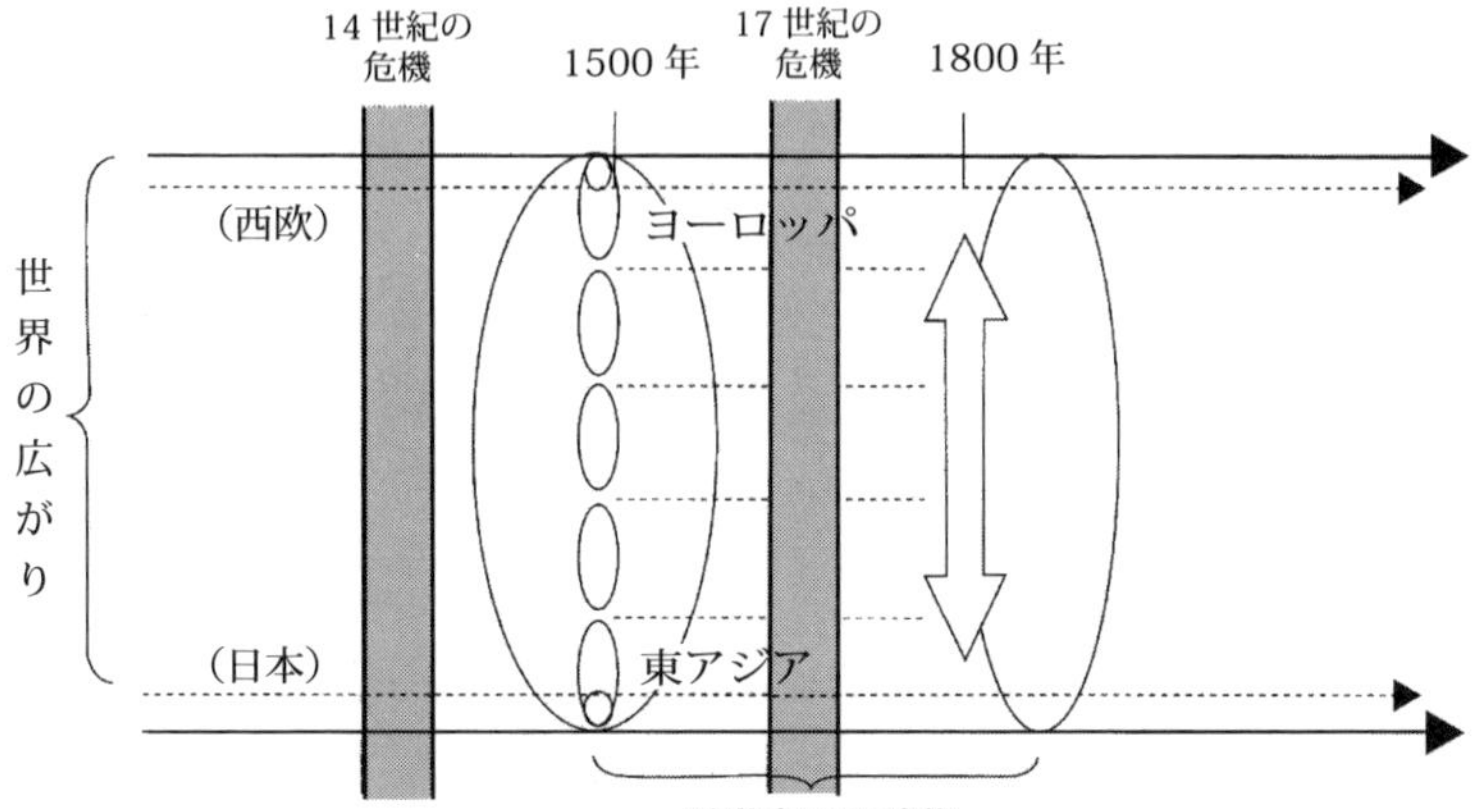

リティの句切れ」↓新しい世界システムとしての近代社会の形成、と。

以上の議論をふまえて、図2―2を図2―7をも加えて私なりに書き直せば、図2―9のようになろう。

注

（1）前掲拙稿「二一世紀に向けた世界史の再構築」、一四三頁以下（本書、二三頁以下）。

（2）坂口豊「過去八〇〇〇年の気候変化と人間の歴史」『専修人文論集　五一』一九九三年、九二頁以下。

（3）ブライアン・フェイガン『歴史を変えた気候大変動』（東郷えりか・桃井緑美子訳）河出書房新社、二〇〇一年、八三頁。

（4）この図の原図は、北川浩之「屋久杉に環境変動を探る」『朝日百科　動物たちの地球　一三八』一九九四年、に掲載された。それに安田喜憲氏が書き加えを行ったもの。同『森の心と文明』NHKライブラリー、一九九六年、一八五頁。

（5）杉山正明『クビライの挑戦』朝日選書、一九九五年、二四六～二四九頁。ごく最近でも、氏はこの災害の実態をつかむことは、歴史上の地球環境変動を理解する上で重要なテーマであることを強調している。『NHKスペシャル　モンゴル帝国』二〇〇四年、二二五頁。（本書、七四頁をも参照）

（6）川勝平太『日本文明と近代西洋』NHKブックス、一九九一年、一一七頁以下。

（7）桜井邦朋『太陽黒点が語る文明史』中公新書、一九八七年、六八頁、安田喜憲「ペスト大流行」梅原猛ほか編『講座　文明と環境』第七巻、一九九五年、所収、一二二～一二三頁。さらに本書、七六頁以下も参照。なお、蔵持不三也『ペストの文化誌』朝日選書、一九九五年はすぐれた書物であるが、そこに気候問題を取り入れると、より完成に近づくのではないかという感想を持った。

（8）山下、前掲書、七一頁。ただ、山下氏よりは、私は気候の寒冷化に重点を置きたいと思う。

（9）J・ギャンペル『中世の産業革命』岩波書店、一九七八年、二二九〜二三〇頁。傍点は引用者。なお、中谷惣「中世イタリアの飢饉と農村―一四世紀トスカーナを中心に―」『西洋史学』（二一六、二〇〇四年）は、従来の人口学的アプローチによる飢饉の説明に疑問を呈し、一部の集団を飢饉に対して脆弱にする社会内部の問題を考察する必要性を説いている。が、本稿の視点からすれば、この一四世紀トスカーナの飢饉も「一四世紀の危機」の一現象なのであり、もっと気候学的アプローチを全面に出す必要があると思う。

（10）ギャンペル、同、二二三頁。

（11）その意味で私は、今後気候史と経済史を結びつける必要があると考えている。

（12）フランク、前掲書、四一〇頁。傍点は引用者。

（13）ヨーロッパについていえば、危機の中で特にイギリスや北フランスで生じた都市の商人による農村工業の問屋制度的編成が、後の工業の近代化につながるものと考えられる。拙稿「一七世紀の危機と移行論争」『皇学館大学文学部紀要』第二六輯、一九八八年、七八頁以下。またごく最近、服部春彦氏も、経済史の立場からではあるが、一七世紀の危機の間にフランスが次の世紀のための工業と貿易の拡大、発展を準備したと論じている。同「一七世紀におけるフランス経済の構造的変化」二宮宏之・阿河雄二郎編『アンシャン・レジームの国家と社会』山川出版、二〇〇三年、所収、一五四頁。なお、川勝氏は「一四世紀の危機」

の解決を求めて、ユーラシアの両端の地域（イギリスと日本）に、それぞれに合理的で、新しい秩序をもった近世（近代）社会が形成されてくるとし、その一つの方向がヨーロッパの開放的な「近代世界システム」に帰結し、もう一つの方向が封鎖的な近世江戸社会（すなわち「鎖国」）結果するものでなかったかと論じている。前掲『文明の海洋史観』四三頁。しかし私の観点からすれば、それは「一七世紀の危機」への両者の対応の結果なのである。その点については、J・F・リチャーズも同様の結論を導き出している。J. F. Richards, *The Unending Frontier, an environmental history of the early modern world*, 2003, P84.

（14）ジャネット・L・アブー・ルゴド『ヨーロッパ覇権以前　上・下』岩波書店、二〇〇一年。

（15）図2-8では、一五世紀は少しもち直しているようにみえるが、地域によっては一四世紀よりも寒冷化しているところもある。前掲拙者『環境世界史学序説』二二一、二二二頁の図を参照されたい。

（16）拙稿「発見―モンゴル帝国大崩壊の秘密がたった一本の桧の中にひめられている」『皇学館大学文学部紀要』第四一輯、二〇〇二年（本書、第Ⅰ部第3章）。なお、アブー・ルゴドは黒死病については言及しているが、気候上の「大天災」には気づいていない。

おわりに

山下氏のきわめて刺激的な書物に接してから、これまで考えてきた私の世界史論と接合するにはどうしたらよいかを考え続けてきた。その結果が本稿のような形になった。とりわけ、近年「環境世界史学」を提唱してからは、気候変動の問題で頭がいっぱいになっており、特に一四世紀と一七世紀に関心があったため、ここでもそれが前面に押し出された形となっている。これによって多少なりとも内容が豊かになったであろうか。何よりも山下氏の意見を聞きたいと思う。

ただ、山下氏の世界史論に変わる部分のみを取り上げて論じたため、氏の書物の本題である日本論にはほとんど踏み込めなかったことをお詫びせねばならない。

第3章　発　見

―モンゴル帝国大崩壊の秘密がたった一本の桧の中にひめられている―

はじめに―発見の醍醐味―

およそ発見といわれるものには二種類ある。歴史学に即して考えれば、一つは、たとえば古い時代の文書がどこかのお寺で見つかり、それによって今までわからなかったことが解明されるといった種類の発見である。こういったものは場合によっては大変なニュースにもなり、一般の人にも大きな興奮がもたらされることになる。

もう一つは、第一のものに比べればずっと地味なものである。それはこれまでよく知られ、すでに何人かの研究者の目に触れてきた史料の中に、全く新たな内容を見いだすものである。研究者としてはこの第二の種類の発見に、むしろ醍醐味を感じるのではないかと思う。しかし、そのためには何か新たな視点を獲得していなければならない。

さて、本稿で扱うのはこの第二の種類の発見に他ならない。が、私自身ずいぶん以前からある史料（ひとつの図）を眺めていたにもかかわらず、発見は全く最近のことである。その経緯から論じてみよう。

一、発見にいたる経緯

もともと私の研究はフランス近世経済史であった。それも一七世紀の毛織物工業の生産動向を検討していたのである。というのも、一七世紀が大きな「危機の時代」であり、いわゆる近代社会はこの危機を経過する中でヨーロッパを中心に出現してきたのであって、当時の基幹産業である毛織物工業を調べることで、その秘密を探りたいというのがその研究の動機であった(1)。しかも研究を進める中で、一七世紀は「小氷期」という、気候的にも実に厳しい時代であったことがわかってきた。以上のような研究が深いところで、今日の私の考え方の基礎になっているかと思う。

高等学校で日本史を担当した時も、常に気候と歴史の相関の問題を念頭に置きながら授業を進めた。そのような折り出会ったのが西岡秀雄『気候七〇〇年周期説』（好学社、一九七二年）であった。今日の研究段階からしてこの七〇〇年周期説はもはや成り立たないと思うが、本書の中の個々の歴史事象の分析については今なお有効であるものが少なくない。本稿で問題にしたいのもその中の一つである。今、自分のメモを見ると、本書を最初に読んだのは二三年以上も前のことである。

その後、大学の教員になってからも歴史と気候の相関については関心を持ち続けたが、それがはっきりとした形となってきたのは、七、八年前に安田喜憲氏の優れた諸業績に出会ってからであった。それによってようやく先史時代から現代までの日本史を、気候との相関の下で自分なりに描くことができるようになったのである。(2) ちょうど四年前のことである。が、この時点においても、問題の図は使用しながらもまだその持つ重大性に気づかなかったのである。そのためには、すばらしい本に出会わなければならなかった。

二、ある書物との出会いと問題の核心

そのすばらしい本とは、杉山正明『クビライの挑戦』（朝日選書、一九九五年）である。たまたま三年前から名古屋市生涯教育推進センターの依頼で、世界史を担当していたのであるが、二年前の平成一二年度に中国史をやることになり、モンゴル帝国を論じる準備のためにその年の十月にひもといたのが本書であった。その内容は本当に目からウロコが落ちるものであった。読後に本書がサントリー学芸賞を受賞したことを知ったが、全くそれに値する本だと思った。

さて、いよいよ問題の核心に入ろう。本書にはモンゴル帝国の崩壊に関して、きわめて重要な指摘がある。やや長くなるが、引用してみたい。

　クビライとそのブレインたちによって、国家と経済のシステムの基盤がさだめられた結果、大元ウルスとモンゴル帝国は、もはやクビライのような個性を大カアンにいただかなくても、そのシステムが

機能するままに、安定した状態で運営されることとなった。
ところが、この状況は長くはつづかなかった。一三三〇年代からほとんど軌を一にして、モンゴルの東西は、混乱し、ゆらぎ、しだいに沈みこんでゆく。原因のひとつは、あきらかに一三二〇年代から二〇年代ころよりはじまった異様なほど長期で巨大な地球規模の天変地異であった。
これは、モンゴル領内だけではなかった。ヨーロッパでは、一三一〇年代ころより、ひんぴんと災害や異常な天候不順がおこり、農業生産はひどくそこなわれた。モンゴル帝国内の諸政権では、フレグ・ウルスがもっともはやく動揺した。…（略）
各地のモンゴル権力は、一気に「倒壊」するようなかたちをとったものは、じつはひとつもない。ゆるみ、ゆらぎ、自壊し、分立し、そして次第に影をうすくしてゆくかたちをとった。歴史の表面からいつとはしれず、時間をかけて「フェイド・アウト」していった。
いったん中央機構が弱まれば、遊牧連合体の昔のパターンどおりに、モンゴル帝国も統合から解体にむかうのは避けられなかった。天変地異は、信じられないほどの長期にわたった。地震、洪水、長期の異常気象――。ユーラシア全域は、くらい影におおわれていった。
そして、ついに一三四六年より黒死病が、エジプト、シリア、東地中海沿岸部、そして西欧を襲い、国家と社会を破滅においこんだ。おなじころ、中国でも黄河が大氾濫し、悪疫が華北・華中を襲った。…（略）
ともかく、モンゴルを中心とするユーラシア世界の輝きは、ひかりはじめたとたんに、およそ七〇年ほどにわたる長期の「大天災」で、うしなわれた。

この「地球規模の天災」の猛烈さは、いくら強調してもしすぎでない。武宗カイシャン以後の歴代の大元ウルス皇帝とその政府は、帝位をめぐる暗闘や対立とはまったく別に、この異常きわまりないありとあらゆる天災の連続にくるしみぬいた。緊急の対策会議が日常化し、大臣からついには大カアンまでが、みずからの不徳のために尋常ならざる災厄をまねいたことを天地と万民に陳謝し、自分の罪を自分で告発するなどということさえした。しかし、それで天地の鳴動・咆吼がおさまるわけはなかった。中国本土では、省単位で一〇万、数十万、ついには一〇〇万をこす被災者があふれる事態がつづいた。モンゴル高原はもっと悲惨であった。

好悪の感情にかかわりなく、このころの歴代モンゴル皇帝とその当局は、気の毒といわざるをえない。もちろん、民衆はもっと気の毒である。従来、この異様な大天災について、「元朝モンゴル」たちの「乱れた政治」が、悲惨な時代をまねきよせたといわれがちである。悪い政治が天地の怒りをまねくという「天地感応思想」は、中国漢代に生まれた。近現代の歴史家が、その信奉者だとすれば、きびしいことである。

中央アジア・中東・ヨーロッパの歴史研究では、この時期の「大天災」について「乱れた政治」のためとはいわない。ともかく、記録で確認されるかぎり、この「大天災」が史上最大規模であったことは事実である。それが人類史・世界史の展開にあたえた影響は、はかりしれない（もし、この「大天災」が現在の世界を襲ったならば、現代社会に、それを数十年にわたってしのいでいける耐久力が、はたしてあるのかどうか、予断をゆるさない)。
すくなくとも、筆者は「世界史」を論じようとこころみる人は、この一四世紀をおおった暗雲と不幸から目をそらすべきではないと考える。その原因がはたしてなんであったのか。もしできるならば、解明したいものである。(3)

以上、長きにわたって引用した優れた叙述から、私の関心に即して次のことが読みとれると思う。すなわち、第一に、モンゴル帝国は一三三〇年代を境にして次第に沈みこんでいくが、その原因のひとつが一三一〇年代から二〇年代ころよりはじまった異様なほど長期で巨大な地球規模の天変地異であったこと。第二に、この「地球規模の天災」は、地震、洪水、長期の異常気象といったかたちで現れたが、その猛烈さはいくら強調してもしすぎでなく、記録上では史上最大の規模であったこと。(4)第三に、それゆえに、この「大天災」が人類史・世界史の展開にあたえた影響ははかりしれなく、「世界史」を論じようと試みるものは、この一四世紀をおおった暗雲と不幸(「一四世紀の危機」と呼んでよい)を正面から受け止めなければならないこと。そして最後に、この「大天災」の原因はなお解明できていないこと、以上である。

三、一四世紀「大天災」の原因解明

モンゴル帝国を崩壊させた原因を探るには、先に述べた四点を視野に入れたものでなければならないと思う。そこで、いよいよ問題の図を提示しよう。これは先の西岡氏の著書に載せられているものである。ずいぶん長い間この図を眺めてきたにもかかわらず、杉山氏の書物に出会わなければ、おそらく今回の発見はなかったのではないかと思えてならない。

ところで西岡氏はこの図を何のための論証として使ったのかといえば、それは『太平記』の記述の真偽を問うものとしてであった。すなわち、その記事は「北國下向勢凍死の事」と題して、延元元年一二月（西暦一三三七年一月）[5]に、新田義貞の軍が北陸方面へ向かおうとした際に、琵琶湖の北の山中で兵馬凍死の大遭難事件があったことを記しているのである。[6]しかし、いかに寒い日本海側だとはいえ、琵琶湖や敦賀付近の高度もわずか六〇〇メートル以内の山中のことである。敦賀の一月の平均気温は四度近くで、琵琶湖側も敦賀とほとんど変わりはない。このようなところで軍馬兵員が多数凍死することは平常なことではない。しかも真冬に北国へ途中の戦いを予期しながら行こうというのであるから、稲村ケ崎の潮汐干満を予め調査していた新田義

図 3-1　新田義貞軍凍死当時の年輪成長曲線（西岡原図）

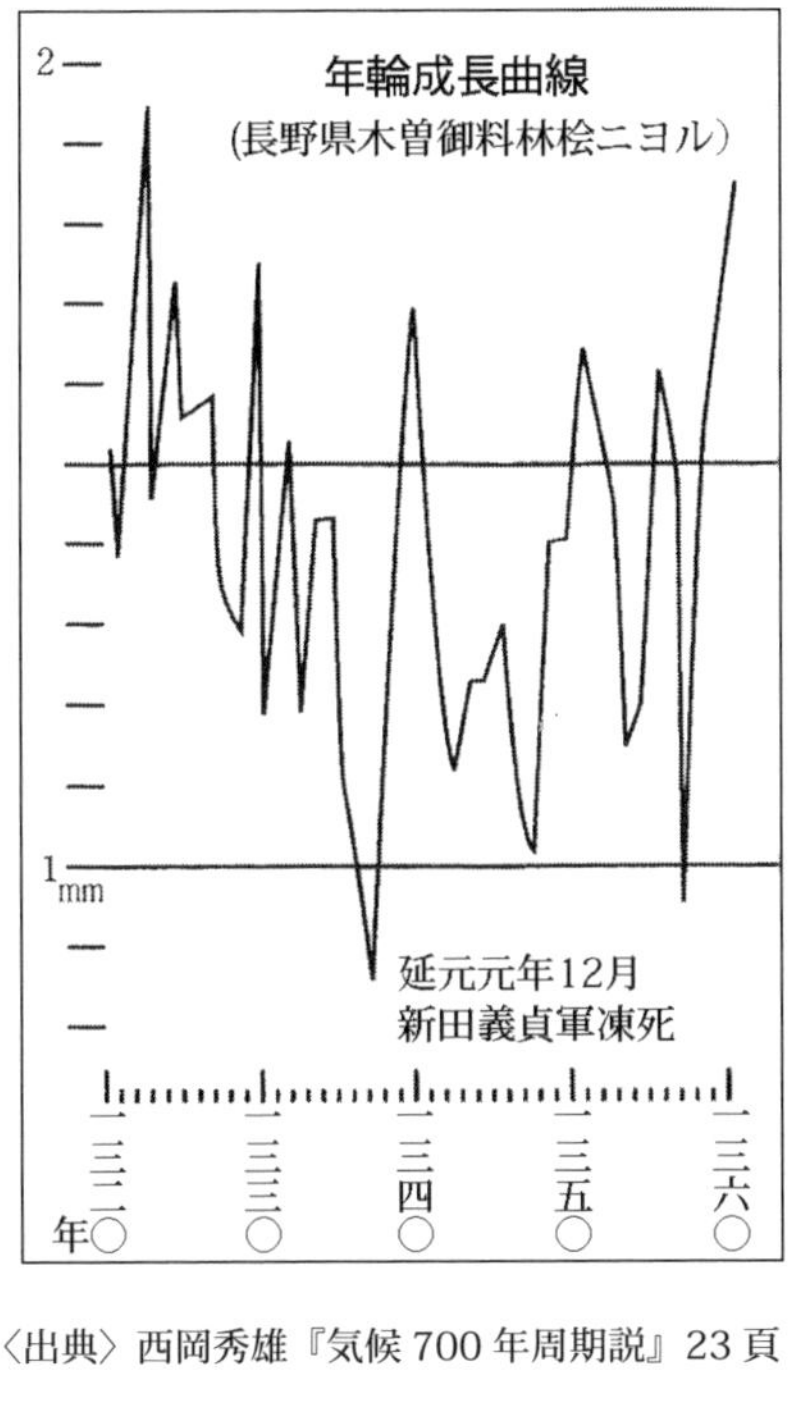

〈出典〉西岡秀雄『気候 700 年周期説』23 頁

貞たるものが進軍路の一通りの地理や気象状況ぐらいを心得ずに、貴重な兵馬を凍死させ無駄な兵力損耗を招くことは考えられない。もし『太平記』の記事が全くの虚構でないとするならば、確かに新田義貞の予期せぬ天候異変があったと考えなければならない。このように西岡氏は考えて取り上げたのが、この長野県木曽の御料林における桧の年輪なのである。そしてこのグラフを見ると、問題の年はその前後の十数年に比してもっとも桧の成長が悪く、はなはだ寒冷な日の多かった年とうかがわれる。したがって『太平記』は史学に益なしどころか、気候変化の立場から非常に面白い資料であるとされたのである。[7] これを佐藤進一氏が、南北朝動乱の研究の中で興味深い研究として、この図とともに掲げている。[8]

さて、西岡氏によって『太平記』の叙述の真偽を確かめるために使用された図が、私にとってはモンゴル帝国崩壊の原因を示す、すこぶる興味深いものに思われた。すでにお気づきの読者もあるかもしれないが、私は一三三七年といった単年ごとの変動ではなく、全体の傾向に着目したのである。これは「一七世紀の危機」の変動分析によって私の中に培われてきたものであった。そのような目でもう一度図を見ていただきたい。一三二〇年代初頭から一三三七年までの滑り落ちるような気候の寒冷化がこれである。これはもう少し大きく見ると一三四七年まで続いていると思われる。しかもその間における複数年にまたがる気温の激震ともいえる上下動。この二つによってモンゴル帝国（その根底にある農業生産）は激しく揺さぶられてしまったのではないか。先の杉山氏の指摘によれば、帝国が沈み始めるのは一三三〇年代だが、その原因となった巨大な地球規模の天変地異は一三一〇年代から二〇年代にかけて始まったという。[9] この図では一三一〇年代は示されていないが、まず間違いなくその後につながる寒冷化が存在したであろう。しかも一三三七年に底を打った寒さはその後も上下動を繰り返しながら、一三四〇年代、五〇年代にわたって存続する。信じられないほど長期にわたって続いた天変地異の正体は、これまた信じられないほど急激な寒冷化だったのだ。杉山氏はこの異変は七〇年ほど続いたという。一三一〇年から計算すれば一三八〇年ぐらいまでである。しかしこの図からは一三六〇年以降がどのようであったかは残念ながら知ることはできない。

ところでひとつ懸念されるのは、ここで論じている図がはたして木曽の気候のみでなく、中国のそれをも反映したものになっているのかどうかということであろう。言い換えれば、木曽の気候は中国のそれと連動しているのかどうか、ということである。もしそうでなければ、ここで述べていることはすべて意味がなくなってしまうことになる。幸いにして今日われわれはもう一つの優れた年輪分析のグラフを持っている。北川浩之氏が屋久杉の年輪を安定炭素同位体によって分

図 3-2　屋久杉の安定炭素同位体分析から明らかにされた歴史時代の気候復元図

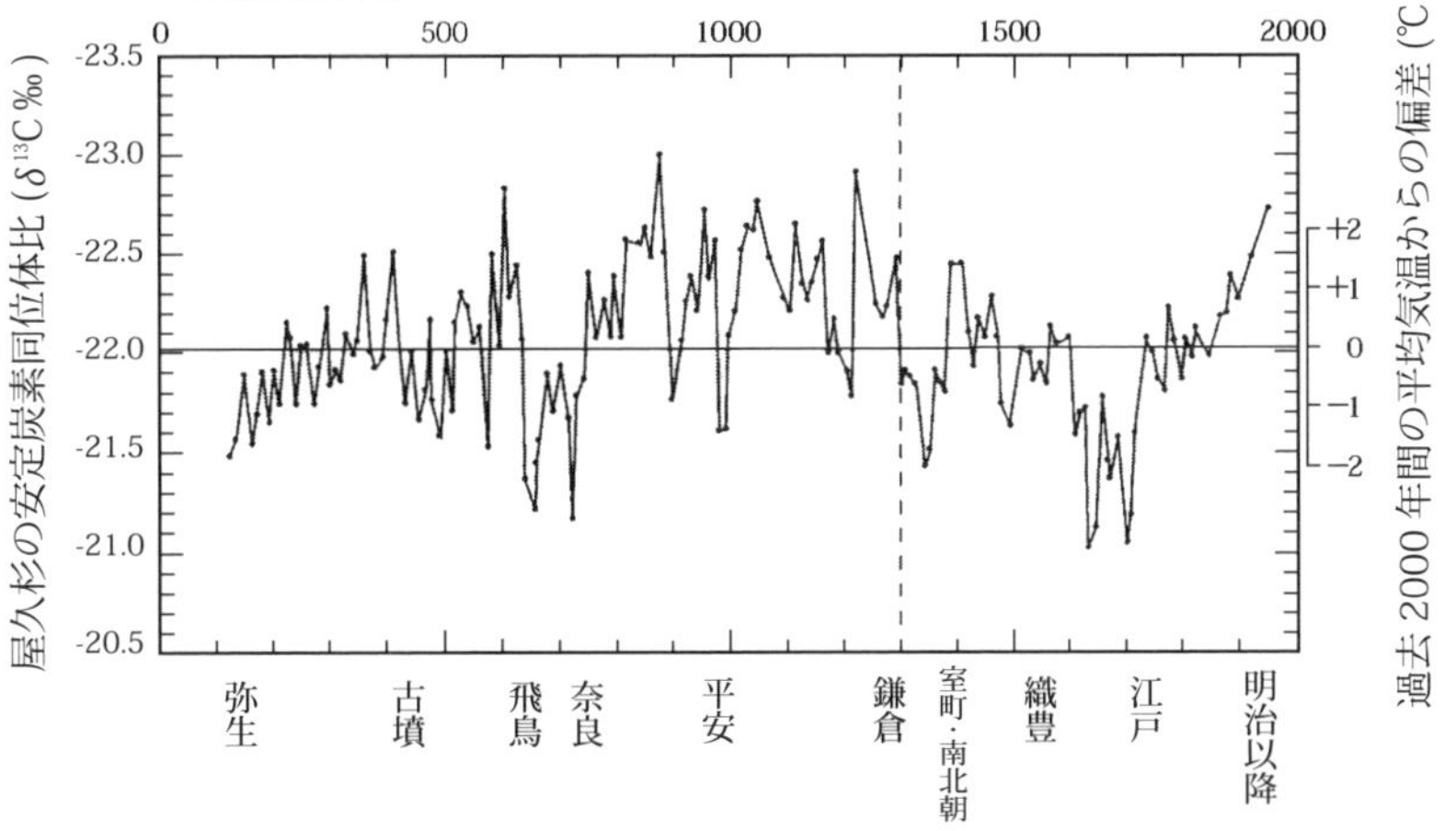

〈出典〉北川浩之「屋久杉に刻まれた歴史時代の気候変動」50頁

析したものである。このグラフは種々の理由から、地球規模あるいはかなり広範囲に引き起こされた気候変動を反映していると見られる[10]。この図３−２によって問題の箇所を見れば（破線は筆者、以下同じ）、やはり一三〇〇年初頭ごろよりその世紀半ばまで滑り落ちるような気温低下が記録されているのである。しかもこの図によれば一三七〇、八〇年ころまで低い気温にとどまっている様子がうかがわれる。

もう一つ興味深いのは、坂口豊氏によって得られた尾瀬ヶ原泥炭層の花粉分析結果にみられる古気温曲線である[11]。ここでも例の落ち込みは見事というほかない。しかも、図３−２にもこの図３−３にもみられるいわゆる「中世温暖期」からの急激な寒冷化だっただけに、その衝撃は想像を絶したことが推測されるだろう。が、それはともかく、以上の二例と西岡氏の図を重ね合わせれば、後者が世界的な気温を反映しているとみてよく、年代の取り方が細かいだけに、そこにはより詳細なデータが盛り込まれていると考えてよいのではなかろうか。後で少し触れるが、まだまだこの図には新しい発見の余地があると思われる。

図 3-3　古気温曲線（一部のみ）

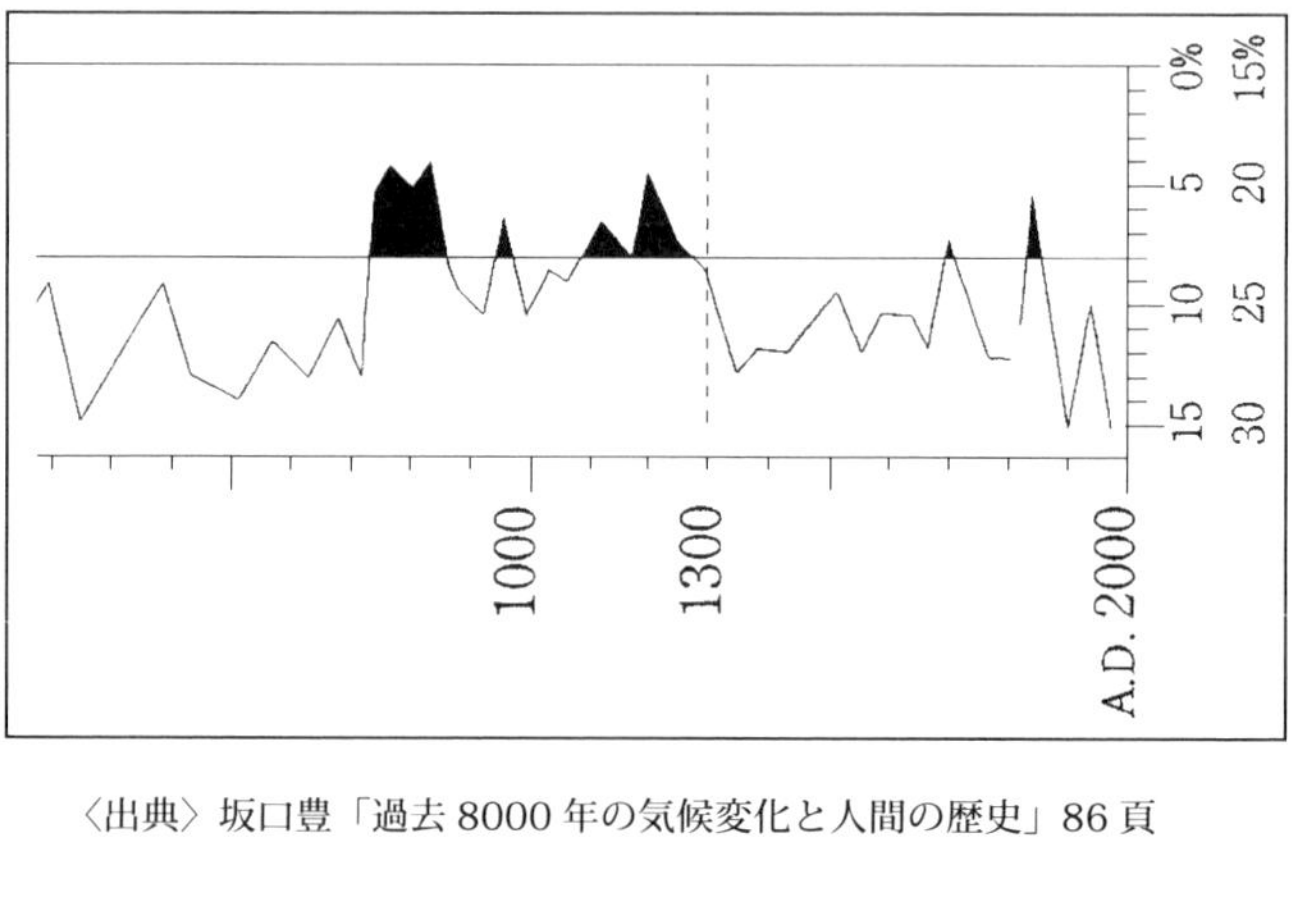

〈出典〉坂口豊「過去 8000 年の気候変化と人間の歴史」86 頁

おわりに

二年前に発見したことの興奮から大げさな表題をつけてしまったことを、お許しいただきたいと思う。

それはさておき、最近読んだ鈴木秀夫氏の大著『気候変化と人間―一万年の歴史―』（大明堂、二〇〇〇年）で、遼寧省の気温グラフを知った（図3―4）。これを見ても一三〇〇年に入ってからの気温の滑り込みがはっきりとわかる。

ところで、鈴木氏は元の崩壊という大事件に関して、グミリョーフの草原乾燥説を取り上げつつも、それのみではなく中国の東部から南部の湿潤地帯の過湿も関与していたのではないかと考えている。[12] 私はこの両者の現象の根底に、何度もいうような一四世紀に入っての急激な寒冷化があるのではないかと思っているが、なおそのメカニズムはよくわからない。もっとも鈴木氏も一四世紀のアジアにおいては、先の遼寧省や日本の尾瀬や屋久島の研究から低温が顕著であることは指摘しているので、そういう意味では私の発見もディスカウントすべきかもしれない。が、氏は西岡

図 3-4

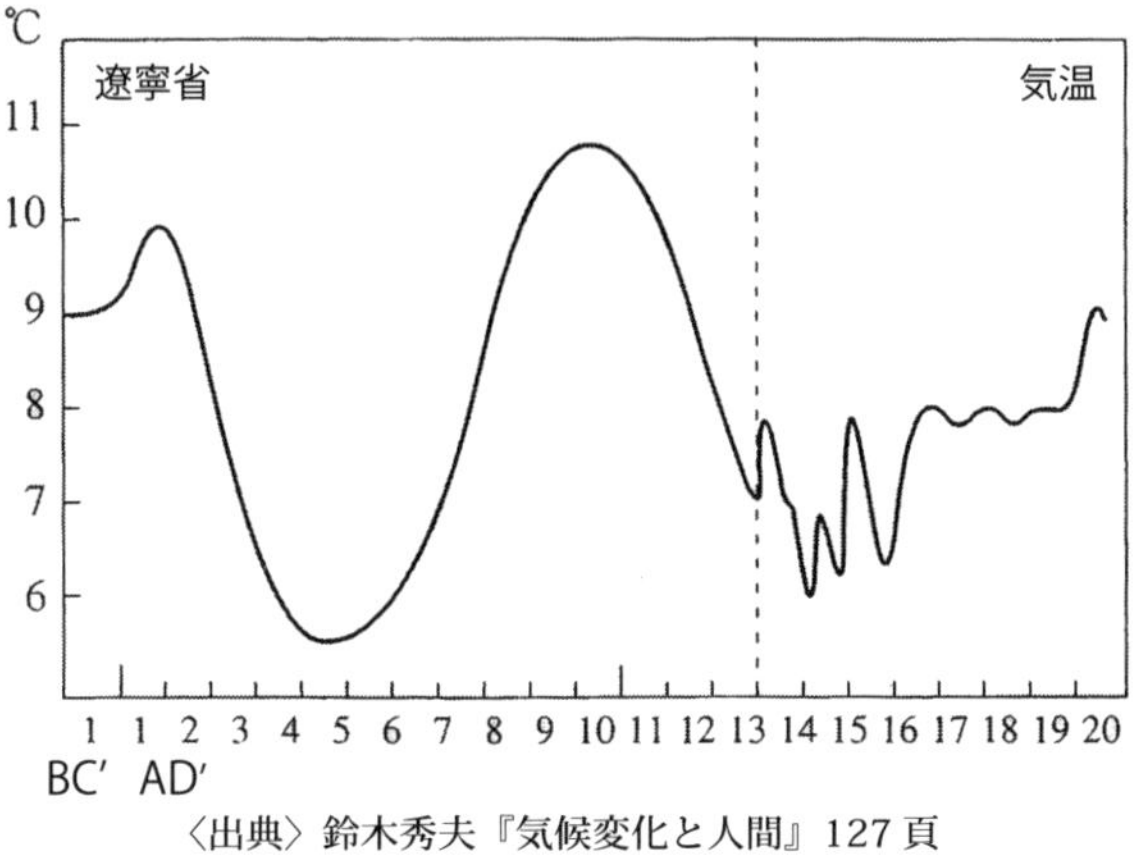

〈出典〉鈴木秀夫『気候変化と人間』127 頁

氏の研究には触れていないし、私が特に注目している一四世紀初頭の滑り落ちる部分にも言及はない。これも繰り返すが、杉山氏の文に触発されるまでは、私自身も気づかなかったことであった。

最後に、先の第三点の一四世紀の「世界史」的意義に関して、一言述べておきたい。というのも、それは歴史事象における気候的要因の考察に喚起を促してくれるからである。そこで、改めて図3―1を見ていただきたい。今のところ私は二つの年に注目している。[13] ひとつは一三四七年の寒さである。すでに杉山氏の指摘にもあるように、この前年から、エジプト、シリア、東地中海沿岸を黒死病が襲い始め、翌年にはヨーロッパに侵入し人々を恐怖のどん底にたたき落とした。それから数年続いてヨーロッパの人口を三分の一減少せしめたことはよく知られている。この結果として社会経済史的に大きな変質がもたらされたことはかつてリュトゲが強調したし、[14] 絵画においても同様の変質が生じている。[15]

もう一つは一三五七〜五八年の寒さである。これがフランスの大農民一揆、ジャックリーの乱と無関係であるとは思われない。百年戦争勃発（義貞軍凍死とほぼ同年の一三三七年！）[16] によるイギリス軍の侵入やフランス軍の応戦のために、フランス北部は著しく荒廃した。戦費の負担を農民にかける貴族への不満が、騎士たちの駐屯する修道院襲撃となったわけであるが、異常な寒さによる凶作が引き金になったのではないか、という仮説が立てられないであろうか。

再び中国に目を移せば、一三五一〜六六年には宗教的ベールをかぶった大農民反乱である紅巾の乱が勃発しているが、これもまた寒さを根底においた激震する気候変動が原因であることは間違いないであろう。杉山氏の指摘でも、省単位で、時には一〇〇万をこす被災者があふれたという。図3―1を見ると、一三五四年や一三五七年は反乱が絶望的でなかったかと推測できよう。

長い「おわりに」となった。たった一枚の図の中に日本を含めてこれほど多くの「一四世紀の危機」に関する情報が盛り込まれていようとは、当初思いもよらなかったことである。(17) これからも常に新たな観点から、すでに作成された図や表を眺める努力を惜しまないようにしたいと思う。今回のような発見がまたあるかもしれないから。

注

（1）拙稿「一七世紀の危機とフランス国民経済」『愛知教育大学附属高等学校紀要』第八号、一九八一年。

（2）拙稿「日本史教育に環境問題を導入するために」『皇学館大学紀要』第三七輯、一九九八年。のちに、拙著『環境世界史学序説』国書刊行会、二〇〇一年、に収められる。

（3）杉山正明『クビライの挑戦』朝日選書、一九九五年、二四六〜二四九頁。

（4）ただし、のちの図3－2をみれば、気温のみについていえば一七世紀の方が寒冷化が深刻である。

（5）水越允治によれば、正確には西暦「一三三六年一一月二三日」のこととされている。これについては本書九三頁注（21）参照。

（6）『太平記』(二)（日本古典文学大系）岩波書店、一九六一年、二一四〜二一五頁。（本書、一七四頁以下も参照）

（7）西岡秀雄『気候七〇〇年周期説』好学社、一九七二年、二〇〜二四頁。

（8）佐藤進一『南北朝の動乱』（日本の歴史 九）中公文庫、一九七四年、一五九〜一六〇頁。

（9）ヨーロッパでは一三一五年から一三一七年までの三年間、恐ろしい気候不順があったことについては、本書四七頁のギャンペルの指摘参照。
（10）北川浩之「屋久杉に刻まれた歴史時代の気候変動」梅原猛、伊東俊太郎、安田喜憲編『講座・文明と環境第六巻―歴史と気候』朝倉書店、一九九五年、五一頁。
（11）坂口豊「過去八〇〇〇年の気候変化と人間の歴史」『専修人文論集　五一』一九九三年。
（12）鈴木秀夫『気候変化と人間―一万年の歴史』大明堂、二〇〇〇年、二八四～二八六頁。
（13）以下については、すでにおおよそのことを述べた。奥住忠久・山根栄次編『二一世紀「社会科」への招待』学術図書出版、二〇〇〇年、一三三～一三五頁。
（14）F・リュトゲ『社会経済史における一四・一五世紀』未来社、一九五八年。また、H・ピレンヌ『中世ヨーロッパ経済史』一條書店、一九五六年、第七章も参照。さらにアーノルドによれば、黒死病以後には、より洗練された技術への依存が高まり、乏しい労働力の供給はより慎重に用いられるようになった。このことが、ヨーロッパが技術の発展に大きく頼り、アジア東部や南部の人口稠密な社会から分岐していく一つの要因ではなかったかという。D・アーノルド『環境と人間の歴史』新評論、一九九九年、九一頁。
（15）M・ミース『ペスト後のイタリア絵画』中央大学出版部、一九七八年。
（16）百年戦争勃発の年は、一三三七年、三八年、三九年と書物によってまちまちであるが、私は気候的要因を重視する立場から、一三三七年を取りたいと思う。なお、一三三八年に中央アジアのステップ地帯にとてつもない致死率をもつ伝染病が発生している（蔵持不三也『ペストの文化誌』朝日選書、一九九五年、五五頁)。これがのちの黒死病の起点であって、やはりその年の寒さとかかわっているのであろう。

(17) もうひとつ興味深いのは、一三三三年の鎌倉幕府の滅亡が、モンゴル帝国崩壊と軌を一にするものではないかと思えるほど、激しい気温低下傾向の中で起きていることである。

第4章　「一四世紀の危機」について

はじめに

ユーラシアにとってのみならず、地球全体にとっても一四世紀がきわめて深刻な危機に見舞われた時代であったことが、徐々に明らかになりつつある。が、そうは言ってもなおかつ見解の相違も見られ、全体として十分に明らかにされてきたとは言い難い。とりわけ日本歴史に関する当該の時期に関しては、私はこれまでの研究に大きな違和感を抱いてきた。本稿ですべて解決できるわけではないと思うが、少なくともユーラシアレベルで全体をできるだけ整合的に整理してみるつもりである。

一、「一四世紀の危機」について

ユーラシアレベルから、この危機を見事に描写したのは杉山正明氏の貢献であった。すでにあちこちで引用させていただいているが、ここでも少し省略するかたちでそれを掲載したいと思う。

一三三〇年代からほとんど軌を一にして、モンゴルの東西は、混乱し、ゆらぎ、しだいに沈みこんでゆく。原因のひとつは、明らかに一三二〇年代から二〇年代ころよりはじまった異様なほど長期で巨大な地球規模の天変地異であった。

これはモンゴル領内だけではなかった。ヨーロッパでは、一三一〇年ころより、ひんぴんと災害や異常な天候不順がおこり、農業生産はひどくそこなわれた。モンゴル帝国内の諸政権では、フレグ・ウルスがもっともはやく動揺した。……（略）

各地のモンゴル権力は、一気に「倒壊」するかたちをとったものは、じつはひとつもない。ゆるみ、ゆらぎ、自壊し、分立し、そして次第に影をうすくしてゆくかたちをとった。歴史の表面からいつとはしれず、時間をかけて「フェイド・アウト」していった。

いったん中央機構が弱まれば、遊牧連合体のむかしのパターンどおりに、モンゴル帝国も統合から解体にむかうのは避けられなかった。天変地異は、信じられないほどの長期にわたった。地震、洪水、長期の異常気象――。ユーラシア全域は、くらい影におおわれていった。

そしてついに一三四六年より黒死病が、エジプト、シリア、東地中海沿岸部、そして西洋を襲い、国家と社会を破滅においこんだ。おなじころ、中国でも黄河が大氾濫し、悪疫が華北・華中を襲った。…（略）ともかく、モンゴルを中心とするユーラシア世界の輝きは、ひかりはじめたとたんに、およそ七〇年ほどにわたる長期の「大天災」で、うしなわれた。

この「地球規模の天災」の猛烈さは、いくら強調してもしすぎでない。武宗カイシャ以後の歴代の大元ウルス皇帝とその政府は、帝位をめぐる暗闘や対立とはまったく別に、この異常きわまりないありとあらゆる天災の連続にくるしみぬいた。…中国本土では、省単位で一〇万、数十万、ついには一〇〇万をこす被災者があふれる事態がつづいた。モンゴル高原はもっと悲惨であった。…（略）

記録で確認されるかぎり、この「大天災」が史上最大規模であったことは事実である。それが人類史・世界史の展開にあたえた影響は、はかりしれない（もし、この「大天災」が現在の世界を襲ったならば、現代社会に、それを数十年にわたってしのいでいける耐久力が、はたしてあるのかどうか、予断をゆるさない）。

すくなくとも、筆者は「世界史」を論じようとこころみる人は、この一四世紀をおおった暗黒と不幸から目をそらすべきではないと考える。その原因がはたしてなんであったのか。もしできるならば、解明したいものである。(1)

また別の所でも、杉山氏は次のように書いている。

モンゴルという大帝国がなしくずしに解体していった原因のひとつとして、無視できないのが、この時代のさまざまな大災害であった。その実態はつかみにくいが、たとえば黒死病（ペスト）の蔓延について、ヨーロッパでの状況はよく語られるが、むろんこれはヨーロッパだけの問題ではなく、シリア・エジプトも含め地中海地域全体を襲った疫病であった。モンゴルが制圧した多くの地域において、正体のよくわからない疫病の被害を受けている。加えて異常気象、洪水、地震、旱魃などによる飢餓、社会不安といったものが、一三〇〇年代の半世紀は、とくに集中してユーラシアに起こっていた。モンゴル帝国の「黄金時代」は、じつはこうした災害の時代と重なっているのである。モンゴルによる救援活動も間にあわず、帝国全体にしだいに悪い意味での流動化現象が起こってきたのも不思議ではない。モンゴル帝国におけるこの災害の実態をつかむことは、モンゴル帝国解体の原因をつきとめる鍵であるとともに、じつは歴史上の地球環境変動を理解するうえでも重要なテーマなのである。(2)

以上に見られるように、氏が扱っている課題のためモンゴルを中心に論じてはいるが、世界史全体に目配りのきいたかたちで、とくにユーラシア全体のこの長期にわたる危機の猛烈さを巧みに描き出している。「一四世紀の危機」とはかくも凄まじいものだったのである。

ところで、最初に引用した文章の最後の所で、この危機の原因はまだ解明できていないとしている。しかし、改めて読めば、引用文中にいくつかの手がかりになる叙述がある。それは、「異常な天候不順」や「長期の異常気象」で、それが地球規模で起きたということである。私は、後でも紹介する再発掘したグラフから、その原因が、一三二〇年代初頭から一三三七年までの滑り落ちるような寒冷化とその後も長期にわたってつづく気候の寒冷化であることを突きとめた。(3)

二、黒死病と気候の連関

つぎに、杉山氏も指摘している一四世紀半ばにヨーロッパのみならず地中海全体を襲った黒死病（ペスト）について、これまで大きな謎が指摘されてきた。すなわち、石弘之氏によれば、このペストの最大の謎は、大流行と大流行の間に七〇〇年の空白があることである。(4) つまり、七、八世紀の頃に地中海世界で広がった後、その七〇〇年の空白を経て、突然一四世紀半ばあたりに大流行する。そして一三四七年頃からヨーロッパではイタリアを中心に広がり始める。いったいなぜかくも長期にわたる空白があったのであろうか。

同様の問題提起は、ヨーロッパのペストを総合的に考察した蔵持不三也氏からもなされていた。その箇所を引用しよう。

記録からするかぎり、中世前期のヨーロッパを襲った地中海的なペストは、七六七年の南イタリアやナポリの災禍をもって姿を隠す。生態系に何らかの変化が生じ、クマネズミが人間の生活環から後退したのか、罹病地の人口が激減し、交易網も分断されて、そこが必然的に悪疫に対する防波堤になったのか、原因はいろいろ考えられるが、確実なことは今もなお不明である。明らかなのは、それからおよそ六世紀後、逼塞していたペストが再びヨーロッパ史の表舞台に登場したことである。人類史上最悪の災禍「黒死病」として、である。[5]

先の石氏の指摘とは一世紀ほどのズレはあるが、いずれにしても七～八世紀以後、ペストは一四世紀半ばまで姿を隠してしまったということであり、その確実な原因は今なお不明のままであるということである。

この大きな謎に関して、最近、私にはその答えが見えてきたように思う。ここで図2―8（本書、四六頁）を参照いただきたい。これは北川浩之氏が屋久杉の炭素同位対比の分析によって作成したものに、安田喜憲氏が、「ペスト大流行」などの文字を入れたもので、過去二〇〇〇年の日本の気候を示したものであるが、世界の気候変動をも反映していると考えられている。[6] 安田氏は非常に寒冷化した一四世紀半ばと、さらに気温が落ち込んだ一七世紀の箇所に「ペスト大流行」を書き込んでいる。が、私の目からすれば、大変惜しいことにもう一カ所それを入れるべきであった。それは先ほどから問題にしている、この図の中の七、八世紀の落ちくぼみの所である。これが実は名高い「ユスティニアヌスのペスト」と呼ばれているものである[7]（本書、図7―11、一六七頁参照）。もとより、安田氏は別の書物で、このペストのことを「コンスタンチノープルペスト大流行」と記しており、[8] 問題を認識しておられることはここに述べておかなければならない。ただ、この図の中に示した三つの時期を比較すれば、直ちに解答に気づくということである。すなわちいずれのペストの流行も、大きく落ち込んだ寒冷期に起きているという事実である。先の数百年にわたる空白はぴったりと中世温暖期に一致しているのである。言い換えれば、ペストは気候の寒冷期に対応しているということである。先の石氏が二〇〇一年段階において空白を最大の謎とされているため、まだ解明がなされておらず、これは私が気づいたことかと思ったが、調べてみると、この点については、実は、早くから桜井邦朋氏が論じていることであって、その慧眼に敬服する。すなわち、ペストの流行が一四世紀前後のいわゆる「小氷期」の開始とともに起こり始めている事実を指摘し、さらに六～八世紀の流行や、さらに遡って、紀元前五世紀のスパルタとアテネの間のペロポネソス戦争の最中にもやはりペストが流行したことから、これらの時期はいずれも太陽活動の著しく衰退した時代に当たり、気候の寒冷化のすすんでいた時代でもあった、と。それ故こうしたことから、「気候の寒冷化がペスト大流行の引き金となる役割を果たしていたのではないか」という、重要な問題提起がなされたのである。(9)

そこで問題は、なぜ気候の寒冷化がペストと結びつくのかということであろう。この点は、安田氏の考え方が参考になる。氏は特に森の消滅との関係でこの問題に迫っている。すなわち、七世紀に地中海であれほど猛威をふるったペストが、なぜアルプスを越えなかったのか。しかるに一四世紀には爆発的にヨーロッパ全土を襲う。中世温暖期になるとヨーロッパでは大開墾によって人口が増大し、森が破壊された。この破壊によって、森の中にいたオオカミ、キツネ、イタチ、フクロウといったネズミを補食する動物の棲処が失われ、一方で農耕地と草原が拡大する。ペストを媒介するクマネズミにとってもっとも生息に適した草原が拡大し、同時に天敵が減るわけで、森の破壊はクマネズミにとってもっとも適した状況をつくったことになる。しかも、人口の増大により都市に人々が集まることによって、病気に感染しやすくもなった。もちろん安田氏はその背後にある気候の寒冷化を忘れてはいない。木材価格の高騰より少し遅れて、小麦価格が急上昇する。森が破壊されたことで表土が流出して土地がやせ、穀物がとれなくなるからである。そして寒冷期のために穀物の不作がつづく。穀物の値段が上がると都市に住む貧しい人々は食糧不足におちいり、十分な食事もとれず、抵抗力が落ちてペストにかかりやすくなる、というシナリオである。[10]

ただこの点に関しては、村上陽一郎氏が早くから指摘しているところであって、先の杉山氏と同様に、一四世紀に入って、中国大陸が洪水、旱魃、地震に加えて、大蝗害にも見舞われたことを指摘した後、ヨーロッパにおいてもロシアにおける一二九九年の大飢饉を皮切りに、一四世紀、とりわけ一三三〇年代からはそうした異変が激増したと述べる。すなわち、一三三三年にエトナ山が大噴火を起こし、同三七年にはトビバッタの大群が現れ、飢饉が増幅された。四〇年代にはいるとすぐ、キプロス島が地震と台風と津波に襲われ大災害となり、同時期に、イタリアも台風に見舞われ、その風によって膨大な量のトビバッタが海に吹き落とされ、しかもその死骸が山をなして海岸一面に打ち上げられて腐敗した結果、耐えきれないような臭気が発散され、それが風に乗って都市や奥地の農村の人々をさえ悩ませたようである。おまけに、息もつけないほどの恐ろしい臭いの霧が東方の空から現れてイタリア全土を覆ったという。[11]

村上氏は、一四世紀のペスト流行が、古今未曾有の伝染力を持つペスト菌によって支えられていたというのはおそらく本当であろうが、それだけで説明しきるにはあまりにも激烈な流行であったとして、次のように述べる。

その背後には、こうした自然環境の極度の悪化や、それに伴う飢饉によって、人々の抵抗力が予想以上に低下していたこと、食物連鎖のバランスの崩壊から、あるいはそれよりも早く始まっていたアジア大陸での飢饉によって、穀物が不足したことから、アジア地区から大量のクマネズミが、ヨーロッパに流れ込んだこと、そうした間接的な状況が、あの黒死病の惨禍を助けていたことはまちがいあるまい[12]。

やはり寒冷化による飢饉、穀物不足と体力の低下による抵抗力の低下が、ペスト蔓延に拍車をかけたのであろう。これが、特に寒冷期にペストが流行した根本原因ではないかと思われる[13]。村上氏は、それがネズミの方にも影響を与えたとしているが。

三、シルクロードにおけるカラホトの滅亡

七、八年前にＮＨＫで放映された「新シルクロード」の中で、カラホトの滅亡をあつかったところが大変興味深く、その後直ちにそれが活字化された書籍を求めて読んでみて、今回の研究に資するところ大であった[14]。

かつて西夏の居城としてシルクロードに栄えたカラホト。西夏はシルクロード交易を軸に二〇〇年にわたって繁栄したが、やがてチンギス・ハンに滅ぼされた。カラホト自体は西夏滅亡後も次の元の時代にも繁栄

を続ける。しかし一四世紀後半以降に、城も、そこに居住していた人も、歴史の舞台から忽然と姿を消してしまい、一九〇八年にロシアの探検家コズロフによって発見されるまで、忘れ去られていたのである。

そこで、一体、一四世紀後半に何が起こったのであろうか。もとより、これが今まで見てきた「一四世紀の危機」によるものでないかということは、直ちに推測できることである。ここでは、むしろその具体的ありようが知りたいのである。

専らＮＨＫ出版の書籍に頼るが、一三七〇年前後に書かれたというカラホト出土の漢文文書には、次のように述べられている。

民は皆、田畑を失い、飢えております。……河の水がわずかなので、水路の水を行きわたらせることができないのです。[15]

これからすれば、どうも一四世紀後半には、カラホトを取り巻く水系が干上がり、周辺に生きる民は苦しみ始めたようである。実際、カラホトや居延澤《きょえんたく》へ流れていた黒河の水の流れが、一三世紀には現在のエチナの方向へ変わっていったようである（図４—１参照）。それでも水のあるうちは、灌漑用水路を延々と引いてカラホトの人々も生き延びようと努力したと見られるが、一四世紀後半になると黒河の水量自体が減少し、水路を維持することが難しくなっていったと考えられる。

すでに指摘してきたように、一四世紀にはいると急激に気温は低下し、「小氷期」の時代に突入す

図4-1

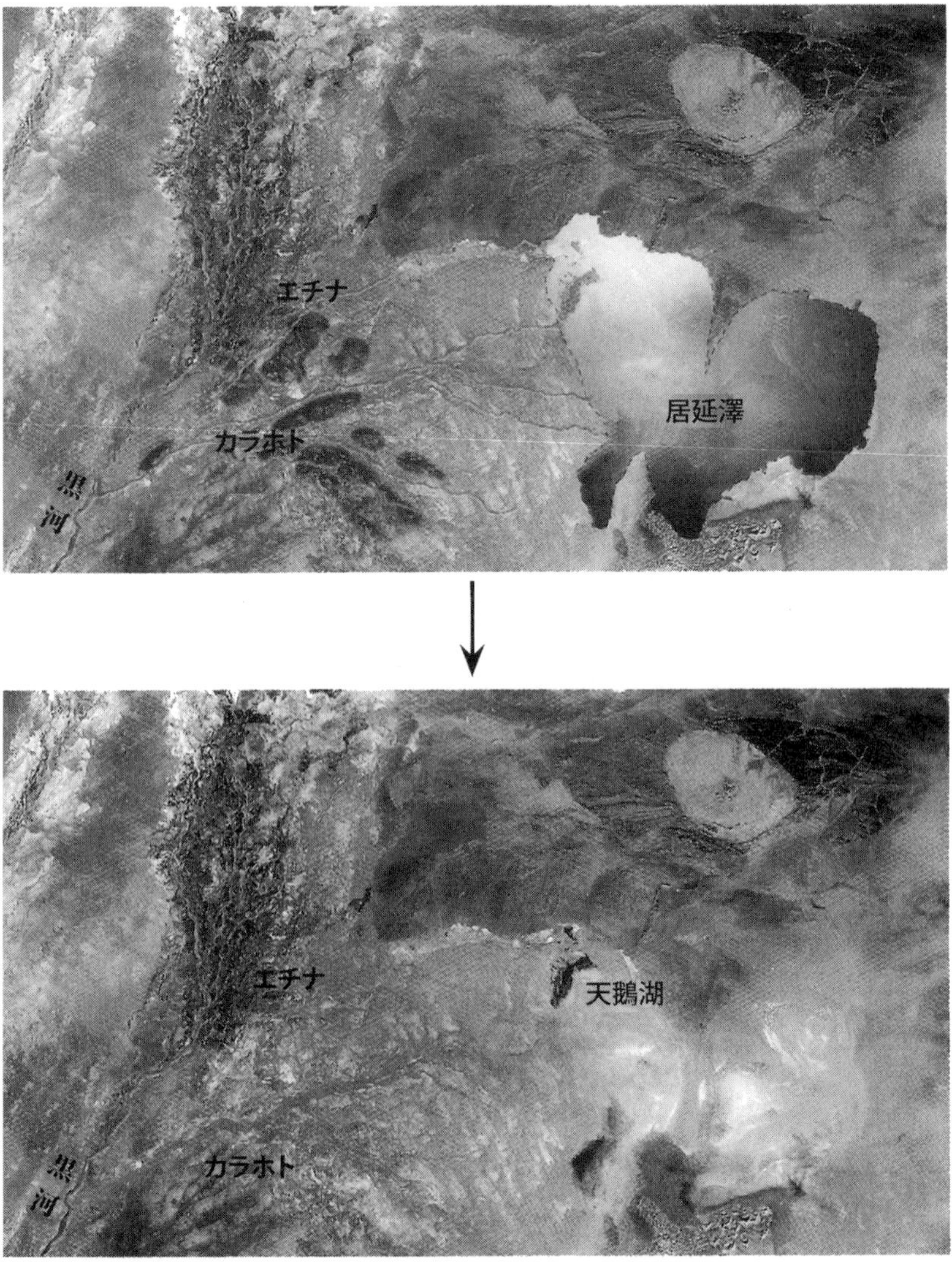

〈出典〉NHKスペシャル『新シルクロード4』180~181頁

る。ＮＨＫがこの調査の中で黒河の源流、祁連《きれん》山脈の氷河から作成したグラフを示す。これによれば、われわれの予想よりは少し早く、一三世紀後半から気温が急速に下降し、それまでの中世温暖期からやはり「小氷期」へと入っていくことが確認できるのである（図４－２参照）。

この調査に携わった日本大学の遠藤邦彦教授らのグループによれば、「小氷期」には一時に氷河が大量に融け出して、洪水を起こす可能性もあったのであり[16]、その洪水が黒河の流量を変えてしまったのではないかと推測している。すなわち、「小氷期」の走りの頃、あるいは中世温暖期の終わり頃に、そのような洪水が発生した可能性があり、それによって激しい濁流が黒河の中流から下流に向けて押し寄せて氾濫し、カラホトの周辺からさらにその下流にかけて、河床や周囲に広く堆積した砂が洪水の後に乾燥し、風で運ばれて砂丘へと変わっていく。再び川に水の流れが戻った時には、水は自らが運んだ土砂がつくった砂丘にブロックされ、カラホト方面に水は流れにくくなっていく。こうしたことが幾度となく繰り返され、行き場を失った川の流れは、新たに流路を探っていく。そしてその流れはついには北方のエチナ・オアシスへと移動していったのではないか、と[17]。

図 4-2

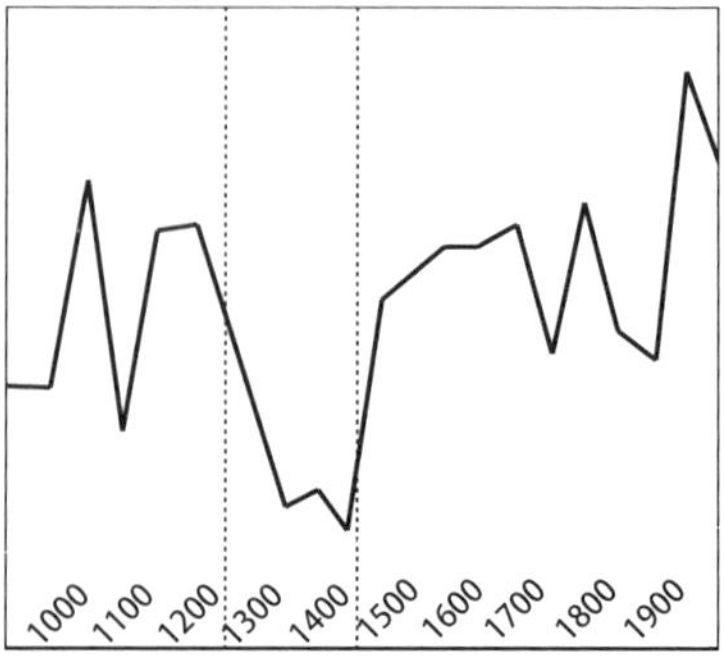

〈出典〉NHK スペシャル、前掲書、181 頁

元来「小氷期」は寒冷期なので、氷河が発達し、融け出す水の量が減少することから、それを水源とする川の水量は相対的に少なくなっている。したがってカラホトに対して水量が少なくなり、耕地に水がまわら

なくなって、カラホトの民は飢えていったのではないかと考えられる。しかも、カラホトと西夏の人々が気候変動に翻弄されている時期に、不幸にも大きな社会変動が重なった。すなわち中原における新たな王朝・明が誕生し、この地域を支配下におこうと攻めてきたのである。(18)先の杉山氏の指摘とも考え合わせるならば、元王朝から明王朝への大転換には、この「小氷期」が大きく関わっているのである。

四、日本の一四世紀

以上、見てきたようなユーラシア東西にわたるきわめて深刻な「一四世紀の危機」を、海ひとつ隔てた日本一国のみが、果たして免れうるのであろうか。

ところが意外なことに、日本史研究に自然環境の導入を主張した峰岸純夫氏は、「一四世紀は南北朝内乱という政治上では混乱の時期にもかかわらず、むしろ自然条件と生産の安定的小康状態となる」という見方を示し、(19)これまで考察してきたユーラシアの状況とは、大きなズレを感じさせるのである。「はじめに」で述べた私の「違和感」とはこのことである。一体、このズレはどこから来るのであろうか。検討するうちにこれは使用している資料の相違によるのでないかということがわかってきた。そこで峰岸氏が提示した図をそのまま掲げさせていただきたい（図4ー3）。

氏は、ここに挙げられたA・B・C三つのグラフから次のように判断を下された。AとBの二つのグラフは一四世紀以前はほぼ照応するが、それ以後ではずれを示している。すなわち、Bフェアブリッジ曲線の落

図 4-3

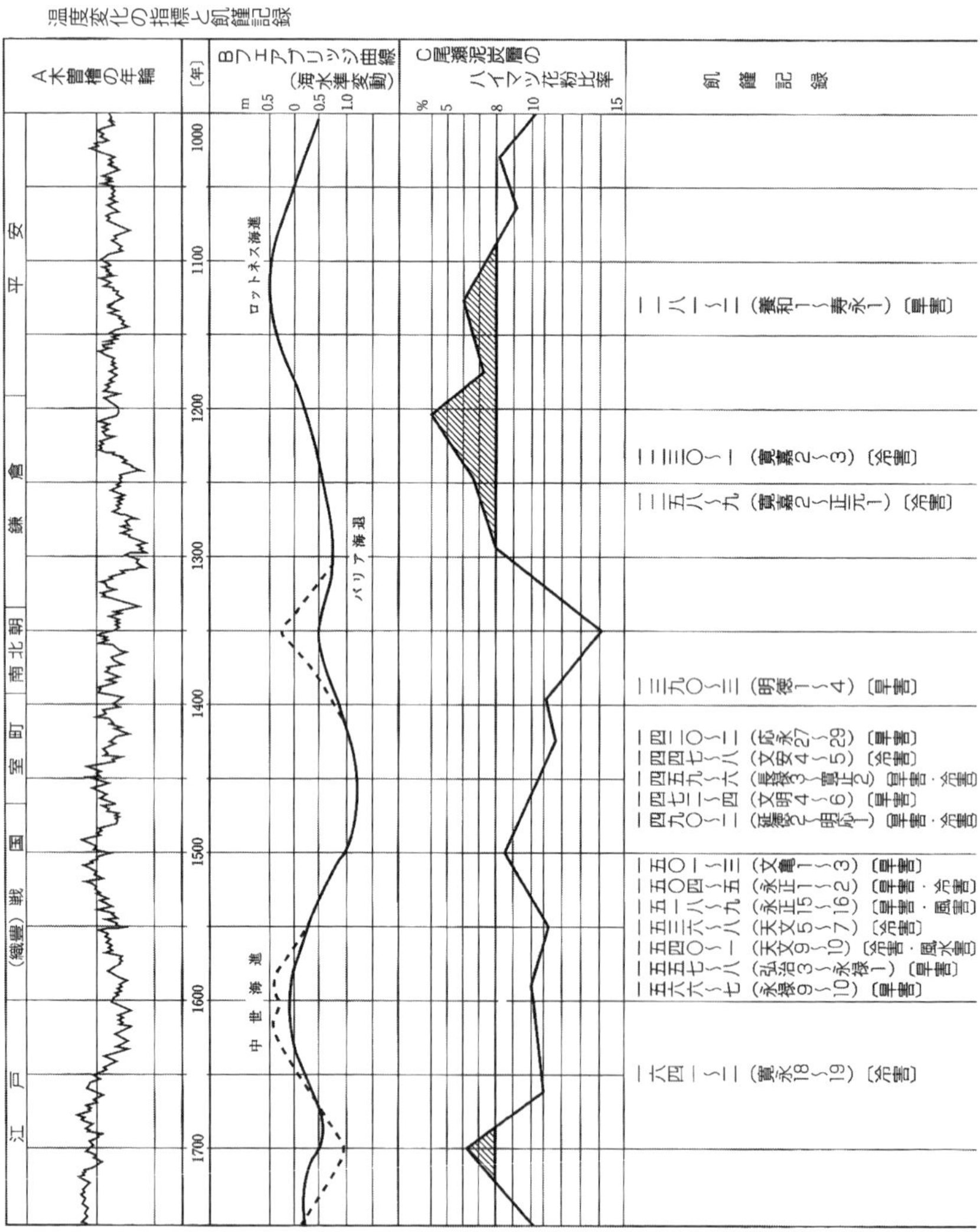

〈出典〉峰岸純夫『中世　災害・戦乱の社会史』36~37 頁

ち込みが一五世紀後半にあるのに対し、A年輪成長曲線は一六・一七世紀の境界辺にある。BとCではかなり異なっているが、波形はまったく相似しており、Cを一世紀右にずらすと全く一致することになる。Bの絶対年代比定が正確とすれば、Cの年代比定に一世紀の誤差があることになる。氏はこう指摘し、図の中の飢饉記録から見て、Bのフェアブリッジ曲線の方により信頼性が認められると結論されたのである。[20] その結果が先の「自然条件と生産の安定的小康状態」という結論になる。

もしこの判断が正しければ、日本においては「一四世紀の危機」はなかったことになるが、これまでにユーラシア大陸の状況を見てきて、どうしても腑に落ちないのである。すでに示した北川氏作成の図2−8（本書、四六頁参照）は、峰岸氏が提示した図のCに極めてよく一致している。とりわけ一四世紀にはいると気温の急激な落ち込みが全く同じである。

ここで**一**、で述べた、杉山氏が未解明の問題を解決することができた、私が再発掘した図を掲げてみる。（図3−1、本書、六一頁参照）

これは、『気候七〇〇年周期説』の著者西岡秀雄氏が、『太平記』の記述の真偽、すなわち延元元年一二月（西暦一三三七年一月）[21]に、新田義貞の軍が北陸方面へ向かおうとした際に、琵琶湖の北の山中で兵馬凍死の大遭難事件[22]が本当にあったかどうかを問うものとして作成されたグラフである。そこに見られるように、その年はきわめて寒冷で、そのような事件があったことは十分に考えられることを立証したのである。[23] 私はこのグラフを単年ごとの推移ではなく、全体の傾向を見ることによって、少なくとも一三二〇年代初頭から一三三七年までの滑り落ちるような気候の寒冷化の存在を突き止めることができたのである。[24] そして、これは図2―8や図4―3のCの傾向とも酷似しているのではないだろうか。またその滑り落ちるような寒冷化の傾向は、少し年代的には早いが図4―2にも見事に表れていると思う。

このように見てくると、実はフェアブリッジ曲線に依拠したことが、誤りではなかったのかと思えてくるのである。事実、最近、安田氏はこの曲線に対して、次のような厳しい批判をしている。

フェアブリッジの海面変動曲線は地中海地域など世界の当時のデータを寄せ集めてつくられた古典的な学説である。しかもその変動曲線には検討すべき余地が多く、環境史の研究者はほとんど見向きもしない説である。ましてや海面変動はローカルな地殻変動の影響を受けて、地域差が大きく、地中海などの世界のデータを寄せ集めた海面変動曲線をそのまま東アジアの日本の中世史の解釈に当てはめること自体、環境史の研究においては問題なのである。[25]

この点では、米国グループによって最近発表された、過去二〇〇〇年の熱帯太平洋西部海表面温度変化のグラフの方が、これまでの本稿の主張点によく合致している（図4―4）。すなわち、一三〇〇年にタテ線を引いてみると、海表面温度は太陽活動変化の衰退より早いが、一四世紀に大きな落ちくぼみを経験している。また一七世紀にはもっと大きな落ちくぼみがある。これは図2―8の落ち込みとも非常によく一致しているのである。

ところで、一四世紀の気候に関して二〇〇に近い日本の古記録を調査した結果として、水越允治氏は次のように総括された（注と本文の一部略）。

山本武夫氏は、Libby 氏等の発表した屋久杉の年輪の酸素同位元素分析結果や、Fairbridge 氏の示した海水準曲線から推定すると、日本の一四世紀の気候は、一一・一二世紀の温暖期から一五世紀の寒冷期に到る途中の、小康状態に当たっていたとしている。しかし、北川浩之・松本英二両氏による屋久杉年輪内の炭素同位体分析結果では、一四世紀は前後の一三・一五世紀に比べると、寒冷な傾向が見られ、結果が一致していない。…（略）また、峰岸純夫氏は気候変動を推定する従来の資料（木曽檜の年輪・海水準曲線・尾瀬泥炭層のハイマツ花粉比率など）を比較検討しているが、海水準変動以外は一四世紀が寒冷であった傾向を提示している。このように、一四世紀の気候復元結果には差異があり、確定した結果は得られていないが、気候変動には地域差があることや、

図 4-4　過去 2000 年の熱帯太平洋西部の海表面温度変化（３つのデータ）

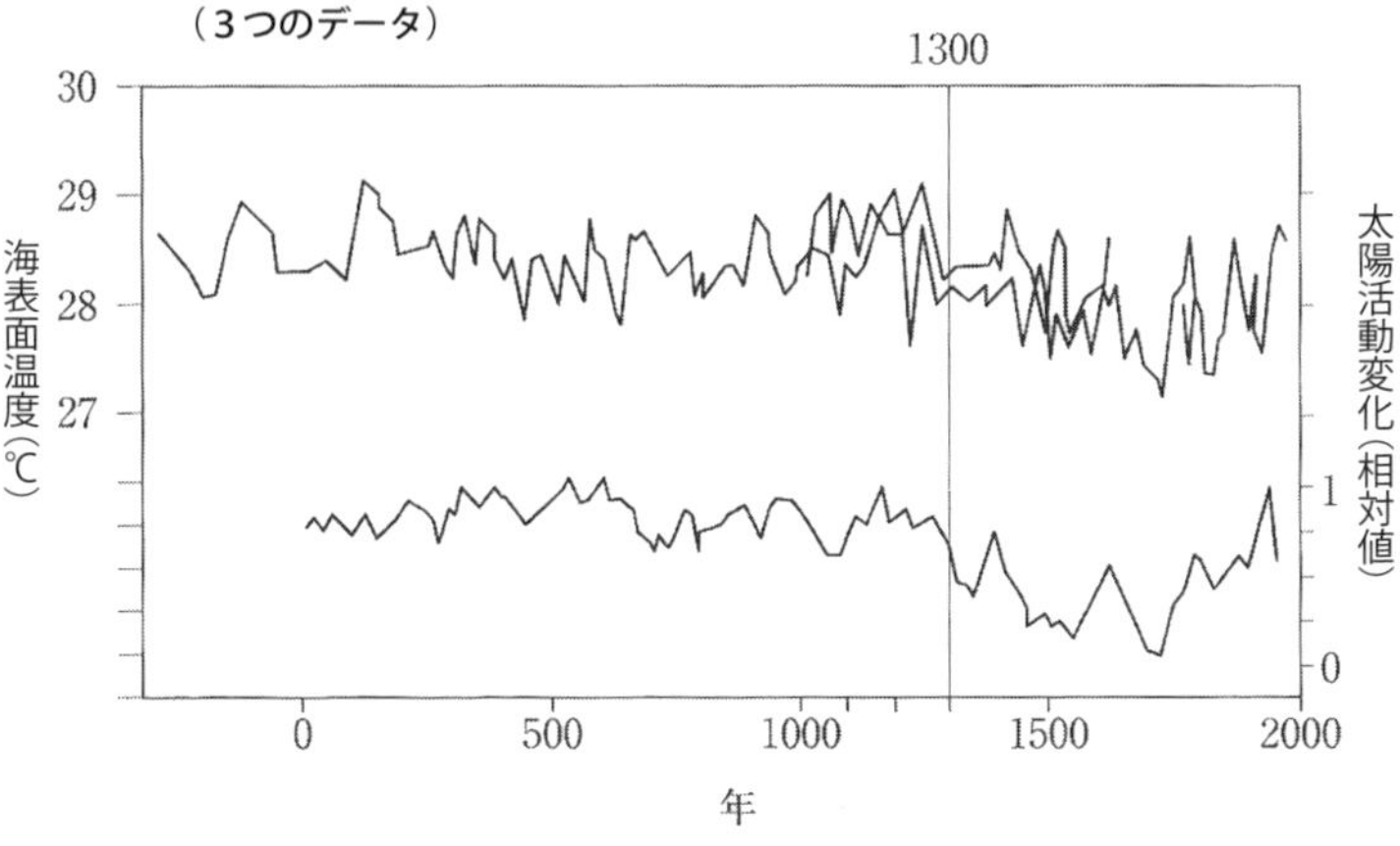

〈出典〉『中日新聞』2010 年１月８日（夕刊）

当時の気候に関する直接的記録が少ないことも、明確な気候復元を困難にしている一因であろう。なお、水野章二氏は中世の災害発生状況を世紀別にまとめている。その結果は、一三・一五世紀に比べて、一四世紀の災害発生頻度が少ないことを示しているが、一四世紀の記録自体が少ないことも関わっていると思われる。

天候記録の集成を行った編者の認識では、一四世紀の気候は、中世温暖期から近世小氷期に移行する過渡期として、年々の変動が大きい時代ではなかったかと推定している。この点については、ヨーロッパやアジアと同様な認識がなされている。[26] …（略）

以上のような水越氏の総括は、きわめて重要な示唆を含んでいると私には思われる。すなわち、これまでの日本の研究者に気候研究の面で大きな影響を与えてきたのは、山本武夫氏であり、氏が使用しているフェアブリッジ曲線であると私は理解してきたが、それはすでに述べたように大きな誤りを有しているのではないか。水越氏の見解を傍点に注意しながら全体として把握すれば、北川氏等の研究成果やヨーロッパやアジアとの比較から、一四世紀を小氷期に移行する過渡期と捉えている。当の峰岸氏の見解に対しては、見られるように消極的ではあるが、本人とは逆のAとCのグラフを支持しておられるようにみえ、私の見解と一致する。ヨーロッパ、アジアの状況から考察すれば、そのような考え方になるのは自然のことのように思われるのである。それに、日本の気候を判断するのに、なぜ日本の資料を使ったAやCを信用せずに、地中海などのデータを使ったフェアブリッジ曲線に目がいってしまったのであろうか。峰岸氏がグラフBを支持した理由は、飢饉記録の多さであったが、(27) 水越氏が述べられたように、そもそも一四世紀の天候に関わる記録自体が少ないことも考慮に入れなければならないであろう。記載がないからといって、直ちにその時代は気候条件は悪くなかったという結論にはならないのである。

しかも面白いことに、再発掘の図3―1（本書、六一頁）は、水越氏の推定する中世温暖期から近世小氷期への過渡期の姿を示している。とりわけ二〇年代から一三三七年まで、全体の傾向はすでに示したように、滑り落ちるような寒冷化であるが、複数年ごとには驚くべき上下動を記録しているのである。まことに「年々の変動が大きい時代」であったといえる。その意味でもこの図は、きわめて貴重な情報を内包しているのではなかろうか。（改めて注（16）を参照）

もう一度峰岸氏に戻ろう。実は氏は発想において柔軟な研究者で、「Bの絶対年代比定が正確とすれば、Cの年代比定に一世紀の誤差があることになる（逆もありうる）」と、その逆も示唆されていたのである。(28) まさに逆にすれば正解にたどり着けたのだと惜しまれる。そうであれば、すでに引用した「一四世紀は南北朝内乱という政治上混乱の時期にもかかわらず、むしろ自然条件と生産の安定的小康状態となる」という結論になることはなく、寒冷化という自然条件の急速な悪化と複数年にわたる気温の激震とでもいえる上下動による生産の攪乱こそが、南北朝内乱の背景にあったと言えるのではないであろうか。それ故ある意味で氏の政治的内乱の背後には、自然条件の悪化があるのではないかという想定は正しかったのである。それをフェアブリッジ曲線を選んでしまったために、理解にズレが生じてしまったといえよう。今後、本稿で示したような気候条件を考慮に入れた南北朝内乱期の研究が出現することに、期待するところ大である。(29)

おわりに—今後の課題にかえて—

それほど分量の多くないこの論文で、果たして所期の目的を達しえたかは、はなはだ心許ないと言わねばならない。ただ、これまで私の頭の中でもやもやしていた世界史と日本史のズレが、世界史の方に整合的にあわせることができたのではないかと思う。[30]そして、もし私の論証が大過ないものとすれば、これまでフェアブリッジ曲線に依拠してきた日本の研究は全面的に改められなければならないであろう。たとえば、故石井進氏は、次のように述べる。

> ところで、中世の日本の気温ははたして高かったか、低かったか。実は気温の長期変動曲線と言っても材料や方法によって、結論には違いがあり、まだ完全な定説はないようだ。しかし広くうけ入れられている、アメリカのフェアブリッジ氏による海水面の高さの変動曲線を見ると、温暖化によって海水面が上昇した、大きな山であるロットネス海進が最高位に達したのが一一〇〇年頃、つまり日本の中世は温暖化の絶頂期に始まったことになる。
>
> しかし、これを最高として以後はもっぱら海退の時期が続き、とくに一五・一六世紀はパリア海退といわれる寒冷期の極に達し、中世の終わる一六世紀ごろには急角度で海面が上昇、次のピークに近づく。もしこれが正しければ、寒冷期のどん底が戦国争乱の時代で、急速な統一へのあゆみは急激な温暖化

と関連していたのかもしれない。[31]

やや長くなったが、これがフェアブリッジ曲線に依拠した代表的な中世史家のひとつの理解を示しているものであろう。だが私の眼から見れば、図２−８（本書、四六頁）や図４−３のＡ・Ｃが示すごとく、一一〇〇年頃が温暖化の絶頂期とはいえず、同様に寒冷期のどん底が戦国期で、統一へのあゆみは急激な温暖化と関連していたかもしれないという仮説は、およそ成り立たないであろう。戦国期は必ずしもどん底ではなく、むしろ江戸初期こそどん底なのである。

次に、何度も登場した峰岸氏は、中世を自然環境と生産力の視点から、四期に時期区分している。すなわち、①中世初期（一一世紀後半〜一二世紀）温暖の時期、稲作の北上、大開墾の時代、荘園公領制の成立。②中世前期（一三世紀）寒冷化の時代、飢饉・凶作の頻発。③中世中期（一四世紀〜一五世紀前半）一定の温暖化、生産条件の一定の回復。④中世後期（一五世紀後半〜一六世紀）寒冷化の時代、生産条件の悪化、飢饉の頻発。荘園公領制の解体、である。[32]だが、われわれの観点からすれば、このうち②は「引き続き温暖な時期」、③は「急激な寒冷化」の時期と修正すべきであろう。それにともなって、それに付け加えられている説明も再検討しなければならなくなる。たとえば③は、「生産条件の急激な悪化」といったように。

最後に、磯貝富士男氏の研究がある。[33]これは日本における中世の気候変動を最も詳細に論じたもので、いま私が検討することは手に余る。それこそ今後の課題としたいと思う。ただしかし、氏の理論の根本はフェアブリッジ曲線に依拠したものになっているので、それに基づいて整序された資料は批判的に再整理されな

ければならないのではなかろうか、ということはできる。(34)

注

（1）杉山正明『クビライの挑戦』朝日選書、一九九五年、二四六〜二四九頁。
（2）NHKスペシャル『文明の道　⑤モンゴル帝国』NHK出版、二〇〇四年、一二五頁。
（3）拙稿「発見―モンゴル帝国大崩壊の秘密がたった一本の桧にひめられている」『皇学館大学文学部研究紀要』第四一輯、二〇〇二年。（本書、第Ⅰ部第3章）
（4）石弘之＋安田喜憲＋湯浅赳男『環境と文明の世界史』洋泉社、二〇〇一年、一七五〜一七六頁。
（5）蔵持文三也『ペストの文化誌』朝日選書、一九九五年、四七頁。
（6）北川浩之「屋久杉に刻まれた歴史時代の気候変動」梅原猛、伊東俊太郎、安田喜憲編『講座・文明と環境、第六巻―歴史と気候』朝倉書店、一九九五年、五一頁。
（7）蔵持、前掲書、三六頁。
（8）安田喜憲『森を守る文明　支配する文明』PHP新書、一九九七年、一五九頁。
（9）桜井邦朋『太陽黒点が語る文明史』中公新書、一九八七年、六八頁。傍点は引用者。
（10）安田、前掲書、一五九〜一六六頁。
（11）村上陽一郎『ペスト大流行』岩波新書、一九八三年、五六〜五九頁。なお、中国の黄河氾濫他については、檀上寛『永楽帝』講談社選書メチエ、一九九七年、三二頁以下も参照。

(12) 村上、前掲書、六〇頁。傍点は引用者。
(13) 近年、次の書物もこの点に関して興味深い説明をしている。W・Behringer, *A Cultural History of Climate*, 2010, pp.111~115.
(14) NHKスペシャル「新シルクロード」プロジェクト編『新シルクロード4』NHK出版、二〇〇五年。
(15) 同、一七〇頁。
(16) ここでは、フェイガンの次の指摘が参考にされている。「小氷期は…完全に凍結した時代ではない。むしろ気候が不規則に急変化した時代なのである。気候の急変は大気と海洋が複雑にかかわりあうことで引き起こされたものだが、その仕組みはいまだによく解明されていない。この変動によって、厳冬と東風が続いていたと思うと、ふいに春から初夏にかけて豪雨が降り、暖冬が訪れ、大西洋でしばしば嵐が起こる時代に変わる。あるいは、旱魃がつづき、弱い北東風が吹き、夏の熱波で穀類の畑が焼けつくようになる。小氷期には気候が絶えず変動し、同じ気候が四半世紀としてつづくことはなかった。」B・フェイガン(東郷えりか・桃井緑美子訳)『歴史を変えた気候大変動』河出書房新社、二〇〇一年、一二頁。
(17) NHKスペシャル、前掲『新シルクロード4』一七四頁。
(18) 同、一七五頁。
(19)・(20) 峰岸純夫『中世 災害・戦乱の社会史』吉川弘文館、二〇〇一年、三八頁。
(21) 水越氏によれば、この年代は正確には、「西暦一三三六年一一月二三日」のこととされている。水越允治編『古記録による一四世紀の天候記録』東京堂出版、二〇〇八年、九四頁。

(22) 『太平記』(二)(日本古典文学大系)岩波書店、一九六一年、二一四～二一五頁。(本書、一七四頁以下参照)

(23) 西岡秀雄『気候七〇〇年周期説』好学社、一九七二、二〇～二四頁。なお、佐藤進一氏は、この成果を南北朝動乱期の興味深い研究として取り上げている。同『南北朝の動乱』(日本の歴史 九)中公文庫、一九七四年、一五九～一六〇頁。

(24) 前掲拙稿、一六七頁。

(25) 安田喜憲「気候変動と現代文明」池谷和信編『地球環境史からの問い』岩波書店、二〇〇九年、所収、一五頁。

(26) 水越、前掲編著、五～六頁。傍点は引用者。なお、氏が参照している文献を以下に掲げる。山本武夫「歴史の流れに沿う日本とその周辺の気候の変遷」『地学雑誌』(七六)一九六七年、同『気候の語る日本の歴史』そしえて、一九七六年、北川浩之・松本英二「屋久杉年輪の炭素同位体比変動から推定される過去二〇〇〇年間の気候変動」『気象研究ノート』(一九一)一九九八年、吉野正敏「世界と日本の古気候」『気象研究ノート』(一四七)、峰岸純夫、前掲書、水野章二「中世の災害」北原糸子編『日本災害史』吉川弘文館、二〇〇六年、H. H. Lamb, Climate, *History and the Modern World*, Methuen, London, 一九八二、吉野正敏『歴史に気候を読む』学生社、二〇〇六年。

(27) なお、本稿の主張とは直接関係はないが、一四二〇～二一年の応永の大飢饉を気候変動との関連で扱ったものに、清水克行『大飢饉、室町社会を襲う!』(吉川弘文館、二〇〇八年)がある。「小氷期」を扱ってはいるが、もとより一四世紀に関する記述はない。

(28) 峰岸、前掲書、三八頁。

(29) 少し以前のものではあるが、佐藤和彦氏の研究は、そうした方向を指し示した研究のように私には思われる。すなわち、延元元年(一三三六)五月、美濃国茜部下村の農民たちが、京都・鎌倉両軍勢が荘内に乱入して狼藉をはたらくことを東大寺に訴える中で、去年来の大雪に触れ大麦・小麦などがことごとく駄目になって嘆いている場面を描いている。また、康永年間(一三四二〜一三四五年)には、興福寺領越前国河口庄で、数か月にわたる大干魃があったことが記されている。佐藤氏は、戦乱と自然災害とが同時に発生した場合、人々の生活がどのように破壊され、悲惨なものになっていくのかを指摘し、全国的な戦乱、頻発する自然災害によってもたらされる惨状を救うものは、内乱期をつうじてしだいに姿を現してくる農民の結合組織、すなわち惣結合や惣であり、そこに基礎をおいた闘争であると見ている(しかも氏は倭寇の問題と絡めながら、日本における内乱を、元王朝→明王朝、高麗王朝→李王朝といった東アジア世界の転換期のなかに位置づけている)。同『南北朝内乱』(日本の歴史一一)小学館、一九七四年、八八〜九二、二八八頁。私には、これらがまさに同時期のフランスで起きたジャックリーの乱(一三五七年)やイギリスのワットタイラーの乱(一三八一年)という農民一揆と、共通する性格を持っているように思われてならないのである。この点に関しては、近江吉明『黒死病の時代のジャックリー』未来社、二〇〇一年、をも参照。

(30) この点に関しては、鈴木秀夫『気候変化と人間―一万年の歴史―』(大明堂、二〇〇〇年)や、田家康『気候文明史』(日経新聞、二〇一〇年)も、一四世紀の日本に関する記述は少ないものの、また地域によるズレはあるものの、おおよそにおいて同世紀から世界中の気候が寒冷化することを認めているといってよい。

(31) 石井進『中世のかたち』(日本の中世一)中央公論新社、二〇〇二年、一五〜一六頁。傍点は引用者。
(32) 峰岸、前掲書、三八〜三九頁。
(33) 磯貝富士男『中世の農業と気候』吉川弘文館、二〇〇二年。
(34) 実は、先に安田氏がフェアブリッジ曲線の問題点を指摘した文章は、当の磯貝氏がこの曲線をもとにして安田氏を批判したことに対する、反批判の一部なのである。

第5章　ミヒャエル・エンデが『モモ』で訴えたかったこと
―その挿絵の解釈―

はじめに

ミヒャエル・エンデの代表作に『モモ』があり[1]、その中に本人の手になるいくつかの挿絵が挟まれている。そのうちの、特に二枚の挿絵に私は異常な関心を持ち、長い間その絵によってエンデが何を訴えたかったのだろうかと考えてきた。今ようやく私の頭の中に一つの解答が浮かび上がってきたように思う。

一、問題の挿絵

そもそも私が『モモ』に着目したのは、環境問題を文明史的に考察し、その中で「木を切る人と木を守る人」を人間類型学的に考察していた時である。[2]すなわち、時間に関して、いわゆる直線的時間と円環的時間が、森林に対してどのような作用を及ぼすのか、それがその時の問題関心であった。

以下に要約すれば、歴史的に見た時、最初はどこでも円環的時間が支配的であったと見てよいであろう。だが、安田喜憲氏が明らかにしたように、紀元前一二〇〇年の気候変動は、蛇をシンボルとする大地母神からバール神を代表とする天候神に変化せしめることによって、人類の精神史上初めて、古代地中海世界の一角に一神教を誕生させた。(3) ここにおいて、世界は天地創造に始まり、終末に向かって一直線に進行していくという、直線的時間が成立することになったのである。

この直線的な時間意識が、キリスト教を通じて古代ローマからヨーロッパに受け継がれていくのであるが、一体いつ頃そこに定着するのであろうか。阿部謹也氏は、一一世紀以前のヨーロッパでは、なおかつ円環的にぐるぐるまわっていく時間が主であったと見ている。すなわちそれまでは、日本と共通する社会(「世間」)があり、「個人」の成立とともにそこから「離陸」し、ヨーロッパ独自の社会が形成され、そこから時間が直線になっていくと考えている。(4)

さあ、いよいよ問題の挿絵を提示しよう。

この二枚の絵によってエンデは何を言いたかったのであろうか。そこでまず、『モモ』のあらすじを簡単に見てみよう。図5-1に見られるような古代ローマの円形劇場を思わせる、その廃墟のある、おそらくイタリアの大都会(5)で、人々はのんびり暮らしていた。そこへある時、時間貯蓄銀行から派遣された灰色の男たちが、時間を盗む計画を持って忍び寄ってくる。そして人々が時間を無駄遣いしていることを説き、その節約を勧める。数字を出された計算があまりに説得的なので、「ああ、もっとはやくから倹約を始めなかった

図 5-1

〈出典〉ミヒャエル・エンデ『モモ』10 頁

図 5-2

〈出典〉同上、74 頁

なんて、私はなんという不幸な男だろう」と叫び、人々は躍起になって時間を節約しようとする。しかしその結果として、人々の生活は日ごとに貧しくなり、日ごとに画一的になり、日ごとに冷たくなっていったのである。それにともない人間関係もとげとげしくなってしまった。

また、大きな工場や会社の職場という職場には、「時間は貴重だ―むだにするな！」、「時は金なり―節約せよ！」という標語が掲げられた。そしてついに、大都会そのものの外見まで変わってくる。旧市街の家々は取り壊されてしまい、余分なものの一切ついていない新しい家が建てられた。その結果、大都会の北部には広大な新住宅街ができあがったが、そこにはまるっきり見分けのつかない、同じ形の高層住宅が、見渡す限りえんえんとつらなっている。それが図5―2である。こうしたなかで、自分たちの生活が日ごとにまずしくなり、日ごとに画一的になり、日ごとに冷たくなっていることを大人たちは気付いていなかった。

このような状況に、図5―1の円形劇場の廃墟に住んでいたモモが現れ、灰色の男たちから時間を取り戻し、元のようにゆったりとした生活に戻してくれたのである。『モモ』の副題は「時間どろぼうと、ぬすまれた時間を人間にとりかえしてくれた女の子の不思議な物語」となっており、同書の主題はここに要約されているように思う。

二、解釈

さて、改めて、これまで見たところから『モモ』はわれわれに何を言いたかったのであろうか、という問いを立ててみたい。

これに対して、臨床心理学の立場から河合隼雄氏が、ひとつの答えを与えている。すなわち、氏は、社会全体の管理と画一化がすすみ、たとえば、日本中の人が同じ時刻に起床、同じ朝食をたべ、同じ服を着るようにする、ということにでもなれば、多くの人は必死に抵抗するだろう。「個人」の重要さを人々は主張することだろう。しかし、このような人たちでも、すべての人がまったく「同一の時間」を生きている、ということを承認している人が多い。一分間は誰にとっても一分間、午後の一時は日本のすべての人にとっても午後一時。だが果たしてそうだろうか。この事実を自明のこととすることによって、人間の画一化、個性の磨滅の第一歩が始まっているのではないだろうか。それはすべてのものの価値を均質化し、一直線上に並べられるような錯覚を起こさせる「お金」と同じ力をもっている。実際、『モモ』のお話では、時間をお金と同じように節約し、貯金するというアイデアが中心となるのである。[6]

このような、ここまでの河合氏の分析には、実に鋭いものがあると思う。時間とお金のアナロジーは、あとでみるフランクリンの説を思い出させて大変興味深い。それでは、『モモ』から読みとる氏の結論は、どのようなものであろうか。それは「『進歩』と『能率』を標語として、『遊び』を失い、個性を失ってゆく人々の姿が、『モモ』には見事に描写されている」、というものである。[7]

さて、この河合氏の解釈はどうであろうか。もちろん、ひとつの『モモ』理解として大きくはずれているとは思われない。実際、エンデによれば、彼が『モモ』を書いたのは、現代社会で誰もが忙しくて「時間」のもてない存在になったことに注意を喚起させるためだったとか、人びとのストレス状態、世の中のあわただしさを警告するためだった、というような書評があったということである。[8] 河合氏の見解はこれらに比べてより深いが、それでも似ているといえる。エンデ自身は、この解釈は外面的表面的理解でしかないという。[9] 私も河合氏の理解は本質からずれていると感じた。すくなくとも、先に掲げた二つの図をよく説明できないと思う。

それでは、私はどう考えているのか。まず私は、灰色の男たちに、マックス・ヴェーバーのいう「資本主義の精神」を見る。いうまでもなく、宗教改革によるプロテスタンティズムから生み出されてきたものだ。すなわち、神の栄光を増すために役立つものは、怠惰や享楽ではなく行為のみであって、そのために時間の浪費は最も重いものであった。なぜなら、その浪費によって失われた時間だけ、神の栄光に役立つ労働の機会が奪いさられたことになるからである。[10] 時間節約を強要する灰色の男たちは、まさにプロテスタンティズムを体現している存在といえよう。ヴェーバーはこの時点では、まだフランクリンのように、「時間は貨幣である」とまでは考えられていないと指摘しているが、[11] 逆に言えば、最後はそこまで行き着くのである。先の工場や会社の標語「時は金なり—節約せよ！」は、このフランクリン精神なのである。まさにこのような時間感覚において近代は成立するのである。まさしく、時間貯蓄を約束した男に、灰色の紳士が「あなたはいまや、ほんとうに近代的、進歩的な人間の仲間に入られたのです」と告げるのである。[12]

それでは、この理解によって先の二つの図は説明できるのであろうか。この点で大変興味深い考察をしているのが、ヘレン・エラーブである。彼女も宗教改革によって、人びとの自然に対する感覚が大きく変質したことを読みとっている。が、すでにその前にヨーロッパにキリスト教が入ってくることによって、時間の観念が、以前は季節のように循環するものと考えられていたのが、今や直線的なものとみなされるようになったという。[13] 唯一至高神は地上のはるか彼方にいるという考えが広まると、地上は汚れているとされ、自然は悪魔の領土となって、人間を自然から遠ざけた。[14] そうして、宗教改革時代になると、正統派は、祝祭の自然崇拝的な面を徹底的に排除すべきことを主張し出す。自然は征服すべきものであって、楽しんだり、ましてや崇めたりするものではなくなった。[15]

さらに、宗教改革者たちは、時間を直線的に捉える聖アウグスチヌス説を支持し、宗教改革以前にはなおかつ多くの人びとがとらわれていた、時間が循環することを前提にした考えや習慣をばかにしたのである。[16] こうして、宗教改革によって一層強められた直線的時間の観念は、自然蔑視と表裏一体のものとなった。内山節氏の言葉を借りれば、「近代以降の人間たちは、時間論の視点からみれば、直線的な時間を確立することによって、円環の運動をする自然の時間世界から自立したのである。それは自然とは根本が異なる時空を手にすることによる、自然からの自立であった」ということになろう。[17] これが自然破壊に連ならないはずはない。

さて、ここまで来て、改めて二つの図を見てみよう。図5―1には、ローマの松がたくさん生えている。それに対して、図5―2にはもはや木は一本も生えていない。というより、伐採されてしまったのだ。

私は前にひとつの大胆な仮説を提起しておいた。すなわち、「社会が円環的時間から直線的時間に転換する時、木を切るようになるのではないか」、と。[18] そう思って二つの図を見ると、図5―1の円形劇場は円環的時間の象徴であり、図5―2の一直線の道路は直線的時間の象徴のように見えてくるのであるが、いかがであろうか。

三、挿絵と現実―仮説検証―

ところで、図5―3を見ていただきたい。これはアメリカの森の分布とネイティブ・アメリカンの居住地の変化を示したものである。一六二〇年といえば、イギリスのピューリタン（プロテスタント）がメイフラワー号に乗って、アメリカのプリマスに到着した象徴的な年である。ここからわずか三〇〇年にして、ネイティブ・アメリカンが一万年以上にわたって大切にしてきたアメリカの森は、その八〇パーセント以上が破壊されてしまったのである。そしてそれは安田氏も指摘する

図 5-3

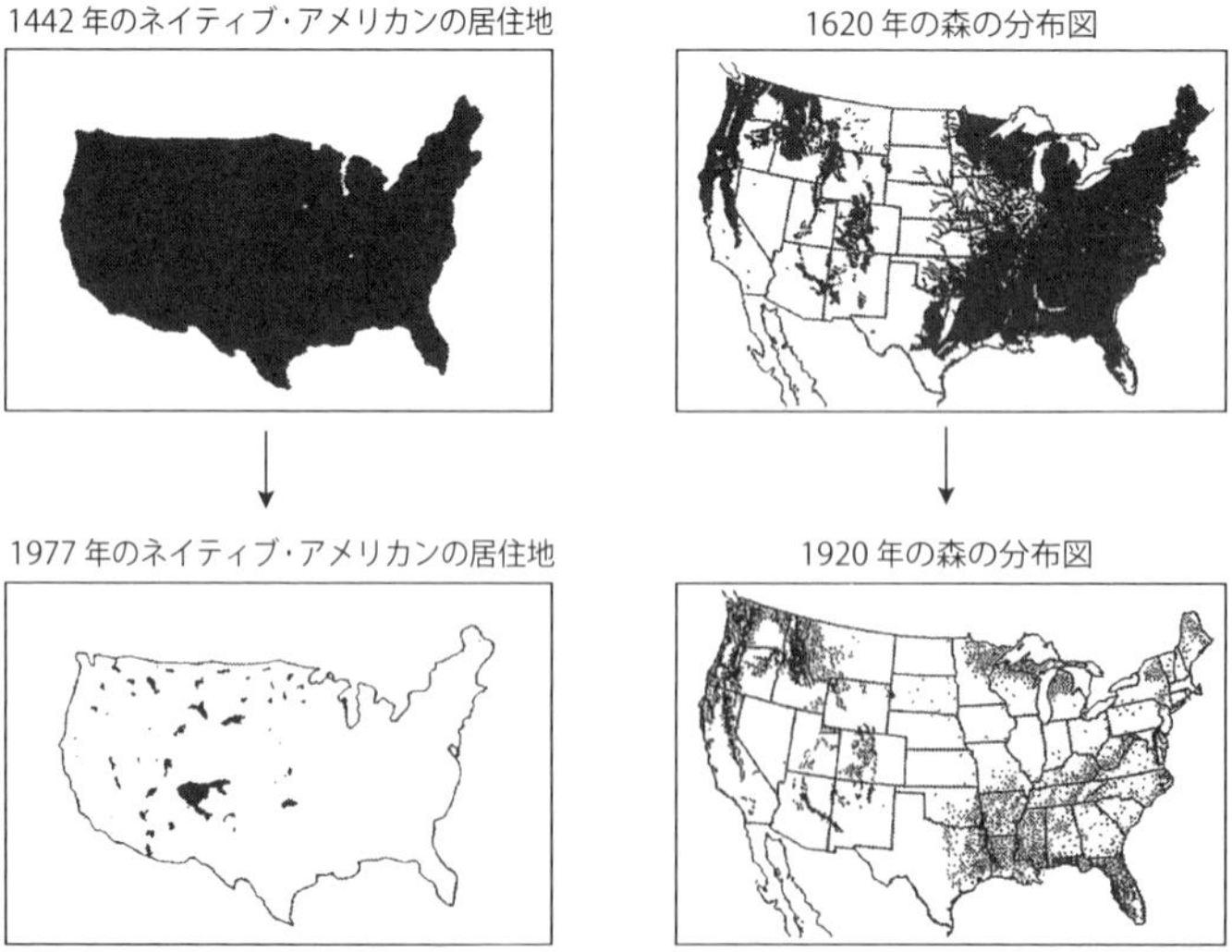

（右）1620 年と 1920 年のアメリカの森の分布、一つの点は 2 万 5000 エーカー
（左）1442 年と 1977 年のアメリカ・インディアン（ネイティブ・アメリカン）の居住地の変遷

〈出典〉安田喜憲『日本よ、森の環境国家たれ』7 頁（なお、原図を入れかえ、矢印を付した）

ように、ネイティブ・アメリカンの消滅と軌を一にしている。[19]（本書、第Ⅲ部第10章、図10－1も参照）

先の説明に戻れば、直線時間的世界観を持ったピューリタンが、円環時間的世界観を持ったネイティブ・アメリカンの土地に入り込んだことによって、急速に森林が破壊されてしまったといってよいであろう。とすれば、社会が円環的時間から直線的時間に転換する時、木が切られるという私の仮説は、ドラスチックな形でアメリカ史において一応実証されたのではないか。と同時に、私の頭のなかで、先の図5－1が図5－3の上の二つの図と、図5－2が下の二つの図と重なってしまうのである。

おわりに

長い間、くりかえし『モモ』を読み、その挿絵の意味を考えてきた。ある時、ふと図5－3と図5－1・5－2とが重なった。それでどうしても書きたくなったのが本稿である。ただどこまで私の解釈が正鵠を射ているのか、それはわからない。[20] が、「文明と環境」の観点から見た時の、ひとつの解釈にはなっているのではないかと思う。あとは読者の判断にゆだねたい。

注

（1）ミヒャエル・エンデ（大島かおり訳）『モモ』岩波書店、一九七六年。

（2）拙稿「環境問題の文明史的考察」『皇学館大学紀要』第三六輯、一九九七年、のち同『環境世界史学序説』

国書刊行会、二〇〇一年に所収。
（3）安田喜憲『気候が文明を変える』岩波科学ライブラリー、一九九三年、七七〜九〇頁。安田氏は、この紀元前一二〇〇年に始まる気候悪化が、大地を荒廃させてその豊壌性を奪い、さらに疫病を流行させたことによって、天候神の信仰の拡大のひとつの要因になったと見ている。
（4）阿部謹也『ヨーロッパを見る視角』岩波書店、一九九六年、四八〜五〇頁。
（5）子安美知子氏との会話で、エンデは「『モモ』は、私が向こう（イタリア―引用者）で書いた最初の作品です。いってみれば、あれはイタリアという国への私の感謝の捧げものであり、愛の告白でもあります。私にたくさんのものを贈ってくれたイタリア、そして何よりローマの町に対する―」と述べていることから、この大都会とはローマのことであろう。子安美知子『エンデと語る』朝日選書、一九八六年、一〇頁。
（6）河合隼雄『中空構造日本の深層』中央公論社、一九八二年、一一〇〜一一一頁。
（7）同、一一一頁。
（8）・（9）子安、前掲書、一二六頁。
（10）・（11）マックス・ヴェーバー（梶山力・大塚久雄訳）『プロテスタンティズムの倫理と資本主義の精神』（下巻）岩波文庫、一九六三年、一六九頁。
（12）前掲『モモ』、八九頁。傍点は引用者。先の河合氏の解釈の中にも「進歩」が出てきていて興味深い。近代の成立と進歩的観念とは切り離すことができない。また、エンデは子安氏への説明で、「灰色の男たち」をテクノロジーであり、こまぎれ・分解の原理＝計量思考と言っている（子安、前掲書、一二二〜一二三頁）。

に、「資本主義の精神」の核心にあるものであろう。それ故、この観点からすれば、一九八〇年代半ばにローマへファーストフードのマクドナルドが進出したことを契機として、北イタリアのブラで始まった「スローフード」（筑紫哲也『スローライフ』岩波新書、二〇〇六年、一五頁以下参照）ひいては「スローライフ」を『モモ』は訴えている、という解釈も可能ではあろう。なぜなら、マクドナルド化とは、J・リッツァが見事に示したように（『マクドナルド化する社会』早稲田大学出版部、一九九九年、一〇六頁以下参照）、計算できること、定量化できることを重視することだからである。

(13) ここまでは先の阿部氏と同様の捉え方である。が、これからエラーブが考察しようとしている時間と自然に関わる考察は阿部氏にはない。

(14) ヘレン・エラーブ『キリスト教　封印の世界史―西欧文明のダークサイド―』徳間書店、一九九七年、一八三～一八四頁。

(15) 同、二〇二頁。

(16) 同、二〇三～二〇四頁。

(17) 内山節『時間についての十二章―哲学における時間の問題―』岩波書店、一九九三年、五四頁。

(18) 前掲拙著、一一八頁。

(19) 安田喜憲『日本よ、森の環境国家たれ』中公叢書、二〇〇二年、六頁。

(20) というのも、エンデ自身が子安氏との対話の中で、『モモ』を書いた理由を次のように述べているからである。すなわち「人間から時間が疎外されていくのは、いのちが疎外されていくことであり、そう仕向けていくおそろしい力が世界にある。しかし一方に、別の力がはたらいており、これが人間に治癒の作用を送ってくる。と、そこまでを暗示したつもりです」(子安、前掲書、一二七頁)。私が読み取った自然観とのかかわりはここにはない。

第Ⅱ部

第6章　文明と環境から見た福沢諭吉と夏目漱石

はじめに

今年のメインテーマが「新世紀の教育を考える」とありますので、本日の表題が教育とどういう関係があるんだろうと思った方があると思います。教育学科ではなく、むしろ国文学科、国史学科の先生がやるような内容ではないかというふうに思われたかもしれません。が、実は私は教育学科で四年生の「環境教育」という講義を持っています。その環境教育を考える際に、表題の二人を比較することが非常に勉強になるのではないかと、二、三年前にふと気付きまして、学生諸君に色々と話をしてまいりました。その結果、環境教育の素材としてまたとないものではないかという思いが非常に強まったわけです。勝手な私の思い込みですから、内容的には偏見ばかりかも知れません。しかし、夏目漱石と福沢諭吉を比較するという試みは今までにありません。これまで福沢諭吉と誰かを比較するという形で本になっているものは、最近出たものとしては、松永昌三さんの『福沢諭吉と中江兆民』（中公新書、二〇〇一年）があります。また、もう十数年前になりますが、漱石や鷗外の研究で著名な平川祐弘さんが、皆さんよく御存知の、凧を挙げて雷の電気を研究したあのフランクリンと、福沢を比較しております。この本は実にいい題名ですのであとで申し上げましょう。以上の二冊は非常に参考になります。

先にも申しましたように、ほんのついこの間まで、私には福沢と漱石を比較するというつもりはありませんでした。比較の観点が確立されていなかったからです。二年前に本を読んでいてふと頭の中に萌して、そして次第に膨らんでいって構想されたものであります。学問というものはそういうものでありますが、一方では夏目漱石の「現代日本の開化」という講演を何度も読んでいたという事はあります。実に素晴らしい考察で、あとで皆様と一緒に読んでみたいと思っておりますが、それで四年前に環境問題と文明史をくっつけて論じようということを思い立ちまして、本学の『研究紀要』第三六輯に「環境問題の文明史的考察」という四〇〇字詰めで七〇枚くらいの論文を書きました。しかし、ここにはまだ福沢諭吉との比較は出てきません。そのためには、新たに福沢の驚くような文章を発見しなければなりませんでした。

ところで、本日の題名の福沢諭吉と夏目漱石という名前だけを見て、面白そうだと思われた方のなかで福沢ファンはおられますか。もしおられたら失望する内容になるかも知れません。先に結論をを言ってしまいますと、そういうことになるかもしれません。

一、私の中でいつ福沢と夏目が結びついたのか

まず、私自身が福沢諭吉にどうして関心があったかといいますと、もう六年前になりますが、国書刊行会から『社会科教育の国際化課題』という本を出版しました。現在の日本人の国際化に関して大きな問題点があるとしたら、それは次の事だということを指摘しました。すなわち、それは日本人が欧米にあまりにも憧れるという欠点です。欧米を非常に重視する。それに対して日本という国は、欧米に比べれば遅れている、劣っているという発想が非常に強い。今日の日本の教育でも同様ですが、それでは遅れた日本をどうすべきかという時に、この図の右方向の矢印のように欧米の水準まで引き上げるという発想が強い。もっと極端に言ってしまえば「アメリカ化」という教育、そういうふうになってしまっている。そして「アメリカ化」の根本は一体何かといえば、個性化ということでしょう。自分の言いたいことをはっきりいうという個性。日本人には個性がない、曖昧である。だからアメリカのような自分の意志をはっきりといえる個性を持った人間に育てたい、育って欲しいということで、これが

図 6-1

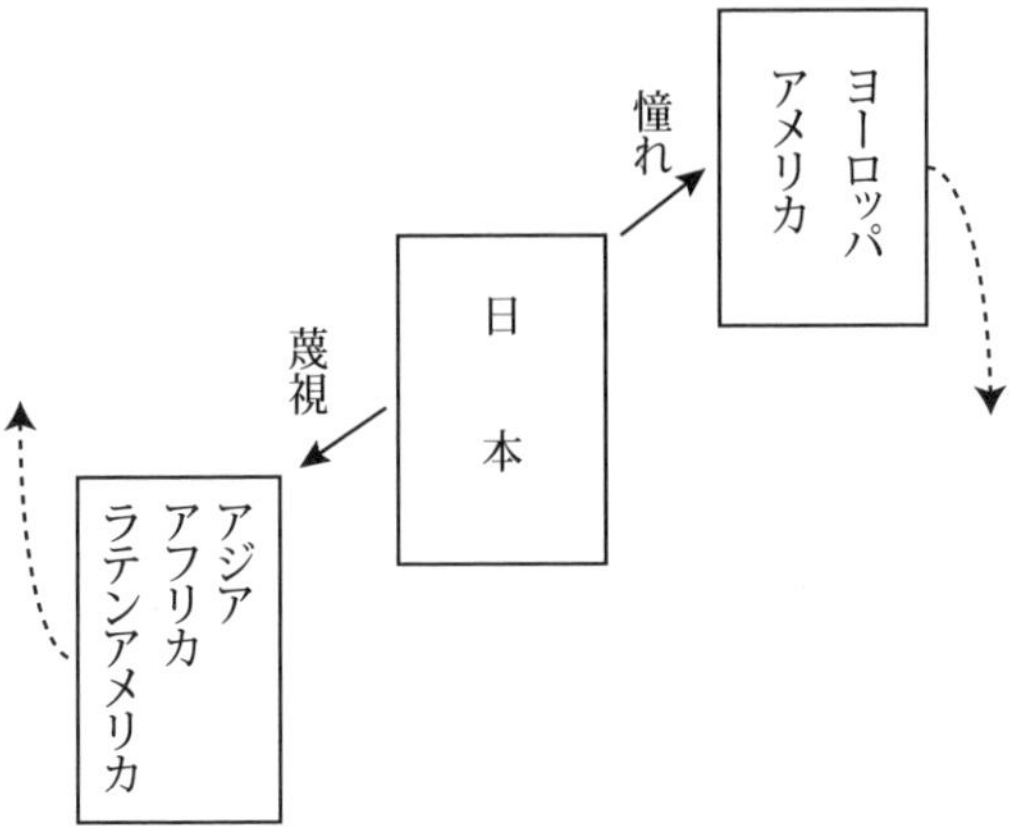

二一世紀に向けた文部科学省の意向でもあります。しかし、アメリカとはおよそ文化の違う日本において本当にそれでうまくいくのかどうか、再検討したいというのが、私の本の出版の動機でした。

さて、話を元にもどしますが、それならばこの欧米への強い憧れはいつ頃から出てきたのか、ということが私の関心事でありました。初めてヨーロッパ人が日本に来た安土桃山の時代、ちょうどルイス・フロイスとかアレッサンドロ・ヴァリニアーノといった宣教師たちが日本に来たころ、つまり信長・秀吉の時代にはそんな憧れはあったのでしょうか。「南蛮趣味」という現象はあったようですが、のべつまくなしに憧れたわけではありません。逆に、愚弄しているような部分もあります。例えばワインを飲んでいるのを見て、血を飲んでいるというように考えたのです。またそもそも南蛮という言葉自体が中国語から借りたものですが、「南から来た野蛮人」という意味でした。江戸時代もいわゆる鎖国をしており、ヨーロッパ諸国の中ではオランダとのみ交流しておりましたが、蘭学という形で大きな影響は受けても、一部たとえば杉田玄白らを除いてそれほど日本全体が憧れたということはありません。ですから、答えはやはり明治からです。つまり、明治のときに日本が欧米をモデルにして国家建設をしようとした時から、この憧れが始まった、そう言ってよいのではないかと思います。そしてそこからずっと今日まで一二〇～三〇年、その思いが続いています。先走れば、その路線を敷いた人物が福沢ではないかというのが私の結論です。

先の図に戻りますと、左の方はどうなるのかといいますと、日本ももちろんアジアの一員ですが、アジアだとかアフリカ、それからラテンアメリカ、こういう国に対しては、日本よりは一段と低い位置に置いてしまって、これを軽視ないし蔑視しております。繰り返しますが、欧米的になることが日本の国際化だという大きな錯覚があるように思います。しかしそんなことでは困ります。ブラジルの人は白人ばかりではありませんし、英語も喋れません。ブラジルはこの図の右か左か、どちらに入るのでしょうか。今、日本にたくさん来ています。ましてフィリピンとかベトナムから来ている人たちは、日本人の意識では完全に左側に入ります。そうして日本人はこれらの人達に対して、まるで３Ｋの要員であるかのように接してしまっております。これは大変な間違いだと思います。先の本を書いたのは、何とかしてこの矢印のように右は引き下げ、左は引き上げ、平衡感覚を取り戻したいという思いのゆえでした。しかしもう一度言いますと、こうした今日の日本人の考え方のレールを誰が敷いたのか、どう考えても福沢だ、という感じを私は持つわけです。そこで、皆さんとそのことを見ていきたいというのが本日の課題のひとつです。

それでは、夏目漱石と福沢諭吉は私の頭の中で一体いつ結びついたのか。それは三年くらい前で、今述べた問題意識から福沢をもう一度読み直さないといけないと思い、かつて読んだ『文明論之概略』（岩波文庫、一九六二年改版）を再度取り出しました。これは福沢の書いた本のなかで最も論理的で、近代日本人の書いた最高傑作の一つといわれております。これを再読している時に、「あっ」とひとつの文章にぶつかったのです。福沢は文明論に大部分のページを費やして論じていますが、環境については何か言っているとは思ってもみなかったのです。しかし改めて、今日で言う環境問題の視点から見ますと、福沢にもそういうものがあると感じたわけです。その時から、私の頭の中で二人が結びつくことになりました。

ところで、今年の四月に、私の恩師の一人で、「グローバル教育」という分野の日本の第一人者であります奥住忠久先生の還暦記念パーティーがありまして、先生にお世話になったものの中では私が一番年齢が高いという理由で、還暦祝いの本の編集長にかつぎ出されました。この『二一世紀地球市民の育成』（黎明書房、二〇〇一年）という本の中に、原稿用紙四〇〇字詰め二五枚ほどで、「地球人類史への展望」と題して、その最初の三分一ほどで私としては初めて、まともな福沢諭吉と夏目漱石との比較をやってみたわけです。そんなことでこの二人をどう理解するのか、何故比較するのかと言う際に、冒頭でも申しましたように非常に教育学的意味合いが強い。題目だけ見ますと全然そんなふうに見えませんが、それが私の問題意識のスタートだったということです。

そんなことで本日はこの二人を、「文明と環境」という観点から比較してみようと思います。しかも近年、梅原猛・伊東俊太郎・安田喜憲さん三人の編集によりまして、『講座　文明と環境』という全一五巻の本が朝倉書店から出ています。本日の会場にはこのシリーズに論文をお書きになっている外山秀一先生もおられますから、後で色々お聞きください。今、私がやろうとしているのは、こうした研究の大きな流れの中にのっている一つの方法だというふうにご理解いただけると有り難いと思います。

二、比較（その一）―「文明」の観点から―

それでは、両者の文明論から見てみましょう。福沢諭吉は一八三四年に生まれて一九〇一年に亡くなっています。享年六六歳です。ですから去年が亡くなってからちょうど一〇〇年目にあたり、慶應大学を中心に大々的なお祭りが催されたと思います。それと前後して福沢に関する本の出版が目立っています。他方、漱石の方はと申しますと、生まれが一八六七年ですから、ちょうど明治維新の年です。そして一九一六年に亡くなっていますから享年四九歳です。簡単に申しますと、福沢と漱石の立論には三〇年のずれがあるということになります。三〇年、漱石の方が遅い。歴史的に三〇年遅いということが、福沢と漱石にどんな影を投げかけているかということはなかなか難しい問題で、今日そう簡単にお話しできるかどうかはわかりません。いずれにしてもそれだけ隔たったところですから、なかなか比較は困難です。しかし、あえてそれをやってみようというのです。

まず、福沢が著わした『文明論之概略』の中でどう言っているか読んでみましょう。今福沢が書こうとしている時代はどんな状況なのか。王制一新の明治維新があり、次いで廃藩置県などがあった時代です。そういう時代に、「此の騒乱は、全国の人民文明に進まんとするの奮発なり」と言っています。「我文明に満足せずして西洋の文明を取らんとするの熱心なり」。もはや従来の日本の文明では満足できない。外から襲ってきた西洋文明を何とか取り入れたいということに、日本でも「熱心」になったわけです。「故にその期する所は、到底我文明をして西洋の文明の如くならしめて之を並立する歟《か》」、つまり西洋の文明と一緒になって並ぶ所まで行くか、「或は、其右に出るに至らざればやむことなかる可し」。だから西洋を追い越さなければ、この動きは止まることがないんだと言っているのです。これはついこの間まで日本がずっとヨーロッパ、アメリカに対して考えてきた事ではなかったでしょうか。今はどうなっていますか。ある部分では追い越したのでしょうか。とにかく、日本がヨーロッパに追いつき、追い越せとちょっと前まで言ってきたその感覚を、既に福沢が言っているということは注目すべきことだと私は思っています。そして「彼の西洋の文明も今正に運動の中に在て日に月に改進するものなれば」、とありますが、日進月歩と言いますか、西洋の文明というのは、全く次から次へと変化していく運動体だと指摘しているのです。もう一度言いますが、それに日本は追いつかなければならないというのです。

福沢がこの本を書いているのは一八七五年ですから、維新から七、八年経っていますが、その間、日本の人々はどんな感覚になっていたのかといいますと、実に有名な文章ですが、「恰《あたか》も一身にして二生を経るが如く一人にして両身あるが如し」というのです。維新を境にしてその前と後とでは、短い期間の中にあたかも二つの生を過ごすくらいのものすごく大きな天変だと言うのです。しかしこの会場の皆様方の中でも、第二次大戦以前と以後では、福沢が述べているのと同じ感覚をもたれた方が沢山おられるんじゃないかと思います。まるで自分の人生の中に二つの違った人間がいるような感覚です。明治の時にも福沢達は同じような気持ちを持っていたということができます。それほど大きな変革であったわけです。しかも、ちょうどこの時期に忘れてはいけないのですが、ヨーロッパは帝国主義段階に入っております。当時の日本の政府の要人、知識人達が、最も恐れたことは、司馬遼太郎さんの作品を読んでいるとしょっちゅう出てきますが、下手をしたら日本はヨーロッパの植民地にされてしまうのではないか、ということでした。これは今の我々にはとても想像できないような極めて強い恐れでした。福沢達あるいは、吉田松陰や高杉晋作も同じでしたが、時の中国のような、ヨーロッパによる半植民地化は絶対避けたい。なんとしても日本はヨーロッパに植民地化されず独立したい、こういう思いが極めて強かったわけです。福沢の著作はその強い思いによって書かれたと言っても過言ではないと思います。何度読んでもその壮大さと、文章の明快さには感動を覚えます。それから例えが上手い。読んでいるともう、納得してしまう。西郷隆盛もこれを常に愛読して座右に離さず、私学校の子弟にもこれを勧めていたといわれています。いずれにしてもヨーロッパを中心とした帝国主義の時代、下手すると植民地になってしまうのではないかという恐れのなかで書かれたということを、片時も忘れることは出来ません。そういう意味で、「今の時に当て、前に進まん歟、後に退かん歟、進て文明を遂はん歟、退て野蛮に返らん歟、唯進退の二字あるのみ」という状況に追い込まれていた。いうまでもなく進まなければいけない、退くわけにはいかない。これが福沢の強い信念でありました。

ところで、福沢を理解するためには『福翁自伝』（岩波文庫、一九五四年）をぜひ読みなさいというのが、福沢研究者が口をそろえて言うことです。これまた何度読んでも面白いし、読むたびに新たな発見があります。たとえば、江戸に火事があるとその焼け跡に釘拾いがウヤウヤ出てくるということが書いてあります。いずれにしても当時の状況が実によく分かる本です。先程のフランクリンの『自伝』とよく対比されます。これが日本の近代の文学書の中では余り評価されていないのは大変残念な事だと思っております。それはともかくとして、この中にも、「私の考えは塾に少年を集めて原書を読ませる許りが目的ではない。如何様《いかよう》にもして此鎖国の日本を切り開いて西洋流の文明に導き、富国強兵以て世界中に後《おく》れを取らぬやうにしたい」とあります。また、「如何でもして西洋流の文明富強国にしたい」とも言っております。何としてもヨーロッパに後れを取ってはいけない、そのためにはヨーロッパの文明を、日本も学ばなければならない。その思いが非常に強かったことがよく分かってまいります。

さて、そこで既に出てまいりました野蛮とか文明とかいうことが問題になります。『概略』の第二章は「西洋の文明を目的とする事」と言っています。先に述べてきたことからして、ここで言わんとしていることは容易に想像できます。しかし、表題だけ読んで西洋の文明を文字通り目的にするんだと理解したら、福沢の真意をつかんだことにはなりません。よく内容を見なければいけません。そこで考えてみますと、「前章に事物の軽重是非は相対したる語なりと云へり。されば文明開化の字も亦相対したるものなり」と言っています。この「相対」という言葉が大事です。先程から私の話を聞いていただいていて、福沢はのべつまくなしに欧米を良く見ているのだと思われますでしょうか。そうではありません。それを説明する前に先ず見ていただきたいのは、福沢は人類が経過する三つの段階、すなわち野蛮→半開→文明というものを考えておりました。「即是れ人類の当に経過す可き階級なり。或いは之を文明の齢と云ふも可なり」と言っております。具体的には、「今世界の文明を論ずるに、欧羅巴《よーろっぱ》諸国並びに亜米利加《あめりか》の合衆国を以て最上の文明国」とし、それから「土耳古《とるこ》、支那、日本等、亜細亜の諸国を以て半開の国」というのです。そして「阿非利加《あふりか》及び墺太利亜《おーすとらりや》等を目して野蛮の国」といったわけです。当時においてはアフリカと並んでオーストラリアは野蛮だったわけですね。これを図で表しますと、全体構造において最初に見た図式と非常に似ている。オーストラリアは先の図には入っていませんが、当然欧米と同じ位置でしょう。そうしますと、オーストラリアはこの一三〇年の間に随分昇格しました。白人が入植したからですね。

なお、文明と野蛮の違いを福沢にまざまざと認識させたのは、彼が咸臨丸でアメリカに行ってから帰る時に、ハワイへ立ち寄った時だと私は考えています。『自伝』には「其の土人の風俗は汚い有様で、一見蛮民と云ふより外仕方がない」と言っております。もう一つついでに言っておきたいのは、半開の国の特徴として、「模擬の細工は巧みなれども新たに物を造るの工夫に乏しく」と言っていることです。あっと驚きませんか。これまた今でも日本人の特徴としてしばしば耳にすることではないでしょうか。本当に福沢から抜け切っていませんね。（この講演後知り得たこととして、渡辺崋山が一八三八年に、江戸参府のオランダ商館長ニーマンに「日本人の人品はいかがか？」と質問した答えに、「高官はおおむね立派。性格はトルコ人に似ている。新奇なものを模倣することには敏捷だが、性格は沈着ではなく創造力がない。我が国ではこれをリュクトホーフト（頭が軽い）という」と言っている。市村佑一、大石慎三郎『鎖国　ゆるやかな情報革命』講談社現代新書、一九九五年、一五〇～一五一頁。傍点は引用者）

福沢の考え方からすれば、日本は文明に向かって進まざるを得ないのですから、図6-2の右側へ行かざるを得ませんね。どうですか。二つの図を比べると、一三〇年たっても日本人の意識は福沢の考えた構図とほとんど変わっていませんね。今日までのレールを敷いたのが福沢だという私の主張はここから来ているのです。もちろん、

図 6-2

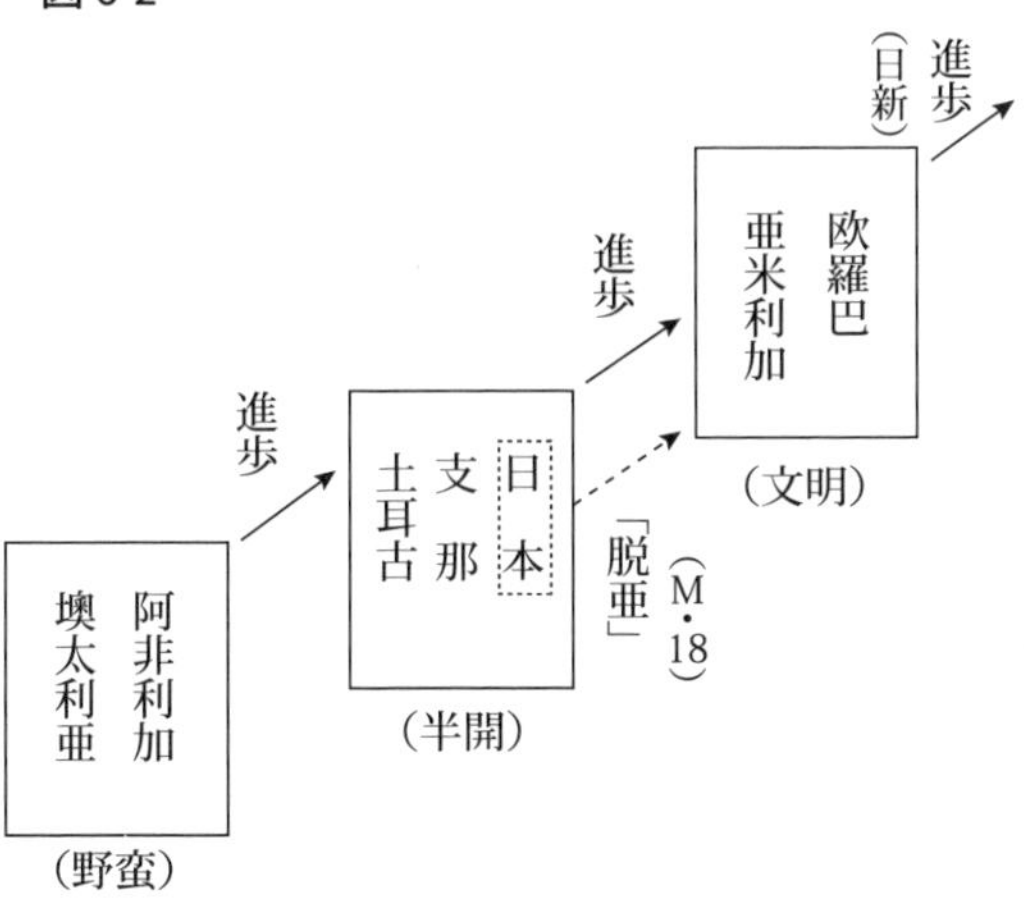

その間に色々な時代がありました。大正の時代には西洋趣味が流行りまして、さらに第二次大戦敗戦後に日本が打ちひしがれていた時代に、アメリカの物質文明がどっと入ってきて、その生活スタイルに憧れてしまったといったらいいでしょうか。

私はこの八月一四日から二八日までアメリカに行っておりました。福沢が行ったころのアメリカと今のアメリカは随分違いますが、やっぱり行けば度肝を抜かれます。その物質文明は全く日本と違いますから。今回、映画でも有名になった文明以前の生活をあえてしている、アーミッシュと呼ばれる人たちの村を訪れてまいりました。アメリカ全体で二三州にまたがって約一〇万人が生活しています。今回私が行きましたペンシルバニアに、そのうちの二万人が住んでいます。一般の人と共存して生活していますが、どうして見分けるのかというとその家にテレビのアンテナが有るか無いかによってです。この人たちは電気を使わない。自動車も使わない。だから馬車です。同行したアメリカのガイドが、あまりにも物質文明に毒された我々は、このアーミッシュの考え方と混ぜ合わせて、もう一度生活の仕方を考え直さなければいけないと強く主張していたのが印象に残っています。

福沢に戻りますが、問題は彼のいう、「人類の当に経過す可き階級」、「文明の齢」である野蛮→半開→文明という図式の矢印をどう理解するかということです。「文明は死物に非ず、動て進むものなり。動て進むものは必ず順序階級を経ざる可らず。即ち野蛮は半開に進み、半開は文明に進み、其文明も今正に進歩の時なり」と言っています。この中の「進歩」という言葉に注目してください。福沢は、この矢印の方向を進歩と捉えていたのです。ここで詳論できないのが残念ですが、福沢はこの観念をギゾーやバックルの文明史から学んだのでした。今、日本は少なくとも半開の段階にある。ヨーロッパに負けないとすれば、それと同じ力を付けないといけない。日本を無理矢理にも半開から文明へと引き上げなければいけない、これが福沢の考えでした。これよりのち一〇年後の明治一八年には図6―2に示しましたように、福沢はこの方向を「脱亜」と表現いたします。しかし、ここには色々な問題があります。例えば、アフリカや日本を除いたアジアが福沢の眼で見たとき、なぜ低い段階で止まっているのか究明されていません。同じ半開の中で中国と比べると、独裁の強い中国よりは日本の方が文明に向かって進みやすいということは論じており、それを「支那人は無事にして、日本人は多事なり」と表現しておりますが。

ところで、『学問のすゝめ』（岩波文庫、一九四二年）を繰り返し読んでいてびっくりいたしました。これは『概略』と一緒に読むとよいといわれておりますし、実際そう思います。書かれたのもほぼ同じ時期で、明治六年から九年に書いたものを集めたものです。この中に、「世の中の有様は次第に進み、昨日便利とせしものも今日は迂遠と為り、去年の新工夫も今年は陳腐に属す」という言葉があります。すごい言葉だと思います。この文と接するたびにいつも学生に言うのですが、例えばパソコン、携帯電話など、今日新しいと思っていても明日は古くなっています。次から次へと新たなものが産み出されて、本当に日進月歩です。だから冗談で学生に、君自身が一番新しいと思うのは、棺桶に片足を入れた時で、死んでしまった明日はもう古くなっていると言っているのです。一言でいうと、まさに福沢の言う「日新」です。私がいつも思ってきたことを、これが文明の本質だと、一三〇年も前に福沢はたった二字で表しています。この二字にぶつかった時は本当に衝撃を受けました。伊勢高校の玄関にも、「日新」と書体で書かれて額の中にはいっています。いろんな意味を込めていると思いますが、少なくとも福沢は文明が日に日に動いていく事をこの簡潔な言葉で表したのでした。

この図6―3のこのラインより上を文明段階、すなわち近代と言い換えてもよいと思いますが、それ以前、すなわち、近代以前の社会というのは、どういうふうになっていたかということです。たとえば時間観念という非常に重要な観点から見ますと、近代以前の全ての社会においては、日本ですと、四季もそれの重要な構成要素だと思いますが、図のように時間がくるくると循環している。しかもこれが現代のように、一分が六〇秒というようにみじん切りして、一つ一つの長さを均等にする時間ではありません。夜と昼とは意味が違っていますし、春と夏も当然意味が違います。それが近代以前の社会の時間感覚です。ギリシャやローマにおいても「歴史は繰り返す」といわれたのは、正にその意味においてです。こういう時間の流れの中では、何か人々がゆったりとしているようにもみえます。学生を連れてゼミ旅行でしばしば海外にも行きます。一番勉強になったのは、バリ島に行った時で、こういう研究をしていますから、その地域の時間が気になってしかたがない。そこの人々はどういう時間感覚で過ごしているのかと、近代時間の中でも最も時間が正確というか、きっちりしているというか、せせこましいというか、そういった日本人の時間感覚から見て

図 6-3

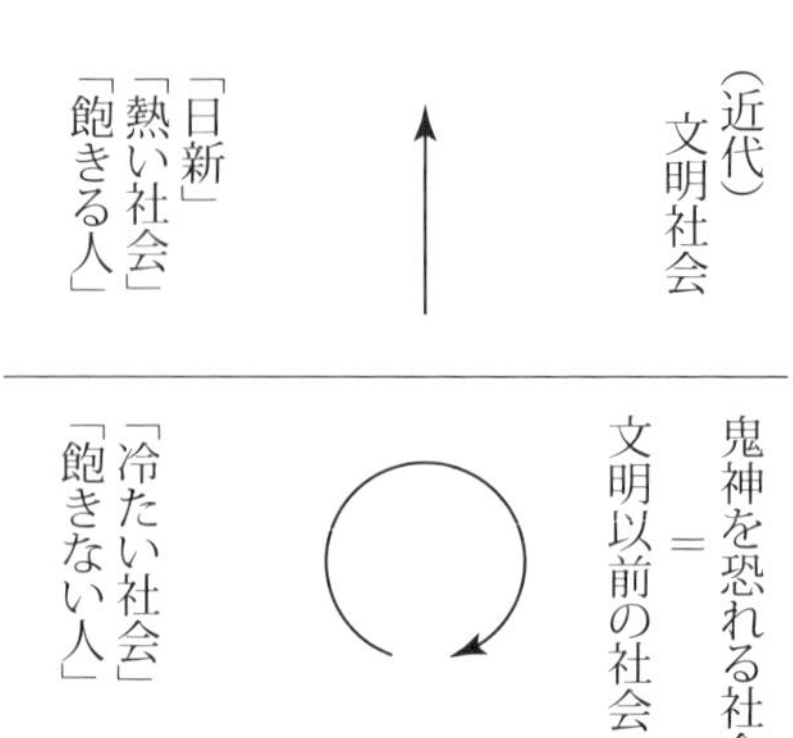

どのように見ることができるのかが最大の関心事でした。ものすごくゆっくりしています、バリ島の人々は。それは早くもヨーロッパ人が、東南アジアを植民地化した時から気付いております。それを彼らはラバータイム rubber time と名付けました。ゴムのように長く伸びる時間ですね。我々もそういうところへ行くと時間のゆったりさを感じます。ところが、バリを出てボロブドール遺跡のあるジョグジャカルタという中都市を経て、ジャカルタという東京と変わらない大都市に行くと、だんだん時間が早くなることに気づきました。本当に貴重な経験でした。

つまり都市化・近代化されると、図のように時間が直線になる。そうすると、すべてがスピーディーになってきます。さらにそれとともに、フランクリンが言ったように、「時は金なり」ともなる。福沢も『自伝』のなかで、「吾身の為に一刻千金の時である」と、フランクリンと全く同じ精神を記しています。実際彼は時を守ることが厳格で、どんなことをしていても、きめた時刻が来ると必ず止めたといわれております。

この直線の時間が世界史上最初に出てきたのが、ユダヤ教においてです。「天地創造」から「最後の審判」まで一直線になる。そしてそれがキリスト教に受け継がれて、アダムとイブが生まれてから、人類がイエスの裁きかけられる最後の審判まで、時間がユダヤ教と同様に直線に流れるようになった。これがヨーロッパ近代文明の世界的拡大とともに、宗教的色彩は薄れて世界に急速に広がっていくわけです。現在の日本人的感覚でももう時間的に元に戻ることができないようになっているように思います。が、日本の場合はなおかつ日本文化の根幹をなす、伊勢の式年遷宮が二〇年おきに行われていることは非常に大事なことだと思っております。つまり、日本文化の奥深いところでは今でも時間が二〇年ごとに循環しているということです。文化の根元で西洋化しきらない部分があるということです。

さて、フランスで二〇世紀最大の文化人類学者にレヴィ＝ストロースという人がいます。彼は『レヴィ＝ストロースとの対話』（みすず書房、一九七〇年）の中で、余り変化しない社会を「冷たい社会」、それに対して「日新」つまり次から次へと変わる社会を「熱い社会」と言っています。全く興味深い捉え方だと思います。いずれにしても、日本の場合は、明治維新以降、図のラインより上の社会に移行していくのではないかと思います。江戸時代は、人々はずいぶんのんびりしていたようです。ただし私は、明治から急に変わったとは思っておりません。その基礎はすでに江戸時代にできていたと思っていますので。

ラインの下の場合、人間というのはほとんど同じ事の繰り返しです。それに対してこちらは「日新」ですから、変化が激しいのです。私がこのことを最初に感じたのは、岐阜県の明智に大正村を訪れた時です。教育実習の挨拶に行ったとき、ついでにその村に寄ったのですが、衝撃を受けました。何が衝撃を受けたかというと、そこに蓄音機とか電話が陳列してあって、次から次へと短期間に形が変わっているのです。その時、なぜ人間はこんなに物の形を変えるのだろうと強く思いましたが、これがまさに文明の本質なのですね。次から次へと新しいものを追い求める。ラインより下においては、人間はそれほど飽きない。ところが上に移行すると、人間は飽きるようになるのではないか。「熱い社会」というのは「飽きる社会」。そんなふうに勝手に考えるのですが、どうでしょう。人間の本質を示すのに色々な言い方があります。「ホモサピエンス（知性ある人）」、「ホモファーベル（物を作る人）」、「ホモルーデンス（遊ぶ人）」。私が一つ付け加えるとすれば、「飽きる人」。そういうふうに性格付けたらどうでしょう。これによって文明の本質をよく掴むことが出来るのではないでしょうか。あらためて、福沢が明治初期に「日新」の二文字でこんなふうなことまで捉えていたということに感心せざるをえません。

こういう文明の歩み方、すなわち野蛮から半開、文明へと進歩していくという捉え方に対して改めて考えてみますと、文明といわれる社会というのはよほど良い社会でなければなりません。野蛮や半開の社会に比べたら遙かに人間が住みやすい社会になっていなければなりません。しかし福沢の立論において大事な点は、当面は日本はヨーロッパやアメリカを目指すけれども、決してそうした社会に悪いところは一つもないとは言っていないことです。解説が遅れましたが、この事を彼はすでにみた「相対」という言葉で表現したのです。ヨーロッパやアメリカにも、悪いところがいっぱいあるけれども、半開の日本を文明に引き上げるためにともかく別の部分を学ぶべきだというのが福沢の考えでした。彼は「私が西洋を信ずるの念が骨に徹して居た」と『自伝』で述べてはいますが、文明社会に心酔していたわけではないのです。それは次の文章によく表れております。「西洋諸国を文明と云ふと雖ども、正しく今の世界に在てこの名を下だす可きのみ。細にこれを論ずれば足らざるもの甚だ多し。戦争は世界無上の禍なれども、西洋諸国常に戦争を事とせり。盗賊殺人は人間の一大悪事なれども、西洋諸国にて物を盗む者あり人を殺す者あり。国内に党与を結て権を争うものあり、権を失ふて不平を唱る者あり。況《いはん》や其外国交際法の如きは、権謀術数至らざる所なしと云ふも可なり。唯一般に之を見渡して善盛に趣くの勢あるのみにて、決して今の有様を見て直ちに之を至善と云ふ可らず。…文明には限なきものにて、今の西洋諸国を以て満足す可きに非ざるなり」。しかしながら、「今の欧羅巴の文明は即ち今の世界の人智を以て僅に達し得たる頂上の地位と云ふ可きのみ。されば今世界中の諸国に於て、仮令《たと》ひ其有様は野蛮なるも或は半開なるも、苟《いやしく》も一国文明の進歩を謀るものは欧羅巴の文明を目的として議論の本位を定め、この本位に拠て事物の利害得失を談ぜざる可らず」。

さて、それでは一方、漱石はどうだったかということになります。こういうふうに社会がずっと進んでくるなら、もう一度申しますが、文明社会はよほど良い社会になってないといけない。ずっと進んで進歩してきたのなら、人々が住みやすい社会になっていなければならないと考えられます。福沢はともかくもそう考えておりました。しかし結論から申せば、漱石はそれについてはきわめて懐疑的です。『私の個人主義』（講談社学術文庫、一九七八年）の中には、漱石の七つの講演が入っています。漱石は講演の名手だったようです。最初はごく一般論から、日常の何でもないことから始まり、そして最後は素晴らしい思想の高みにまで到達する。福沢もそうだったと思います。彼が非常に大事にしていたものは、スピーチでした。日本人はスピーチが下手である、人との交わりを大切にするにはスピーチが大事だということを常日頃主張しておりました。そして福沢自身もスピーチが上手でした。しかし漱石も、そういう意味では、本当にスピーチが上手であったといわれています。そのスピーチの上手さを盗もうと何度も読みましたが、なかなかそれは難しい。その七つの中に、一番最初にも申しました「現代日本の開化」（一九一一年）というすぐれた講演があります。そこには次のような考察があります。「要するに唯今申し上げた二つの入り乱れたる経路、すなわち出来るだけ労力を節約したいという願望から出て来る種々の発明とか器械力とかいう方面と、出来るだけ気儘《きまま》に勢力を費したいという娯楽の方面、これが経となり緯となり千変万化錯綜して現今のように混乱した開化という不可思議な現象が出来るのであります」。開化というのはそういう二つの人間の欲望が、経となり緯となり今日まできたものである。つづいてそのすぐ後の文章で、どうしてその二つのものが社会を動かしてくるのかというと、「生まれながらそう言う傾向を有《も》っていると答えるより外に仕方がない」と言っています。が、これに対して私は疑問を持ちます。文明以前の社会には、そういう二つのものがない社会もあります。先のレヴィ＝ストロースのいう「冷たい社会」で止まっている社会もありますから、つねにどの社会も漱石が言っているこの二つがあるとは限らないと思います。むしろ私にとっては、どうして、ある社会はこの二つを持ち、他の社会は持たないのかに大いに興味をそそられるのです。だから漱石のこの点については疑問を持っていますが、そうはいっても漱石の問題の立て方の鋭さというものは読みとれると思います。

ともかくも、日本の場合、この二つがあってようやく現代の位置まで進んできたのですから、「いやしくもこの二種類の活力が上代から今に至る長い時間に工夫し得た結果として昔よりも生活が楽になっていなければならないはずであります」と重要な問題を投げかけています。ところが、漱石はそういうふうにはなっていないと言います。「打明けて申せばお互の生活ははなはだ苦しい。昔の人に対して一歩も譲らざる苦痛の下に生活しているのだという自覚がお互にある。否《いな》開化が進めば進むほど競争がますます劇《はげ》しくなって生活はいよいよ困難になるような気がする。なるほど以上二種の活力の猛烈な奮闘で開化は贏《か》ち得たに相違ない。しかしこの開化は一般に生活の程度が高くなったという意味で、生存の苦痛が比較的柔げられたというわけではありません」。先程の図６－３の線の上に来れば来るほどかえって競争が進んで、必ずしもそんなに生活は楽にならないと、漱石は論じるわけです。そうして、「昔の人間と今の人間がどのくらい幸福の程度において違っているかといえば―あるいは不幸の程度において違っているかといえば―活力消耗活力節約の両工夫において大差はあるかも知れないが、生存競争から生ずる不安や努力に至っては、決して昔より楽になっていない。否昔よりかえって苦しくなっているかも知れない」というのです。私は社会の進展の捉え方において、どうも漱石の考え方の方が福沢より深いような気がします。

その次のところには、人力車と自動車の競争が例として出してあります。活力節約の結果、楽に仕事ができる自動車に人力車は負けてしまう。このように「少しでも労力を節減し得て優勢なるものが地平線上に現れてここに一つの波瀾を誘うと、ちょうど一種の低気圧と同じ現象が開化の中に起って、各部の比例がとれ平均が回復されるまでは動揺して已《や》められないのが人間の本来であります」と鋭い指摘をしております。さらに興味深いことに、積極的活力発現の例としてタバコが出てまいりますが、「今までは敷島か何かを吹かして我慢しておったのに、隣の男が旨そうにエジプト煙草を喫《の》んでいるとやっぱりそっちが喫みたくなる。また喫んでみればその方が旨いに違いない。しまいには敷島などを吹かすものは人間の数に入らないような気がして、どうしてもエジプトへ喫み移らなければならぬという競争が起ってくる。通俗の言葉でいえば人間が贅沢になる」。全くその通りだと思わざるを得ません。敷島というたばこよりエジプトを吸った方がうまいと。そしたらもう敷島に戻れなくなってしまう。現在の私たちの生活でもいつも起きている問題であります。いったん携帯電話を手にしたら、もうそれがない生活は考えられなくなってしまう。そしてそれを持っている人間から持っていない人間を見ると、ひどく時代遅れにみえる。しかし、それが進歩といってよいかどうかは単純ではない。

そうして漱石は、一つの結論を出すことになります。すなわち「かく積極消極両方面の競争が激しくなるのが開化の趨勢《すうせい》だとすれば、吾々は長い時日のうちに種々の工夫を凝《こら》し智慧《ちえ》を絞ってようやく今日まで発展してきたようなものの、生活の吾人の内生に与える心理的苦痛から論ずれば今も五〇年前もまたは一〇〇年前も、苦しさ加減の程度は別に変りはないかも知れないと思うのです」と。そうすると文明開化というのは、一体何であったのかということになります。つまり生活が楽になるのなら開化といえますが、開化した後また別の苦しさがあるとしたら、また別の問題が生じるとしたら、それをどう考えたらよいのか。そこで漱石は実に巧みな表現として、それを「開化の産んだ一大パラドックス」と名付けたのです。開化したことでかえってまた別の矛盾が生じてくる。開化が決していい方向だけに進んでいっているわけではない。開化が含む矛盾。私は現代社会を考える時、漱石の思想の方がはるかに奥深いものを含んでいるように思います。ただし最初にも申しましたように、諭吉と漱石とは時代が三〇年違います。明治維新から三〇年経った漱石が見た世界と、一人で一生に二つの人生を送るが如く激動していた明治維新前後の時代を見ている諭吉と、おそらくその社会の背景が違っていると思います。したがってそう簡単に判断は下せないのですが、現代の目から見ると漱石の方が、文明の開化の持つ意味を深く捉えているように思えてなりません。が、福沢の肩を持てば、平川さんの本の表題のように、彼は『進歩がまだ希望であった頃』（新潮社、一九八四年）に活躍していたということになりましょうか。ちなみに中江兆民は開化を「堕落」と捉えていたようです。（同『一年有半・続一年有半』岩波文庫、一九九五年。）

三、比較（その二）―「環境」の観点から―

文明についてはまだまだ論じきれませんが、むしろ環境の方が私のオリジナルを含んでいるかもしれません。ただ文明の方はこれまでずいぶん論じられてきましたが、漱石と諭吉の両者がばらばらに論じられて、比較はされてこなかったとは言えます。その点に私の独創があるかも知れません。これから見ます環境という観点からはこれまで両者について述べられたことはなく、まして比較などという事は考えられもしておりません。しかし私の目から見ると、両者をそのような視点から比較する事はすこぶる面白い問題を提起するように思われてなりません。ですから、ここから展開する内容はある意味で私の偏見というべきかもしれません。が、学問とは、言い方を変えれば一つの偏見といってもよいと思います。今まで考えられもしなかった角度から物事を捉えることこそ学問の使命だと私は考えております。もちろん、それにはしっかりした根拠がなければいけませんが、思いきってある偏見から論じてみる事も時には必要だと勝手に自己弁護しています。

そこでまず福沢の方ですが、彼は環境問題に関して今日、私の目から見てどんなふうに考えているのか。『概略』に、「人文漸く開化し智力次第に進歩するに従て、人の心に疑を生じ、天地間の事物に遇ふて軽々之を看過することなく、物の働を見れば其働きの源因を求めんとし、仮令ひ或は真の源因を探り得ざることあるも、すでに疑の心を生ずれば其働の利害を撰て、利に就き害を避るの工夫を運らす可し」と言っています。

要するに、開化・進歩してくると人々は自然とは何かということに関心を持ち、その働きの秘密を知ろうとするようになる。大切なのはその原因をよく知ってその害を防ぐ事にある、というわけです。たとえば風雨の害を避けるためには家屋を堅くし、河海があふれるのを防ぐためには土堤を築くなど…です。こうして、「既に人力を以て自ら地位を得るの術を知れば、天災を恐怖するの痴心は次第に消散して、昨日まで依頼せし鬼神に対しても半は其信仰を失はざるを得ず」と力強く主張するのです。

福沢の目から見れば、鬼神を信じている社会、これは野蛮や半開の社会ということになります。考えてみますと、福沢自身は自己の主張を裏打ちするかのように、本当に信仰心の薄い人でした。これは『自伝』にはっきり書かれています。みんなが大事にしている神様の名のある御札を、こんなもの何の価値があるのかと福沢は踏んづけています。そしたらなんともなかった。コリャ面白いと、踏んづけたものを今度は便所へ持っていって踏みます。それでも何も起こらない。さらに叔父の家の稲荷の社の中には何が入っているのかと開けてみると、石が入っていたのでその石を捨ててしまって代わりの石を入れたり、隣家の屋敷の稲荷様を開けてみると、神体は木の札でこれも捨ててしまって平気な顔をしていたようです。「幼少の時から神様が怖いだの佛様が有難《ありがた》いだの云ふことは一寸ともない。卜筮呪詛《うらなひまじなひ》一切不信仰で、狐狸《きつねたぬき》が付くと云ふようなことは初めから馬鹿にして少しも信じない。子供ながらも精神は誠にカラリとしたものでした」。このように福沢の信仰心が薄かったことを平川さんも指摘しておりますが、『自伝』を読んでいますと、それは母親の影響だと私は思います。福沢の母親は信仰心をほとんど持たなかった人と描かれていますので、きっと彼もその影響を受けて信仰心を持たなかったのだと思います。だから、半開の日本が文明社会に進歩するためには、鬼神を信じているようでは駄目だということになります。それはさらに仏教儒教に対する厳しい批判となって表れることになります。仏教儒教も日本をある時点・段階までは引っ張った。だがこのような明治の激動の時代になり、文明に移行しようとする時、仏教や儒教はもはや用をなさない、役に立たないということを強く言っています。

「故に智恵に一歩を進れば一段の勇気を生じ、其智恵愈進めば勇力の発生も亦限あることなし」と。この「智恵」というのは我々がふつうに考える知恵ではありませんで、福沢はこれに特別の意味を持たせております。つまり、ヨーロッパ流の理化学的知識・技術のことを指しています。「試に今日西洋の文明を以て其趣を見るに、凡そ身外の万物、人の五官に感ずるものあれば先づ其物の性質を求め其働を糺し、随て又其働の源因を探索して、一利と雖も取る可は之を取り、一害と雖も除く可きは之を除き、今世の人力の及ぶ所は尽くさゞることなし」。ですから、ヨーロッパ文明の科学・技術を駆使して、取るべきものは取らなければいけないと、そういうふうに知力が充実して文明社会になったら、「知勇の向かう所は天地に敵なく、人を以て天を使役する者の如し」。これは自然に対して、人間が支配するという感覚です。「既に之を束縛して之を使役するときは、又何ぞ之を恐怖して拝崇することをせんや」。自然や自然の力を「智恵」によって制御し得たならば恐れることは何もないと。「誰か山を祭る者あらん。誰か河を拝する者あらん」。山や河など祭る人はいない。科学力が進めばそういう時代になるのだから、もはや自然を恐れることはない。

そして私は最後の一行を見て衝撃を受けたのです。すごいことを言っています。「山沢河海風雨日月の類は文明の人の奴隷と云う可きのみ」と。自然は文明人の奴隷というのが福沢の考えであったのです。今日、このような観点こそ深刻な環境問題を引き起こしたと私には思えてならないのです。ただし一二〇年前の思想をあまりにも今日的に解釈する事には気をつけねばなりません。が、しかし私のように読んだ場合、福沢の思想の中に非常に大きな問題が孕まれていると思えます。というのも、明治以降欧米風になった結果、日本ではいたるところで環境破壊が進んでいます。現実からすれば福沢の思想は、今日でもなお強く生きています。最近、自然保護のためにやっとゴルフ場を作るのをやめようという動きも出てきましたが、それでも「開発」の名の下にあちこち山が削られ、リゾートホテルや住宅が建てられるという形で、次から次へと森の破壊が繰り返されているのが現状ではないでしょうか。

したがって私の仮説の一つですが、「鬼神を恐れている時は人間は木を切らない」と言えるのではないでしょうか。山を祭り、河を祭っていた時代には、森の破壊や川の汚染はなかったのではないでしょうか。神宮に毎月、学生達と参拝に行きます。その時、巨木に注連縄がしてある。それを見ると、私は何か恐れ多い感じがします。ましてやそれに小便をかけようとは全く思いもよりません。そんな事をしたら罰があたると、今でも思ってしまいます。これからはもう一度こういう感覚を見直さないといけないと思いますが、これを福沢が聞いたら何と言うでしょうか。それはともかく、欧米の文明社会から見たら、この巨木で家が何軒建つかな、というような発想でしょう。ですから『冷たい社会』から、『熱い社会』へ移行した時、人は木を切る」とも言えましょうし、「社会の時間が円環から直線になった時、木を切る」とも申せましょう。もっと言いますと、河合隼雄氏のいう父性原理と母性原理を使えば、文明以前の社会はおよそにおいて母性原理に従って生活している社会といえます。そこにユダヤ教とかキリスト教が父性原理を持ち込んだ。私のもうひとつ別の仮説、「母性原理の社会に父性原理が入り込んだとき人類は木を切るようになる」は、どうでしょうか。（本書、第Ⅰ部第5章、参照）

ある意味では鬼神を信仰している人の方が、そして文明社会から見ればいかにも遅れているように見える社会の方が、自然と共生している。逆に、いかにも進んだように見える社会では、実は森林破壊、環境破壊が著しい。こういうことは、今日誰の目にも明らかです。そうすると先程のいくつかの仮説がそんなに間違いではないように思えますが、どうでしょう。先にも言いましたようにあまりにも福沢の考え方を、現代風に解釈し過ぎてしまってはいけないと思いますが、そうはいっても現代日本人の環境に対する考え方の中に福沢の思想が、地下水のように流れ込んでいるように思われてなりません。

他方、漱石はどうでしょう。実は『吾輩は猫である』（一九〇五年一月～一九〇六年八月まで『ホトトギス』に連載、岩波文庫、一九九〇年）を読み直していた時に驚くべき文章にぶつかって、福沢と漱石を比較したくなったのです。これまで『猫』を環境問題から読んだ人はいないんじゃないかと思います。しかし私には 何度読んでも興味深い部分があるのです。次のところです。「僕はそういう点になると西洋人より昔の日本人の方がよほどえらいと思う。西洋人のやり方は積極的積極的といって近頃大分流行《はや》るが、あれは大なる欠点を持っているよ。第一積極的といったって際限がない話だ。いつまで積極的にやり通したって、満足という域とか完全という境《さかい》にいけるものじゃない」。次が面白い。「向《むこう》に檜《ひのき》があるだろう。あれが目障りになるから取り払う。とその向こうの下宿屋がまた邪魔になる。下宿屋を退去させると、その次の家が癪に触《さわ》る」。檜を切るというのは完全に森林破壊、下宿屋や家を退去させるのは環境破壊、そういうふうに読んではいけませんか。積極的積極的と何処まで行っても際限のない話です。福沢が感じていた「日新」もこれでした。進歩に停滞はないと。したがって、福沢もまた欧米の文明社会の本質を見抜いていたといえましょう。

漱石はつづいてこう言います。「西洋人の遣り口はみんなこれさ。ナポレオンでもアレキサンダーでも勝って満足したものは一人もないんだよ。人が気に喰わん、喧嘩をする、先方が閉口しない、法庭《ほうてい》へ訴える、法庭で勝つ、それで落着と思うのは間違さ。心の落着は死ぬまで焦《あせ》ったって片付く事があるものか。寡人政治がいかんから、代議政体にする。代議政体がいかんから、また何かにしたくなる」。次もぜひ環境破壊として読んでください。「川が生意気だって橋をかける、山が気に喰わんといって隧道《とんねる》を掘る。交通が面倒だといって鉄道を布《し》く。それで永久満足が出来るものじゃない。去ればといって人間だものどこまで積極的に我意を通す事が出来るものか。西洋の文明は積極的、進取的かも知れないがつまり不満足で一生をくらす人の作った文明さ」。本当に不満足ですよ。不満足でなければ「日新」になりません。私の言葉では「飽きる」です。不満足だから次から次へと、飽きるから次から次へと変化を求める。でもあんまり飽きてもとに戻ったらもとの方がよく見えてしまう。これがレトロの本質ですね。古い型の車がまた流行る。だから大正時代のものがよくみえる。そういうことです。今の文中に「進取的」という言葉があります。それを進歩的と言い換えたらよくわかるのではないかと思います。これに対して、「日本の文明は自分以外の状態を変化させて満足を求めるのじゃない。西洋と大《おお》いに違う所は、根本的に周囲の境遇は動かすべからざるものという一大仮定の下《もと》に発達しているのだ。親子の関係が面白くないといって欧洲人のようにこの関係を改良して落ち付きをとろうとするのではない。親子の関係は在来のままで到底動かす事が出来んものとして、その関係の下に安心を求むる手段を講ずるにある。夫婦君臣の間柄もその通り、武士町人の区別もその通り、自然その物を観《み》るのもその通り。——山があって隣国へ行かれなければ、山を崩すという考えを起す代りに隣国へ行かんでも困らないという工夫をする。山を越さなくとも満足だという心持ちを養成するのだ」。漱石は西洋の進歩の思想こそが環境破壊に結びつく事をよく掴んでいたのだと思います。

これも今日流に次のように理解したら、あまりにも現代的解釈過ぎるでしょうか。自然を奴隷と考えるつまり自然を支配出来ると考える諭吉の自然観。彼は自然の代わりに常に「天然」という言葉を使っていますが、「天然」は人間に支配隷属すべきものという自然観。それを見事に示しているのは次の文章でしょう。「水火を制御して蒸気を作れば太平洋の波涛を渡る可し、『アルペン』山の高きも之を砕けば車を走らしむ可し」。これに対して、山を崩す代わりに隣国へ行かなくてもよい工夫をするという、現代の言葉でいえば自然との共生を強く主張する漱石の自然観。二つをこのように比較したらいかがでしょうか。

問題は、二一世紀に向けてどちらの思想に、我々はより耳を傾けるべきかということです。世界中であくなき森林破壊・環境破壊が続く今日、私はなんといっても漱石の思想によってそれに歯止めをかけることこそ重要だと思っております。しかし、今回改めてこの講座の準備をしておりまして、もう一つびっくりする文章に出会いました。福沢の『概略』の文章ですが、私にとっては最大の発見だったと思います。実に鋭い文章ですが、以前読んだ時には気付かなかったものです。ですから常に新しい問題意識を持って古典を読む事が必要です。前に気付かなかったものが、今新しい問題意識を持ったら気付いた。常に新しい問題意識を持って臨む。そうした時に必ず答えてくれるのが、古典たる所以であると改めて感じます。福沢の環境問題を論じる準備のために、この一週間に最初から最後まで読んだのです。そうしたら「エー」ということだったのです。つい三、四日前のことです。すごいことを言っています。もとより福沢のこの文書は象徴的に取っていただきたいのですが、ヨーロッパ文明を完璧とは捉えていない。その意味で、「相対」を主張する彼の批判がよく表われているところです。すなわち「抑も外人の我が国に来るは日尚浅し。且つ今日に至るまで我に著しき大害を加へて我面目を奪ふたることもあらざれば、人民の心に感ずるもの少なしと雖も、苟も国を憂るの赤心あらん者は、聞見を博くして世界古今の事跡を察せざる可らず。今の亜米利加は元の誰の国なるや。其国の主人たる『インヂアン』は、白人のために逐はれて、主客処を異にしたるに非ずや。故に今の亜米利加の文明は白人の文明なり、亜米利加の文明と云ふ可らず」。今日、私が学生たちに声を大にしていっている指摘が、すでに福沢によって鋭く主張されています。アメリカはコロンブスによって一四九二年に「発見」されていますが、その前にインディアンがいたと。しかし私が驚いたのはこの箇所ではありません。続けて読みましょう。「此他東洋の国々及び大洋洲諸島の有様は如何ん、欧人の触るゝ処にてよく其本国の権義と利益とを全ふして真の独立を保つものありや。『ペルシャ』は如何ん、印度は如何ん、暹羅《しゃむ》は如何ん、呂宋《るそん》呱哇《じゃわ》は如何ん。『サンドウヰチ』島は一七七八年英の『カピタン・コック』の発見せし所にて、其開化は近傍の諸島に比して最も速なるものと称せり。然るに発見のとき人口三、四〇万なりしもの、一八二三年に至て僅に一四万口を残したりと云ふ。五〇年の間に人口の減少すること大凡そ毎年一〇〇分の八なり。人口の増減には種々の源因もある可ければ姑く之を擱き、其開化と称するものは何事なるや。唯此島の野民が人肉を喰ふの悪事を止め、よく白人の奴隷に適したるを指して云ふのみ」。西洋人が開化と称して実際にやった事は何かという本質がよく語られております。

さらに、「支那のごときは国土も洪大なれば、未だ其内地に入り込むを得ずして、欧人の跡は唯海岸にのみありと雖ども、今後の成り行きを推察すれば、支那帝国も正に欧人の田園たるに過ぎず」。中国がヨーロッパに分割されるのは、『概略』が書かれてから僅か二〇年ちょっと後のことです。福沢の鋭い予言力といえましょうか。そして次の文章に本当にびっくりしました。「欧人の触るゝ所は恰も土地の生力を絶ち、草も木も其成長を遂げること能はず」。ヨーロッパ人が触れたところは草木も生長しないと。これを象徴的なものと受け取れば、先程の漱石のいう積極的・進取的の旗印のもとに次から次へと木を切り、環境破壊をしていってしまうヨーロッパ文明のあり方を、福沢もまたよく見抜いていたと思います。そう考えますと、福沢を最初よりは見直す部分があったことを正直に申しておかねばなりません。

さて時間も迫ってまいりました。せっかくですから最後の部分まで読んで終わりましょう。「甚しきは其人種《ひとだね》を殲《つく》すに至るものあり。是等の事跡を明にして、我が日本も東洋の一国たるを知らば、仮令ひ今日に至るまで外国交際に付き甚しき害を蒙たることなきも、後日の禍は恐れざる可らず」。インディアン・ペルシャ・中国その他の状況を見て来ると、日本もいずれ大変なことになるので、心しなければならないと福沢は言っています。これが、差し迫った当時の日本の置かれた国際情勢だったと思います。

おわりに

以上、福沢諭吉と夏目漱石を「文明」と「環境」という二つの観点から、私なりに彼等の書いたものを掘り出して比較してみました。ただ私自身のかなり勝手な思い込みが入っているかもしれません。皆さんがもう一度、今回使いました諭吉の『文明論之概略』や漱石の「現代日本の開化」を最初から読まれた時、私の述べた感覚とは違うものを感じられるかもしれません。その時は是非ご指摘を戴きたいと思います。それはともかくとしましても、この二人から検討すべき事、教わることがまだまだ多々あるように思えてなりません。今日はそのほんの一端を皆さんとともに考えさせていただきました。ご静聴どうも有り難うございました。

第7章　世界的気候変動の中の日本史

はじめに
―「温新知故」の認識―現代の地球温暖化によせて―

いまご紹介にあずかりました教育学部長の深草でございます。実は私、今回の文化講座は三回目でして、最初は国際理解教育関係の話を、二回目は福沢諭吉と夏目漱石を「文明と環境」の観点から比較いたしました（『文明と環境から見た福沢諭吉と夏目漱石』皇學館大学講演叢書第一〇四輯、二〇〇一年、本書、第Ⅱ部第6章）。本日はこの第二回目の続きといってよいかと思います。「文明と環境」を気候の観点から考えてみようというのです。

ところでこの副題、ひょっとしたら間違いじゃないかと思われたかもしれません。というのも、皆さんがよく知っていらっしゃる孔子の有名な言葉は、「温故知新」ですね。私が一〇年以上前から主張しているのは「温新知故」です。二五〇〇年前からずっと東アジアで語られています孔子の方があまりにも有名ですので、私の方はあっちこっちで主張していますけれど、残念ながらいまだ市民権を得るに至っておりません。が、説明すればそうかなあと思っていただけるのです。昨年から免許更新制度というのができまして、先生方が一〇年おきに講座を受けて単位を取るシステムです。その講習会で先生方にこれを説明すると、大方の先生がなるほどと言ってくださいます。

どういうことかと言いますと、孔子の「温故知新」は、現在生起している何らかの問題を解決するために、過去に訪ねてその解決のヒントを得るということですね。つまり歴史から学べと。反面、孔子も、ここまで考えが及ばなかっただろうと、勝手に想像しているのですけれども、私のいうのはある意味でその逆のことなのです。が、ちょっと説明が必要です。歴史を考える場合にも、創造的な発想が求められるのですね。その際に、「温新知故」が大いに役立つだろうと思うのです。実は歴史家たちは、このことをあまり意識しないで行っているのです。それを強く意識化してみようというわけです。どう意識化するかというと、新しいものに訪ねるのです。そして、そこから得られた枠組みで過去を知ろうとするのです。もってまわった言い方をしておりますが、新しいものとは現代の問題です。現代、何が起きているか。一つは国際化です。国際化の波が日本にもヒタヒタと押し寄せています。これはグローバル化とも言っております。地球的規模でさまざまな問題が起きているということであります。

その国際化とか、グローバル化とかいう枠組み、いわばメガネですね。このメガネでもって、過去を眺めてみる。そうすると、そこにグローバル性が過去にも現れてくる。今日、グローバル・ヒストリーという歴史の考え方が出てきましたのも間違いなく、そのような思考方法と深く関わっているからであります。資料を一生懸命読んでおれば、歴史が出てくるというものではありません。先にも言いましたようにどの歴史家にも意識しているかどうかは別として、最初に何らかの枠組み、メガネ、フレームがあると思います。これをもって資料を眺めるのです。何度も言いますが何もなしに資料を読んでも、何も出て来ません。ですから、その枠組みをどう作るかというのは、創造性に深く関わるわけですね。

いま述べた国際化のほかに、情報化がものすごい勢いで私たちを襲っております。ここには私よりはるかに先輩の方々もおられますけれども、携帯電話など関係なかったですね。そういう時代でしたですよね。携帯電話が、人類にできたの、一体どれくらいでしょう。二〇年もたってないんじゃないですか。私の学生時代には携帯電話なんて夢にも思いませんでしたね。しかし、その携帯電話やインターネット、それから辞書でも、辞書を引くなんて使い方、今は電子辞書をたたくのですね。引くなんてもんじゃないですね。ものすごくできた人は、覚えたら一枚一枚ページを破って食べていくなんていう神話的な時代がありましたでしょ。今の電子辞書なんてたべられませんね。全く時代が大きく変わってきておりますね。

人間はせいぜい一〇〇年しか生きられませんけども、わずか数十年の間に世の中はドンドン変化しているわけです。その変化に合わせて過去を見るということなのです。この、情報化のことでいえば、情報という、そのフレームを使って過去を見る。最近ですと、歴史のなかで、ネットワーク理論というのが出てまいりました。例えばイスラムの商業、七世紀からずっと、イスラムは世界に商業の網を張ります。その商業の網を現在のインターネットなり、そのウェブなりのネットワークという枠組みで見る。そうすると八世紀、九世紀のイスラムの交易をネットワーク理論で見るという、「イスラムネットワーク論」というのが出てまいりましたね（本書、第Ⅰ部第1章の二、参照）。まさに、現在の生起している情報の問題から過去を見るということなのです。あるいは、歴史上の戦いで勝ったり負けたりしますね。そのときに勝つのは一体どういう場合かと。それはより多く、早く情報を得たほうが勝ちで、情報を制するものは世界を制するという、山口修氏の『情報の東西交渉史』（新潮選書、一九九三年）という本も出ているほどですね。そう考えますと、歴史家は過去に関心があるのですけれど、現在のことに関心がなければ、歴史家ではないということになります。確かに過去のことをやっているのですけれども、そのためには、日々しっかりと新聞を読むということなのですね。そして新たに生起する新しい問題をメガネにして、そして資料を読み直すということです。ですから、この三月に起きました東日本大震災によって、今後「災害」というフレームで、過去の歴史が見直されることは間違いありません。

最後に、「温新知故」の目から見て本日深く関わりますのは、環境問題です。昭和三〇年代すなわち一九六〇年代に、戦後の焼け野原から、日本は立ち直って高度成長期を迎えました。この時期には、環境問題などというようなことはほとんど、考えられなかったことです。むしろ、進歩だとか、発展だとか、そんなことばかりが問題になっておりました。ところが一九七〇年代に入りますと、四日市ぜんそくをはじめ、公害が、いやがうえにも、日程にのぼってきた。そのとき、ほんとうに発展を追いかけるだけで、いいのだろうかという反省が歴史家のなかから生まれてきた。そして、今、どうなっているかと。発展、発展で来た今日二〇一一年段階において、今や、このままいったら人類は滅ぶという、大変深刻な環境問題が生起してきたわけです。その一つの大きな問題は、発展のために化石燃料を使いすぎたツケとしての、地球温暖化ということですね。そのような気候問題という観点から歴史を眺め直してみるということが、大きな課題となって参りました。

今日はですから、そういう意味で環境問題のなかでも特に気候に焦点を当ててみたいと思います。これに照準を合わせて日本を見てみようと思いますが、日本だけ見ようとしますと非常に狭い。常に世界のなかで日本を見るという、そういう見方が、今強く求められているわけなのです。それは先に指摘いたしました、グローバル・ヒストリーの一環でもあります。もちろん、日本史は日本史で主体的なものはありますけれど、しかし、それを世界のなかに投げ込んでみる。本日の課題で言えば、世界的な気候変動のなかへ日本史を投げ込むと、これまで見えなかったものが、見えてくるのではないかと考えたわけです。

それでここ最近見ておりますと、その手の本がたくさん出ております。例えば、『地球環境史からの問い』（岩波書店、二〇〇九年）という本が出ております。人と自然の共生とは何かという問題が、もうこの二一世紀の現時点では、それが最も重要な問題として浮かび上がってきている。この本のなかに、本当にありがたいことに、私が二〇〇一年に書きました『環境世界史学序説』（国書刊行会）が、研究史のなかにちゃんと位置づけられていまして、自分の名前が出てきてびっくりしたのです。本当にうれしいものですね。そこから一〇年たっております。ただ、その一〇年の間に、ほそぼそと自分なりに研究をしてまいりました結果、その時点ではなお気づいていなかった問題や、その後新しい資料が出てきたこともありますし、そうしたものを全部含めまして、現在、私のなかの最新の情報のものを皆さんに提示して、いろいろと考えていただきたいと思うわけです。

一、世界的気候変動の諸相

さて、前置きが長くなりました。資料を見ながら進めていきたいと思います。まず、地球の過去の気候を知るにはどうしたらよいでしょうか。これにはさまざまな方法があります。昨年、田家康氏が、『気候文明史』（日本経済新聞出版社、二〇一〇年）という、日本も含めながら世界の文明を気候の観点から八万年にわたってまとめた本が出まして、大変参考になります。この中で紹介されておりますのは、南極大陸に降り積もった雪が何万年も堆積して氷になったものを、だいたい直径一〇センチぐらいの氷の棒としてずーっと掘り下げてドンドン上にもってくるわけです。これをアイスコアといいます。驚くべきことに三〇〇〇メートル以上掘り下げることが可能で、過去一〇〇万ぐらいまで測定できます。まさにある学者が言うように、Ice Core Time Machine といって良いと思います（P. A. Mayewski and F. White, *The Ice Chronicles*, 2002）。そして、たとえばこの辺りが一体何年に当たるのかというのは、放射性炭素法という、空気中に微量に含まれているC[14]を機械で調べますと、若干の誤差をもって大体の年代がわかります。

図7－1をご覧ください。これは、いま申しました方法によって得られた過去六五万年の気候変動でありま す。そうすると直ちに分かりますように、実は六五万年の間に、ほぼ、一〇万年おきに、暑くなったり寒くなったりしているわけですね。現在はなんと五回目の温暖化なのですね。そうすると、現在の地球温暖化

図 7-1

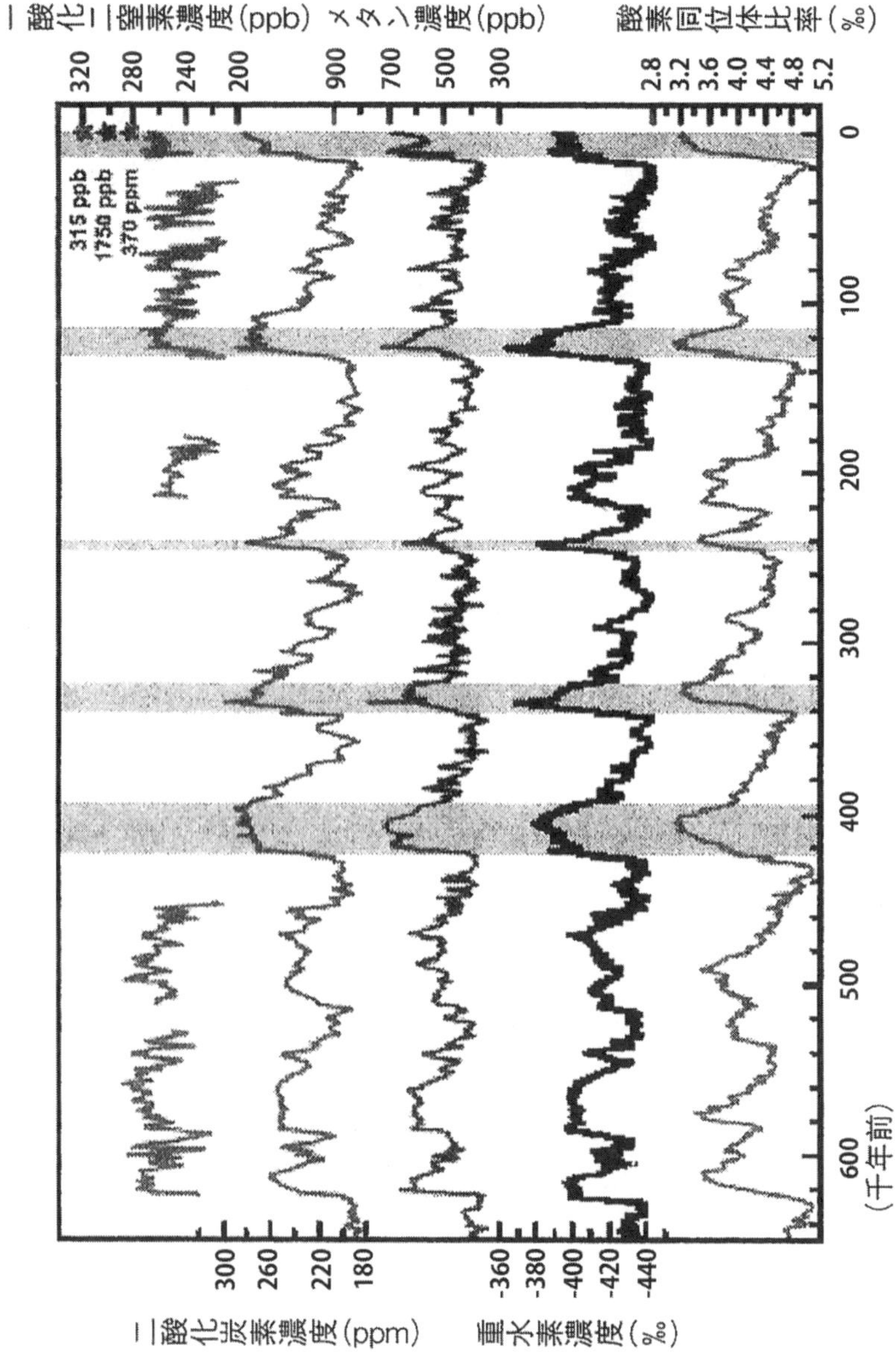
一酸化二窒素濃度(ppb)
320 280 240 200
メタン濃度(ppb)
900 700 500 300
酸素同位体比率(‰)
2.8 3.2 3.6 4.0 4.4 4.8 5.2
315 ppb
1750 ppb
370 ppm
0 100 200 300 400 500 600
(千年前)
300 260 220 180
二酸化炭素濃度(ppm)
-360 -380 -400 -420 -440
重水素濃度(‰)

は、ひょっとしたら二酸化炭素うんぬんと関係ないと。地球の六五万年のサイクルからしたら、五回目のサイクルにあたるという言い方もできるわけですね。ただし、私自身はやはり、ここは化石燃料の使用も確かに、気温の上昇を加速させているのではないかと思っております。しかし、この後どうなっていくのか。今回の温暖化の後、また寒冷化が訪れるのか。それはわからないとしか言いようがありません。

それではもう少し時間軸を縮めて、過去一万年ぐらいの所ではどうなっているでしょうか。図7－2は安田喜憲先生の作成になるものでして、私も随分、この先生からお教えを受け、資料をたくさん使用させていただいております。一番左のところに、クネクネと曲がっているグラフがありますが、これが過去一万年の気温の変化であります。このように過去一万年におきましても、気温の変化が激しいのであります。縄文文化が誕生したのが、今から一万二千年前の気温の上昇にともなってですけれども、そのあとヤンガードリアス期という突然の寒の戻りで、急激に寒くなってしまいました。そして、そのヤンガードリアス期のときに、左側の黒丸に「農業革命」とありますけれども、西アジアでは麦作が展開し、そしてわが東アジアでは稲作が展開されたのではないかと考えられるわけです。すなわち、この急激な寒さで、従来の狩猟採集によって得られた動物や植物がやられてしまって、恐らく人類は野生の麦や、稲を栽培化したのではないかと考えられております。

その後、一万年前ぐらいから気温はぐんぐん上昇しまして、ちょっと寒くなったあと、だいたい七千年前から六千年前のところで、地理学者たちが「ヒプシサーマル期」と呼んでいる、この一万年の歴史のなかでは一番暑い時期を迎えます。現代の気温からすると二、三度平均して高いと思われます。ところで、皆さんは、

図 7-2

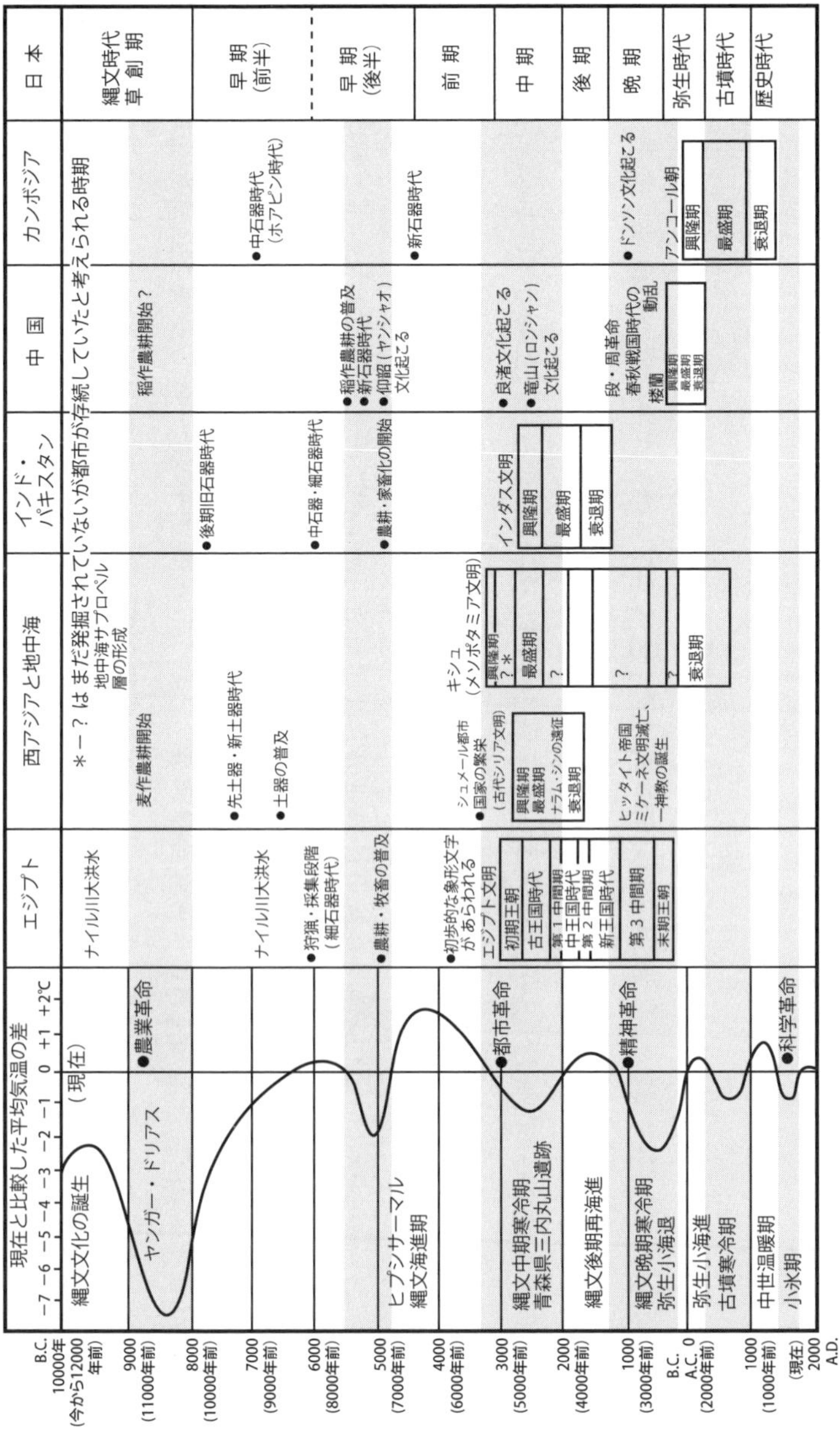
現在と比較した平均気温の差
−7 −6 −5 −4 −3 −2 −1 0 +1 +2℃
（現在）
縄文文化の誕生
ヤンガー・ドリアス
農業革命
ヒプシサーマル
縄文海進期
都市革命
縄文中期寒冷期
青森県三内丸山遺跡
縄文後期再海進
精神革命
縄文晩期寒冷期
弥生小海退
弥生小海進
古墳寒冷期
中世温暖期
小氷期
科学革命
エジプト
ナイル川大洪水
ナイル川大洪水
狩猟・採集段階（細石器時代）
農耕・牧畜の普及
初歩的な象形文字があらわれる
エジプト文明
初期王朝
古王国時代
第１中間期
中王国時代
第２中間期
新王国時代
第３中間期
末期王朝
西アジアと地中海
＊－？はまだ発掘されていないが都市が存続していたと考えられる時期
地中海サプロペル層の形成
麦作農耕開始
先土器・新土器時代
土器の普及
シュメール都市国家の繁栄
（古代シリア文明）
興隆期
最盛期
ナラム・シンの遠征
衰退期
キシュ（メソポタミア文明）
興隆期
？＊
最盛期
？
？
？
衰退期
ヒッタイト帝国
ミケーネ文明滅亡、一神教の誕生
インド・パキスタン
後期旧石器時代
中石器・細石器時代
農耕・家畜化の開始
インダス文明
興隆期
最盛期
衰退期
中国
稲作農耕開始？
稲作農耕の普及
新石器時代
仰韶（ヤンシャオ）文化起こる
良渚文化起こる
竜山（ロンシャン）文化起こる
殷・周革命
春秋戦国時代の動乱
楼蘭
興隆期
最盛期
衰退期
カンボジア
中石器時代（ホアビン時代）
新石器時代
ドンソン文化起こる
アンコール朝
興隆期
最盛期
衰退期
日本
縄文時代
草創期
早期（前半）
早期（後半）
前期
中期
後期
晩期
弥生時代
古墳時代
歴史時代
B.C. 10000年（今から12000年前）
9000（11000年前）
8000（10000年前）
7000（9000年前）
6000（8000年前）
5000（7000年前）
4000（6000年前）
3000（5000年前）
2000（4000年前）
1000（3000年前）
B.C. A.C. 0（2000年前）
1000（1000年前）
（現在）2000 A.D.

サハラと言うと何を思い浮かべますか？きっとサハラ砂漠ですね。しかし、このときは雨がジャンジャン降りましたので、緑の草原でありました。一九八二年に世界遺産に登録されたサハラ砂漠中央部にあるタッシリ遺跡には、当時生息していた野生動物や鳥がいっぱい描かれております。いまでは信じられません。

それからまた気温がずーっと下がりました時に、先の「農業革命」とともに伊東俊太郎先生によって名付けられた、「都市革命」というものが起きます。ほぼ五千年前です。右のほうに目で追っていただきますと、エジプト、それからシュメール、メソポタミア、インダス、さらに右のほうにいきますと、龍山と書く、ロンシャンがあります。その中国のところ少し上のほうに行きますとヤンシャオというのがありますね。ヤンシャオとロンシャン、これを両方合わせまして、皆さんがよくご存じの黄河文明といっております。要するに、このヒプシサーマルのものすごく暑い時からずっと寒くなってきたときに、いま見ましたいわゆる四大文明が誕生したということですね。ただし、現在では四大文明はもう時代遅れです。と言いますのも、今は、黄河とともにかつては揚子江といわれた長江にも偉大な文明があったことがわかってきたためです。今は中国文明として一括できるかもしれませんが、古代においては別々の文明ですね。図の中の中国の所にある良渚《りょうしょ》文化はそのひとつです。そうなると現代は五大文明の時代なのです。さらにこの考えを広げますと、インドでも一緒です。インダス川のインダス文明だけあって、どうしてもう一つのガンジス川のガンジス文明はなかったのか。ベトナムでもそうです。メコン川のメコン文明というのもあったと思いますね。それを四つだけに限ってしまったところに、これまでの歴史研究の弱さがあると思います。いずれ六大文明、七大文明の時代が間違いなく来ると思います。

図の左端に目を向けていただきますと、日本ではこの時期が、青森の山内丸山遺跡に代表されるように縄文中期の大発展を迎えます。五大文明と縄文中期の発展とは気候を介してつながっていたわけです。

いずれにしても、地球上初めて都市が発生したのは、この時点であるということは記憶しておく必要がありますね。つまり農耕だけに従事しなくても良い、そういう生産力が上がった時点と言いますか、それが都市文明だと思います。

それからしばらく温かくなりまして、また寒くなってきたときに、「精神革命」というものが起きます。約三千二百年ほど前です。これも右に追っかけますと、ヒッタイト帝国やミケーネ文明が滅び、そしてユダヤのモーゼの一神教がここで誕生いたします。さらに右に行きますと、殷周革命から、春秋戦国の、それこそ孔子が活躍した時代ということになります。インドでも釈迦が出たときですね。そういうさまざまな「精神革命」の名にふさわしい、多数の人々が出たのがこの時代であります。それからずっと下っていただいて、一七世紀になりますと再び寒くなりまして、これがニュートンだとか、ガリレイだとか、とにかくヨーロッパで「科学革命」が勃発するということであります。最近、「科学革命」がほんとうにあったのかどうかという議論がなされていますけれども（S・シェイピン『「科学革命」とは何だったのか』白水社、一九九八年）。

以上のように見てきますと、「農業革命」、「都市革命」、「精神革命」、「科学革命」という四つの革命が起きた時は、いずれも気温が下がり、環境条件が悪化してきた時という、そういう一般論が導き出せますね。私たち、今まで逆に考えてきたんじゃないでしょうか。どうして四大文明が起きたのかと、誰かに聞きますと、大抵の人がそれは気温が良くて過ごしやすかったからだと言います。違いますね。気温が良くて過ごしやすければ、人類はそのままだったのかもしれない。困難に直面したからこそ、新しいものを生み出せたのではないのでしょうか。

二、五三五年の破局―「暗い太陽」の年―

さて次に、五三五年という年に注目していただきたいと思います。これまで一九八〇年代に『ネイチャー』で発表されてはいましたが、十分注目されてこなかったんです。が、一九九九年にイギリスのジャーナリストD・キーズが、五〇名以上の学者を動員しまして、この『西暦五三五年の大噴火』という本が書かれて、大きな注目を浴びることとなりました（原題は*CATASTROPHE*）。日本で翻訳されたのが翌二〇〇〇年でありますね（『西暦五三五年の大噴火』文藝春秋刊）。読んで、そのときの私の驚きようは今までになかったですね。私たち、研究をやっている者は驚きたいのですね。しかし、なかなか、そういう本はありません。そういう私にとっては、これは、ほんとに、びっくりしました。こんな状況があったのかということです。その時の衝撃は今でも続いております。

この噴火に関しましては一体どの火山なのかいろいろな仮説がありますけども、結論だけ申しますと、恐らく、ジャワのクラカタウ火山島というのがありますが、そのカルデラが噴火したのではないかというのであります。ここは一八八三年にも大噴火しまして、島の三分の二がこれによってふっ飛び、その沿岸の数百の村が壊滅いたしました。東日本大震災のことを思い出して胸が痛むのですけれども、津波が起きて、

三六、〇〇〇人以上が亡くなったと言われております。おそらく五三五年も過去五万年で最大の噴火だったと言われるほどのものだったようです。この噴火によって、硫酸の細かい雨が降るいわゆるエーロゾル現象が起きました。この痕跡が、グリーンランドと、南極の両方の氷の中に残されているほどですから、地球規模の大噴火だったのではないかと思います。

大気中のエーロゾルが地球を覆い、それによって太陽光線が遮られてしまいます。東ローマ帝国の歴史家プロコピオスは、当時の天候を記した中で、「日光は一年中、輝きを失って月のようだった」と述べております。当然、穀物も育ちませんし、簡単に言ってしまえば凶作になってしまいますね。さらに、太陽光線が遮られれば水の蒸発がなく雨量も少なくなりますから、各地で干ばつが起きることになります。この五三五年を境にして、全世界が変わってしまったのではないかというのが、この本の主張ですね。

いくつかのグラフでそれを実際見てみましょう。図７－３は六世紀ヨーロッパのオークの生長状況です。五三五年以降木が全く生長しなくなってしまいますね。次の図７－４は、シベリア西部とスカンジナビア北部の気温の状況です。これも同様の時期に、突然落ち込んでいることが判明いたします。ユーラシアを離れて今度はアメリカに目を移しましょう。図７－５はアメリカ西部のバルフォアマツとヒッコリーマツの生育状況です。これも五三五年あたりから急激に落ち込みます。さらに図７－６は南米のチリの気温グラフです。チリもどうです、五三五年から五四〇年の間の落ち込みがひどい。

このように、五三五年の大噴火にともなう火山灰による現象は、世界のあちこちに痕跡を残しているということが判明いたしました。先に申しましたように五〇人ぐらいの学者たちを動員しまして、この痕跡を示

図 7-3

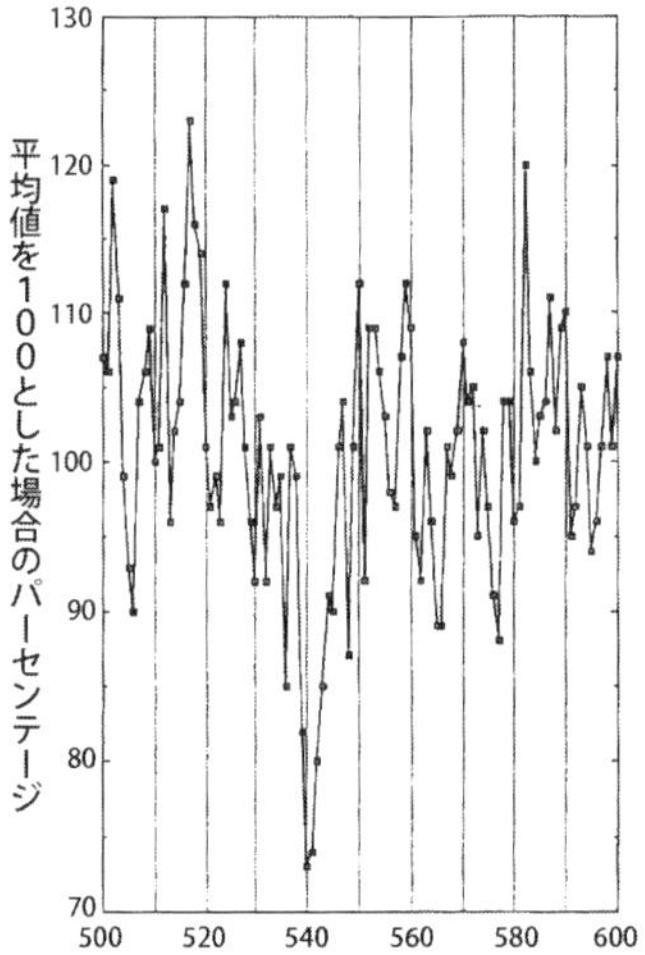

図 7-5

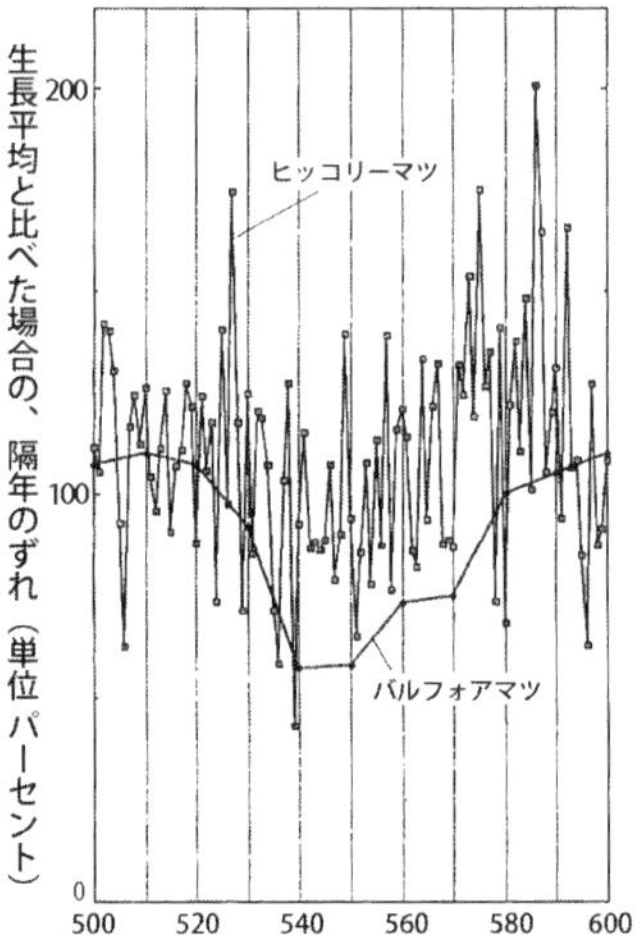

図 7-4

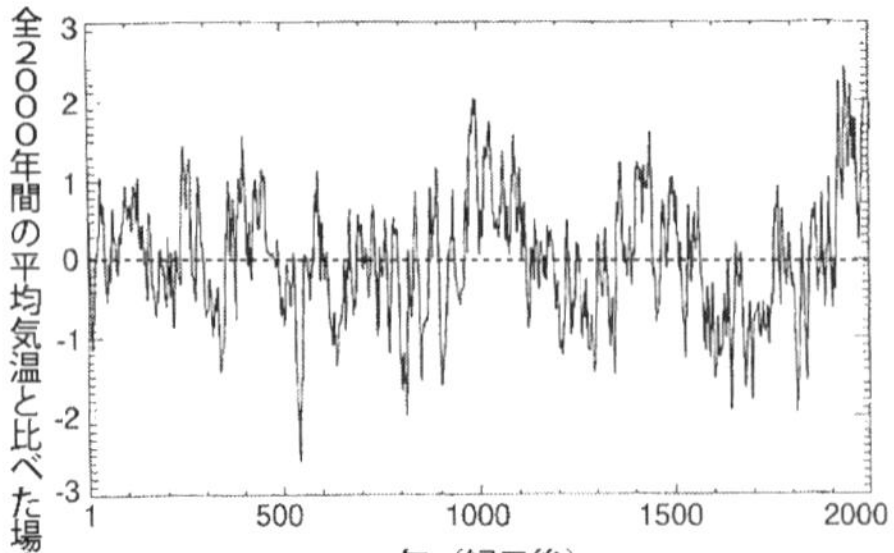

図 7-6

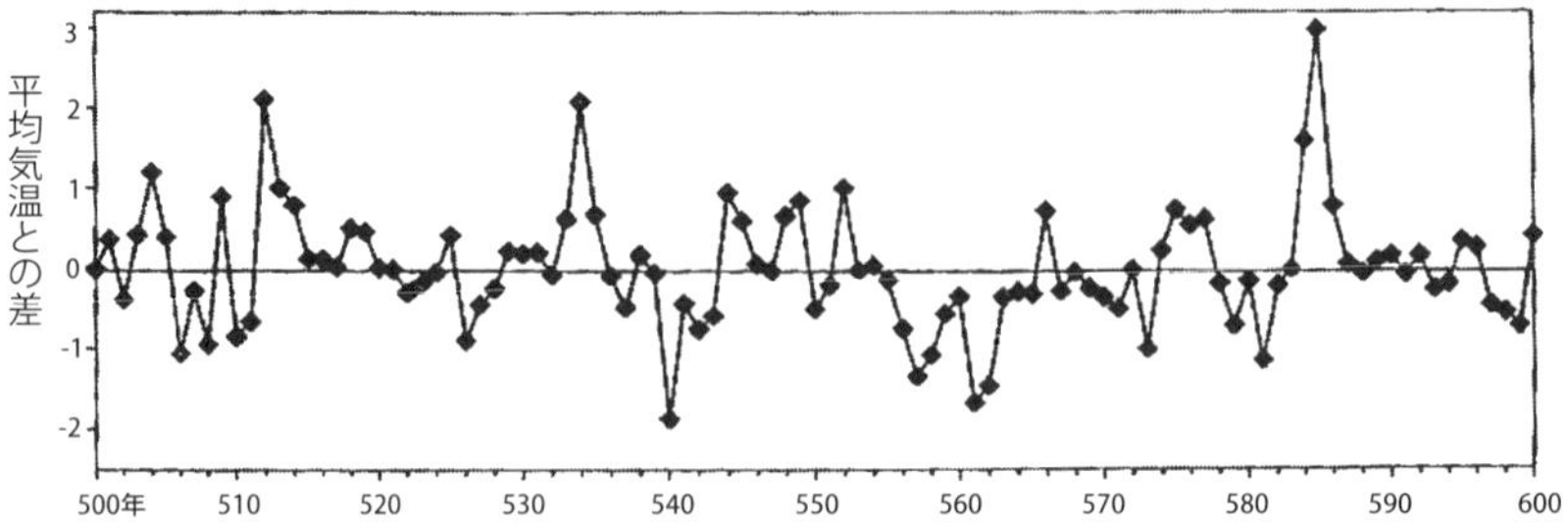

図 7-7

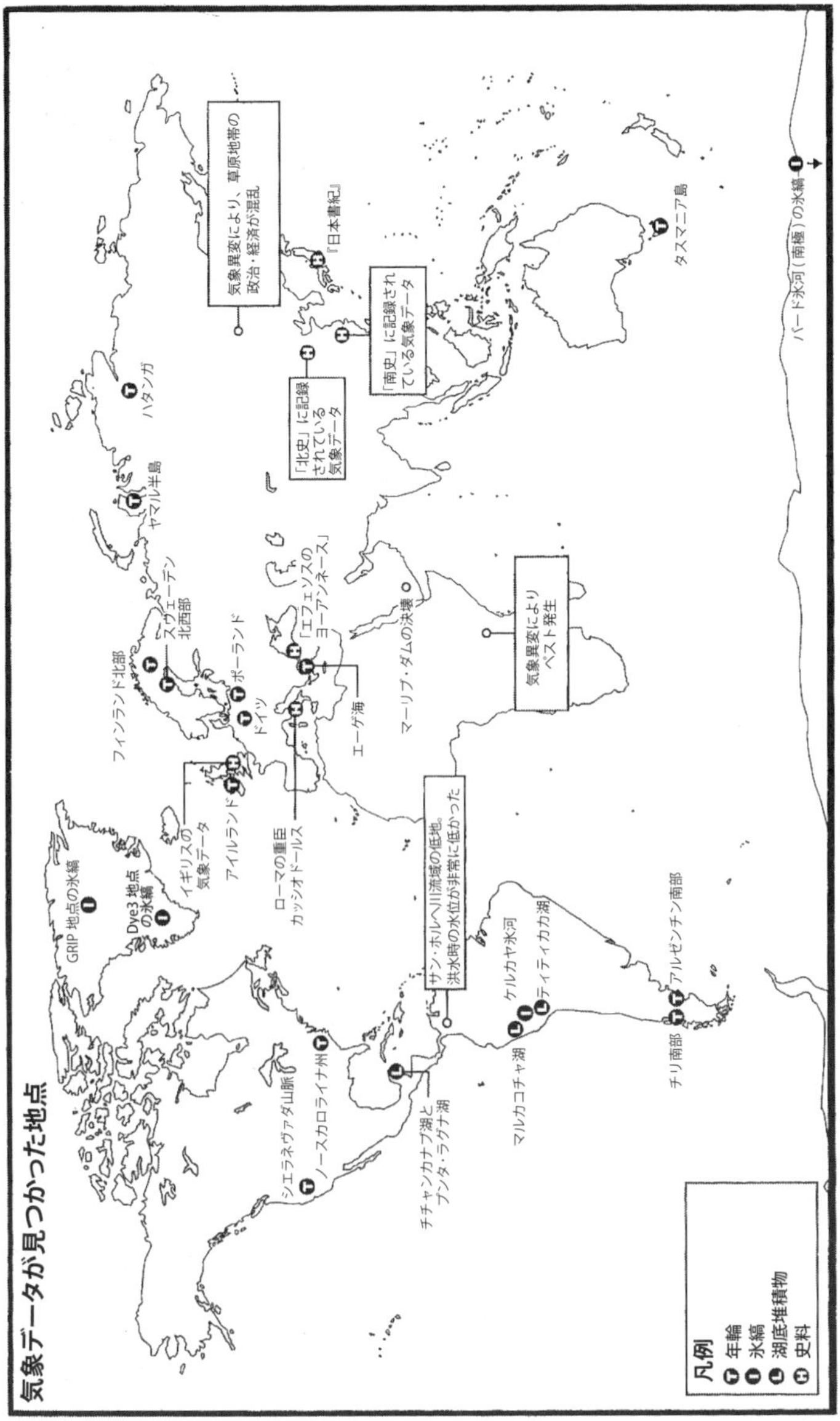
気象データが見つかった地点
GRIP 地点の氷縞
Dye3 地点の氷縞
イギリスの気象データ
アイルランド
フィンランド北部
スウェーデン北西部
ポーランド
ドイツ
ローマの重臣カッシオドールス
「エフェソスのヨーアンネース」
エーゲ海
マーリブ・ダムの決壊
ヤマル半島
ハタンガ
「北史」に記録されている気象データ
「南史」に記録されている気象データ
気象異変により、草原地帯の政治・経済が混乱
『日本書紀』
気象異変によりペスト発生
タスマニア島
バード氷河（南極）の氷縞
シエラネヴァダ山脈
ノースカロライナ州
チチャンカナブ湖とプンタ・ラグナ湖
サン・ホルヘ川流域の低地。洪水時の水位が非常に低かった
マルカコチャ湖
ケルカヤ氷河
ティティカカ湖
チリ南部
アルゼンチン南部
凡例
年輪
氷縞
湖底堆積物
史料

すものはないかと、あっちこっちを探しまわって、図7－7のような地図が作られているわけですけども、なんと日本にも、そのような痕跡を示すものが発見されたわけですね。『日本書紀』のなかに、その痕跡が残っているというのです。すなわち巻第一八、第二八代宣化天皇の所であります。そこには「夏五月辛丑朔。詔曰。食者天下之本也。黄金萬貫不可癒飢。白玉千箱何能救冷」と記述されております。この年は西暦でいうとなんと五三六年、大噴火の翌年ですね。寒冷化によって生じた飢饉を、黄金や真珠では救うことができないと言っております。このことは驚くべきことでして、昔から『日本書紀』の記述は、あてにならないというのが、津田左右吉をはじめとする近代の学者たちの説ですけれども、そうではなく結構正確ではないかと、この一例からしても言えるのではないでしょうか。著者のキーズも同様の指摘をしております。そして、そのすぐ後に日本は百済から仏教を公伝という形で導入しますが、これも、飢饉と、それにともなう疫病を仏教で救おうとしたことがその一因と考えられます。詳しく論じることはできませんが、この公伝の時期は五三八年と五五二年の二つの意見があります。ここで述べてきた観点からしますと、五三六年の直近の五三八年説に魅力を感じます。

さて次に、図7－8を見てください。五〇〇年と六〇〇年の間で東南アジアの王朝が断絶してるということがはっきり分かります。右側の地図でも、アスタリスクで示されているところが、火山噴火の前に栄えたところでして、それが壊滅しまして、地図上の真っ黒のところとか、やや薄いようなところに、新たな国家が登場してきた。つまりその左側の図で言えば、やはり五〇〇年と六〇〇年の間で大きな断絶があるということです。ただキーズは指摘しておりませんが、世界史の専門として私は、もう一つあるのではないかと思

図 7-8

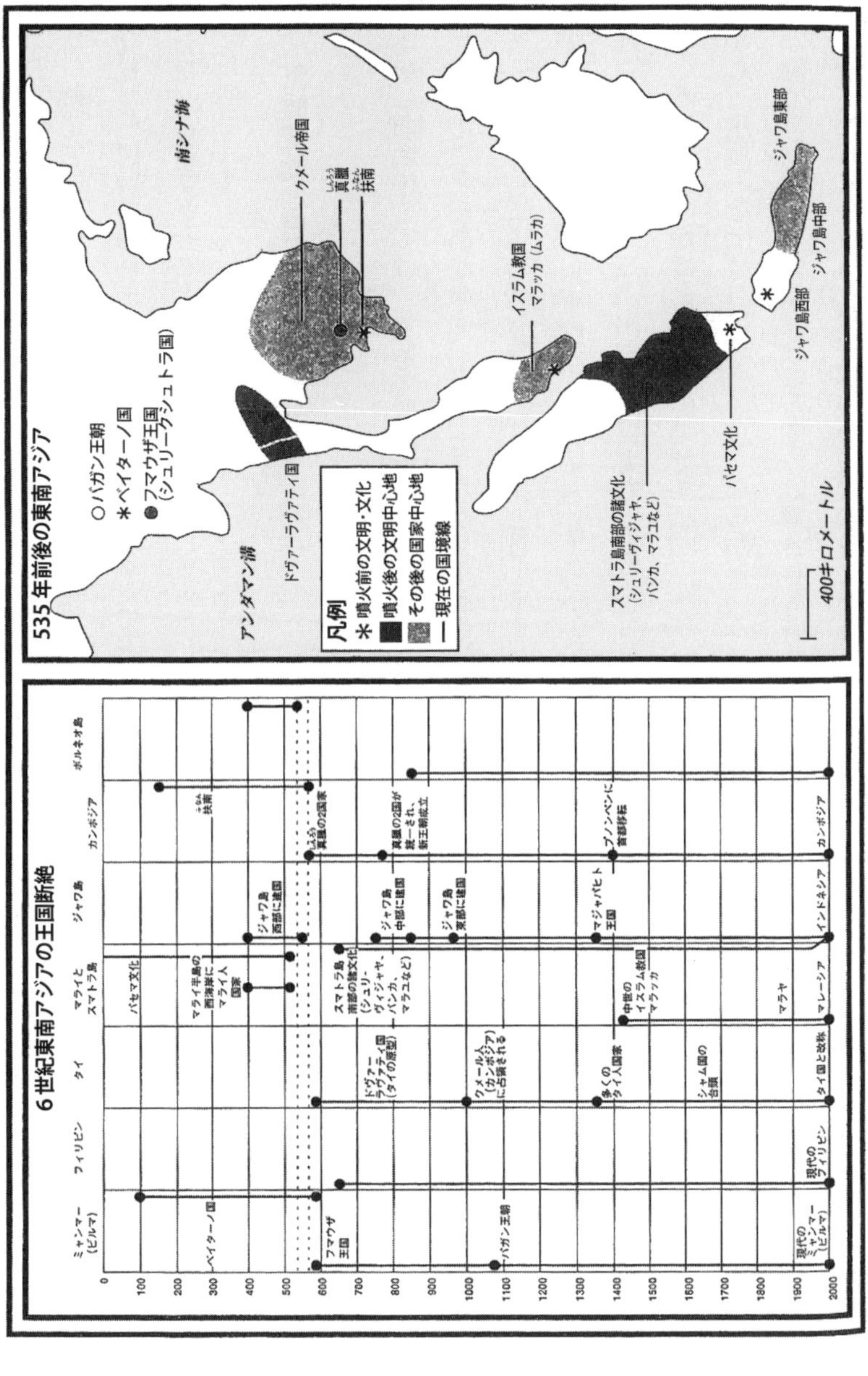
535年前後の東南アジア
○バガン王朝
＊ベイターノ国
●フマウザ王国
（シュリークシュトラ国）
南シナ海
アンダマン海
ドヴァーラヴァティ国
クメール帝国
真臘《しんろう》
扶南《ふなん》
イスラム教国
マラッカ（ムラカ）
スマトラ島南部の諸文化
（シュリーヴィジャヤ、
パンカ、マラユなど）
パセマ文化
ジャワ島西部
ジャワ島中部
ジャワ島東部
400キロメートル
凡例
＊ 噴火前の文明・文化
噴火後の文明中心地
その後の国家中心地
— 現在の国境線
6世紀東南アジアの王国断絶
ミャンマー（ビルマ）
フィリピン
タイ
マライとスマトラ島
ジャワ島
カンボジア
ボルネオ島
ベイターノ国
フマウザ王国
バガン王朝
現代のミャンマー（ビルマ）
現代のフィリピン
ドヴァーラヴァティ国（タイの原型）
クメール人（カンボジア）に占領される
多くのタイ人国家
シャム国の台頭
タイ国と改称
パセマ文化
マライ半島の西海岸にマライ人国家
スマトラ島南部の諸文化（シュリーヴィジャヤ、パンカ、マラユなど）
中世のイスラム教国マラッカ
マラヤ
マレーシア
ジャワ島西部に建国
ジャワ島中部に建国
ジャワ島東部に建国
マジャパヒト王国
インドネシア
扶南
真臘の2国家
真臘の2国が統一され、新王朝成立
プノンペンに首都移転
カンボジア
0
100
200
300
400
500
600
700
800
900
1000
1100
1200
1300
1400
1500
1600
1700
1800
1900
2000

えてなりません。それは、人類で初めて0を発見した三二〇年から五五〇年ごろまで栄えたインドのクプタ朝です。滅んでいるのは五五〇年ごろですから、同じく噴火の影響ではないでしょうか。これは私のささやかな発見だと思っております。こんなふうに五三五年のところで、極めて大きな断層が、人類史上あるということは、注目すべきことだと思います。

三、気候変動と日本史

日本史におきましては、気候を歴史の研究のなかで考慮しようというのは、一部の研究者をのぞいてほんとうに最近のことであります。従来、マルクス主義史観と申しましょうか。それが戦後の日本で一世風靡いたしまして、現在でも、かなり違ってきたとはいうものの、私たち、歴史を勉強する者をいろんな形で縛りつけております。特に日本の歴史にはそれがきついんですね。世界史は比較的柔軟というと変ですけども、例えばよく使われている山川の教科書でも、世界史の方は気候なども随分考慮に入れてあるのです。しかし、日本史の方は、それがほとんどないのですね。

しかし、生産力を上げれば社会が良くなるかというと、それは最初に申しあげたような、昭和三〇年代の日本が隆盛に向かっている発展の時期には適合していた考えであっても、現在の環境問題の観点から言えば、生産力を高めるということは、環境を破壊するということにつながります。そう考えたとき、この歴史観で本当にいいのかというのが、やっと一九八九年の東ドイツの崩壊と一九九一年のソ連の崩壊の二つによりまして反省されるようになってきたわけです。二つともマルクス主義を国家の理論としておりましたから。それで、ようやく学者たちの間にも、もう少しマルクス主義史観を再検討する必要があるんじゃないかと考え始め、もっと自然だとか、気候だとか、こういうものを歴史の中に組み込まなくてはいけないんじゃないかという意見が出てきたわけです。ところが、そうでない以前の時期には、自然だとか、気候だとか、環境といいますと、すぐに環境決定論のレッテルを貼られてしまったわけです。それはもう、否定されたと同じことです。それは環境決定論じゃないか。自然決定論じゃないか。人間が歴史を作るのであって、環境に左右されるのではないというわけです。安田先生の環境考古学なども、そのような反省から構想されたものです。先のキーズなどはあからさまに、自分の本はそのような決定論を復権する試みだと言っております。私はそこまで極端ではありませんが、モズレイという学者が言うように、「気候、土壌、森、河川、動物は歴史の《共同創造者 Co-crater》として作用する」という見方が妥当なものだと思っております（S. Mosley, *The Environment in World History*, 2010)。

そんななかで日本史の研究者たちが、気候を入れなくてはいけないのではないかと真剣に考え始めたのは、二〇〇〇年に入ってからであります。

図7－9に大変面白い地図がありますね。これも安田先生の本から、大きさもマチマチだったものを私が、なるべく同じ大きさにしようとして拡大コピーをかけて、一ページにそろえたわけです。ただし輪郭だけにしてあります（原図は植生が書き込まれている）。そして比較したら面白いだろうと思いました。現在の私たちの日本列島の姿は一番下ですね。一番上は、四国も九州もありません。全部くっついております。どう

図 7-9

最終氷期の最寒冷期（2 万年前頃）

縄文時代前期（6000 年前頃）

縄文時代晩期（3000 年前頃）

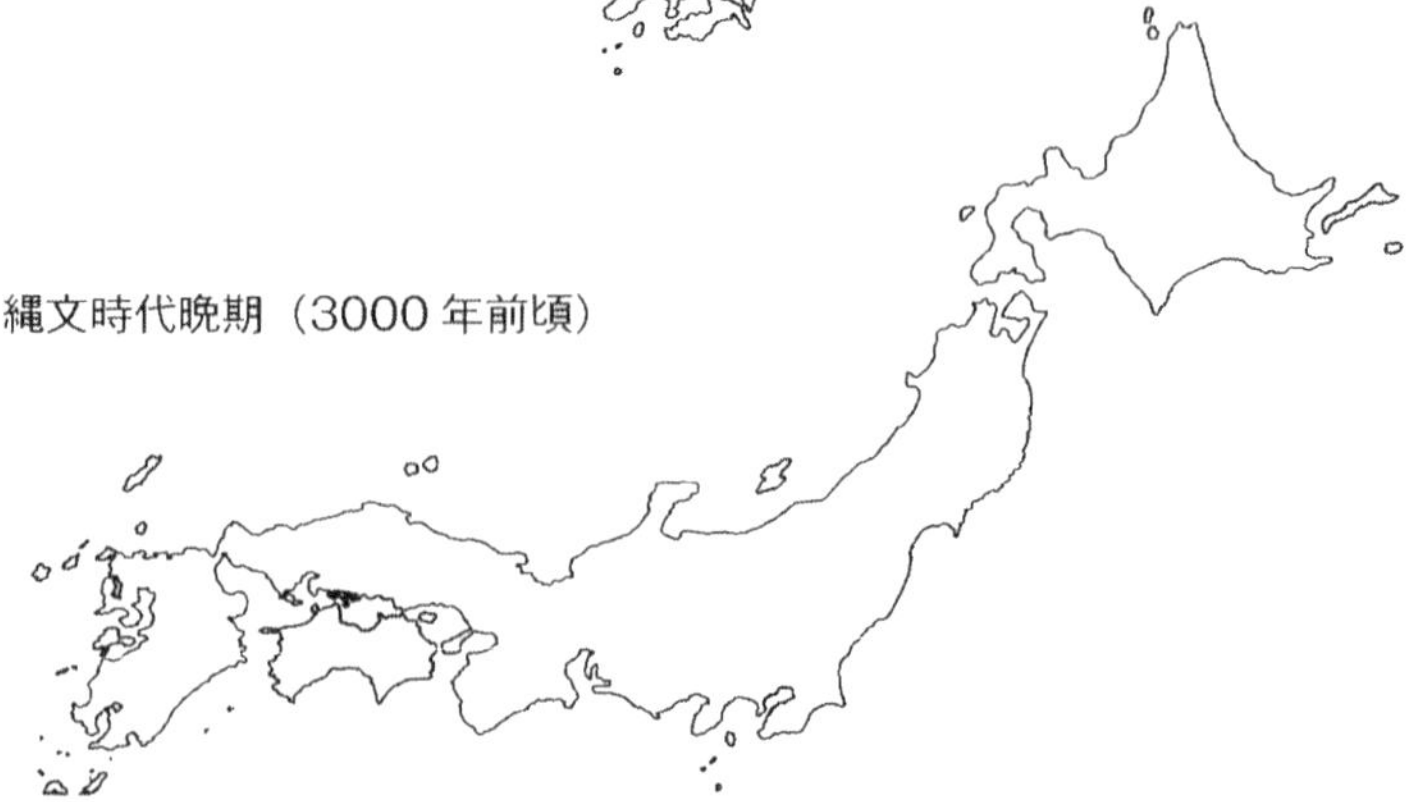

してかお分かりになりますか。氷河期で一五〇メートルほど海が下がっている状況ですから（海退）、全部くっついてしまったように見えるわけですね。逆に真ん中のが六千年前ごろです。思い出していただけますでしょうか。六千年前ごろというのは、先ほど、世界的気候変動のなかで見ましたように、ヒプシサーマル期であります。極地方にへばりついていた氷がどんどん融け出し、海の水がカサを増やしてきた結果です（海進）。ほんとうにスリムな日本列島になっております。

今回の東日本大震災で、津波の恐ろしさをあらためて、私たちは知ることができましたけれども、こういうふうにジワジワジワジワと水が上昇してきて、水没していくのも怖いですね。このまま今の温暖化が続きますと、いつの間にか、あれっていうような状況になってまいりますよ。この地図によれば房総半島などもズタズタになっていますね。伊勢湾も奥深くまで入ってきてしまいますから、大変恐ろしい状況になります。ということは、これからの地球温暖化で、世界の姿、日本の姿がどのようになっていくだろうかというとき、この過去を検討すればいいわけですね。「未来は過去、過去は未来」と私は表現しておりますが、どうでしょう。六千年前でありながら、実は将来の日本列島の姿も見えてきますね。

さて、もう一つ、日本の歴史を気候から考え直してみましょう。図7－10は、過去八千年にわたる日本の気候グラフであります。日光国立公園にある尾瀬ヶ原の湿地帯からの、泥炭層に毎年降り積もった花粉を分析したものです。先ほど出てきました放射性炭素法、アイスコア、それから花粉分析、後で出てきます年輪分析、さらに今、ここに聴きに来ていただいております外山秀一先生の稲のプラントオパールによる年代測定など、過去の時代を知るための方法が次から次へと開発されております。先生に聴いていていただくのは

図 7-10

A：古気温曲線（30～15％の目盛りは1800年以降）　B：寒冷の傾向
C：気候期境界の年代　D：気候期の名称　E：先史・歴史時代区分

温暖期　移行期　寒冷期

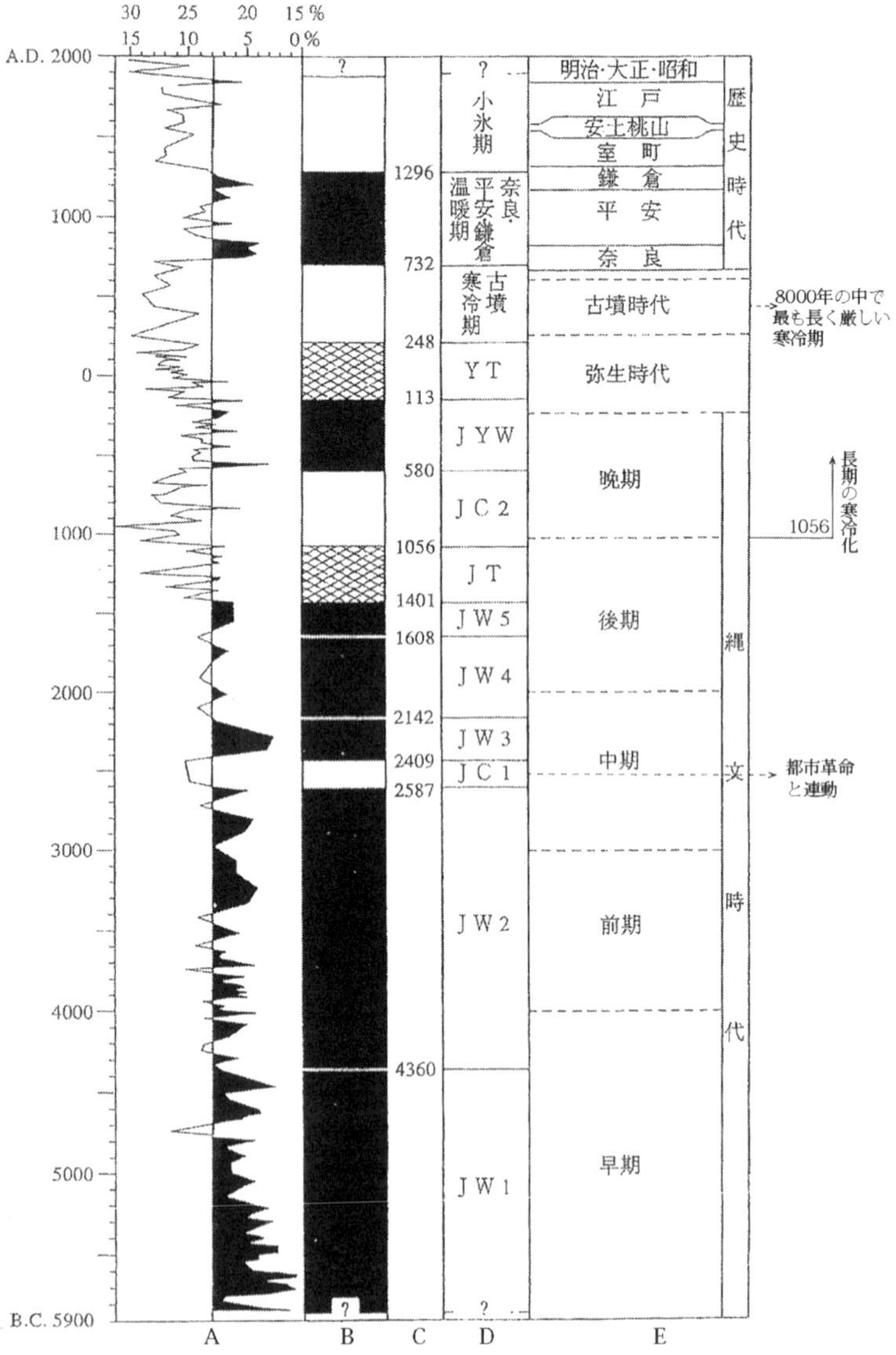

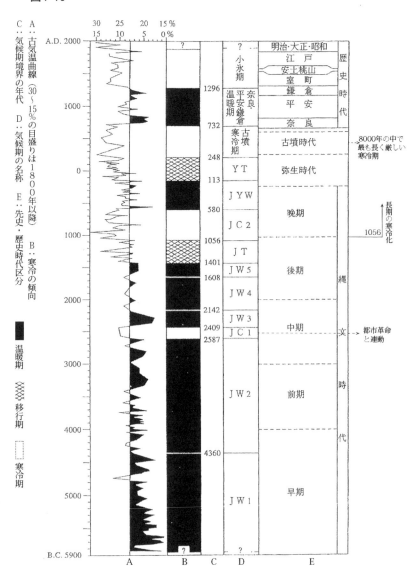

やりにくくてしかたがないんですが（一同笑い）。

この図を下から眺めてください。一番左側に過去八千年の日本の気温変動のグラフがあります。このグラフのほぼ真ん中に線が引っ張ってありまして、これが八千年の平均気温です。その右側が黒くなっております。つまり、平均より高い、暑いほうが黒になっているわけです。一目瞭然、過去八千年で縄文時代が、どれだけ長く続いたか分かります。弥生時代まで、一部を除きまして、真っ黒であります。つまり縄文時代は中期だとか、後期から晩期のところで、寒冷なところがありますけれども、先ほどのヒプシサーマル期も含めまして、ものすごく暑かったということであります。縄文時代は、もちろんすべて狩猟採集だったわけではなく、栽培もあったのですけれども、その狩猟採集を支えていたのは、この気温の暑さだったといえます。逆に言えば、その縄文の晩期、弥生の直前のその暑さが去っていったとき、縄文時代は終わったという見方もできます。その結果、先ほどの、ヤンガードリアスと似たような形で、狩猟採取から稲作ということになっていくわけですね。稲作はもちろん、弥生からではありません。外山先生の研究では縄文時代から稲は検出されますけれども、だいたい大きく言えば、そういうことになっていくわけです。縄文と同じ暑さが再び巡ってまいりますのは、図の上方の奈良、平安、鎌倉時代であるということが、これで分かります。

右のほうに書き込みをしておきましたが、一〇五六年から長期の寒冷化が始まったと考えられます。そして現代まで、それは続いています。ですから、見方によっては、温暖化、温暖化といいますけれども、八千年のスパンで見ると、今はまだ寒冷化のなかの一つであるということもできます。観点をどこに置くかということは大変重要ですね。そして、弥生は結構寒いのです。稲の生育には決して適した時代ではなかったと言われております。そして、古墳時代は、図中に書いておきましたけれども八千年のなかで、最も長く厳しい寒冷期だったわけです。この時代、雨がジャンジャン降ったことと、あの古墳が作られたことは、何か関連があるのかということですね。例えば、雨がジャンジャン降ってるから、もうちょっと目立たせるために、大きく築いたとかですね。土をたくさん盛ったとか、この図を作成された坂口豊先生は、そういうことを考えておられます。

ついで七二七年から、「奈良、平安、鎌倉温暖期」と歴史家が呼んでおります時代が現出します。七三二年以降、急激に暖かくなってまいりますと、稲作が東北地方に北上していくということになります。そしてあの坂上田村麻呂が、いわゆる蝦夷征討でずっと北のほうへ行きましたのが、まさにこの時期だったわけです。すでに七二四年には、これは温暖化の直前ですけども、有名な多賀城が作られておりますが、坂上田村麻呂も胆沢城を八〇二年に作っています。こうして、この温暖化に裏打ちされて、古代日本の東北経営が進んでいくのです。

それから、時代が少し戻りますけれども、七三七年には、宮中で大事件が起きまして、藤原家が不比等以来、ずっと力を持ってまいりましたけれど、その藤原氏の南・北・式・京四家を開いたそれぞれ武智麻呂、房前、宇合、麻呂という四人が、今でいう天然痘にかかって死んでしまいます。この天然痘は、中国から朝鮮を経て、そしてまず九州に入りまして、そして京都まで広がってしまいます。これも地球温暖化のなかでの出来事でしょう。

それでは、今度は図7－11を見てください。ここに北川浩之氏が、屋久杉の年輪分析から見事なグラフを作りました。それに安田先生が書き込まれたものに、さらに私が二本の破線と少しの書き込みをしたものです。これは二千年のスパンです。面白いですね。六五万年、それから一万年、八千年、二千年。こうして年代幅が小さくなっていきますと、細かいところがよく分かる。しかし、逆に大きな流れ（トレンド）を見落としてしまうことがある。ですから、私たちが常に考えなくてはいけないのは、経済用語で言えば、マクロな目とミクロな目の複眼を常に持って研究しないといけないということですね。

さて、この図の真ん中の線が過去二千年の平均気温です。これを見ますと、やはり弥生時代は必ずしも暖かくないですね。そしてどうですか、先ほど見ました五三五年の大噴火。五四〇年のところに破線を入れましたが、やはりそのあとのところで落ち込んでおりませんか。そのあと少し暖かくなって、飛鳥から奈良時代の初頭にかけてものすごい寒さがや

図 7-11

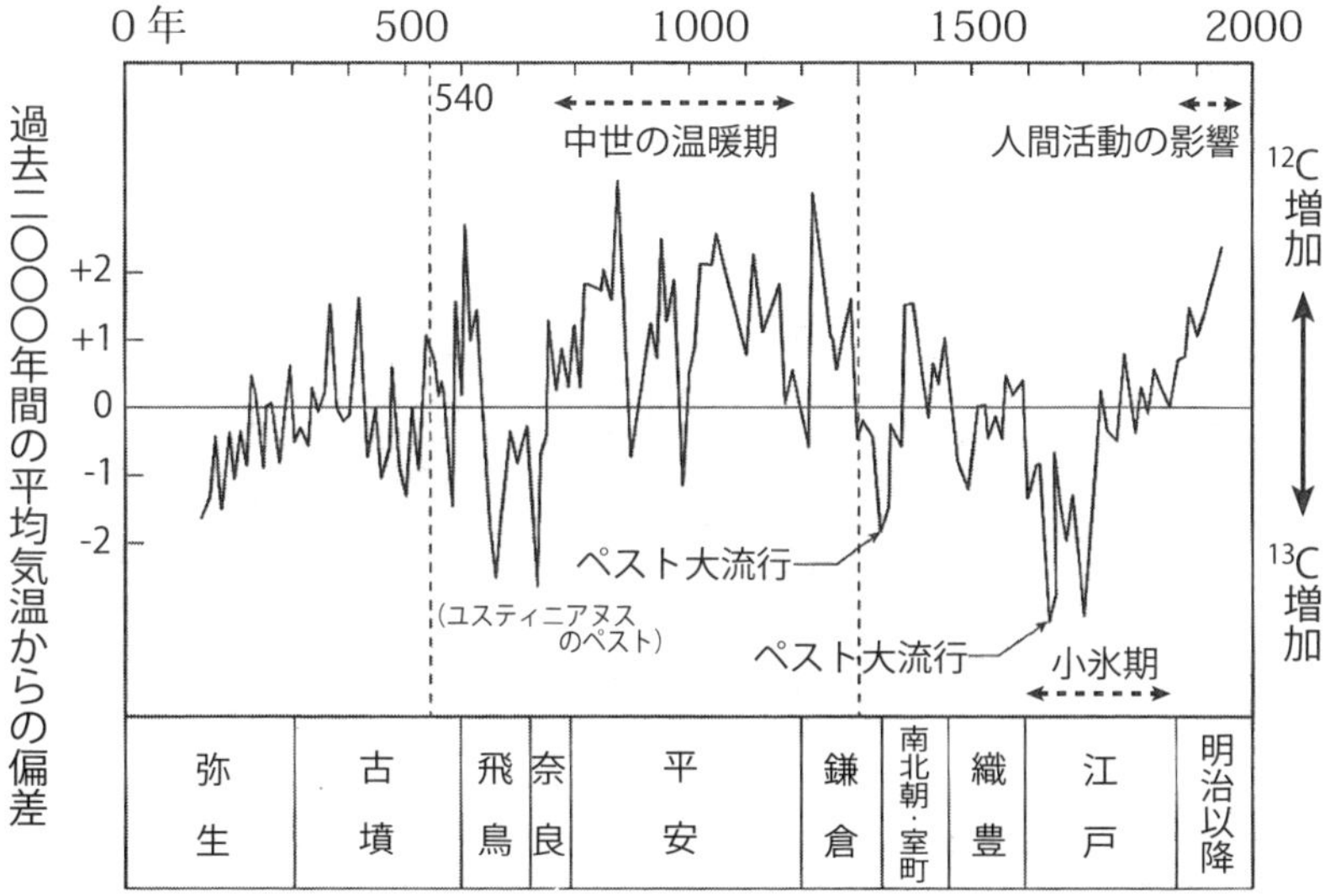

ってきます。大和王権の誕生期の環境にはまことに厳しいものがありますね。そしてすでに触れました七三二年からだんだん暖かくなってまいりまして、上下動はありますけれども、中世の温暖期に入ります。先走りますと、それから一三〇〇年ごろを境にしまして、急激に寒くなってまいります。さらに、一六〇〇年ごろを境にして一段と寒くなり、いわゆる小氷期を迎えます。江戸期の半ばぐらいまでですね。江戸といえば、飢饉のイメージがあると思いますが、少なくとも江戸の前半の多くの飢饉は、この気温の低さに由来しているということが、ここで分かっていただけると思います。

次の図7－12は、二〇〇九年のネイチャー誌に発表されたものですが、新聞記事から掲載いたしましたことをご了承ください。過去二千年の熱帯太平洋西部の海洋面温度変化を示したものです。ここでも五四〇年にも線を引いておきました。やはり、多少影響が出ているように思われます。それから一三〇〇年から、急激に低くなっていきますね。ですから、屋久杉の年輪分析と、その熱帯太平洋西部海洋面温度の分析

図7-12

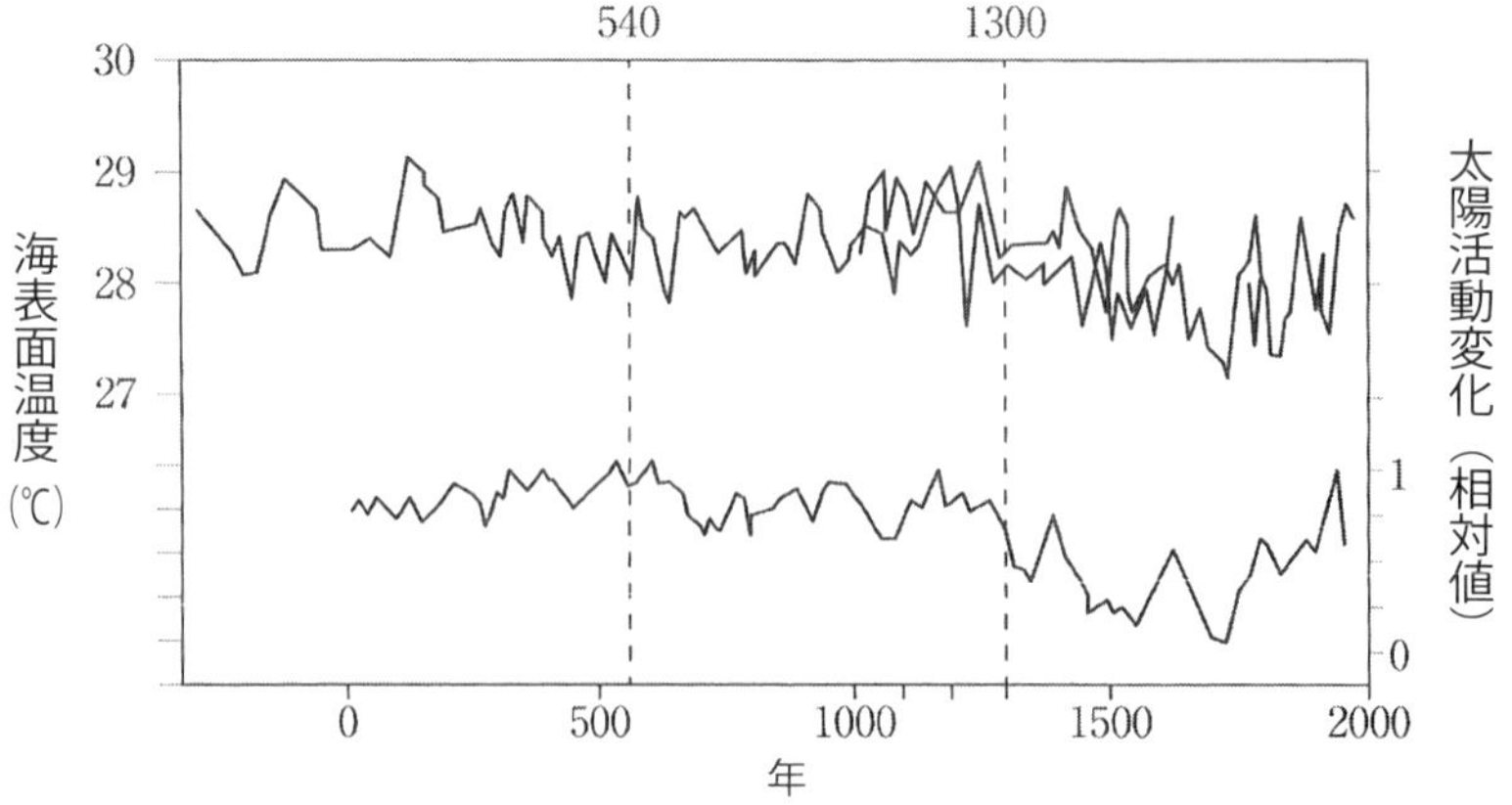

とはそれほど差がない。トレンドとしてよく一致しているといってよいと思います。

それではもう一度戻りまして、中世温暖期の一断面を見てみましょう。有名な源平合戦はまさにこの時期に起きたものです。ここで、気温は源氏と平家にどのような影響を与えたのかという問題であります。源平合戦の一一八〇年、平重衡によりまして、東大寺が焼き打ちをされました。源氏と南都の僧侶が手を組んでいるのではないか思われたわけです。大仏も、見るも無残な姿に焼けただれてしまいました。この惨状を見て俊乗房重源が、東大寺の再建に乗り出すわけです。ところが、近くにはいくら木を探しても、巨大な東大寺を支える木はありませんでしたので、周防《すおう》、今の山口ですね、そこまで木を求めに行ったのです。そして、木を切り出しまして、数百本のうち良材は一〇本か二〇本にすぎなかったようですが、山の斜面から下して、そうして筏を組んで、日本海から奈良まで引っ張って来たわけですね。その苦労たるや、大変なことだったと思いますけれども、そのおかげで、東大寺は再建されたわけです(五味文彦『大仏再建』講談社選書メチエ、一九九五年)。

そのとき筏を組んで流した佐波川に沈んだと思われる木の一部を、年輪分析で調べたところ、面白いことが分かってまいりました。図7－13に異常成長期という文字

図 7-13

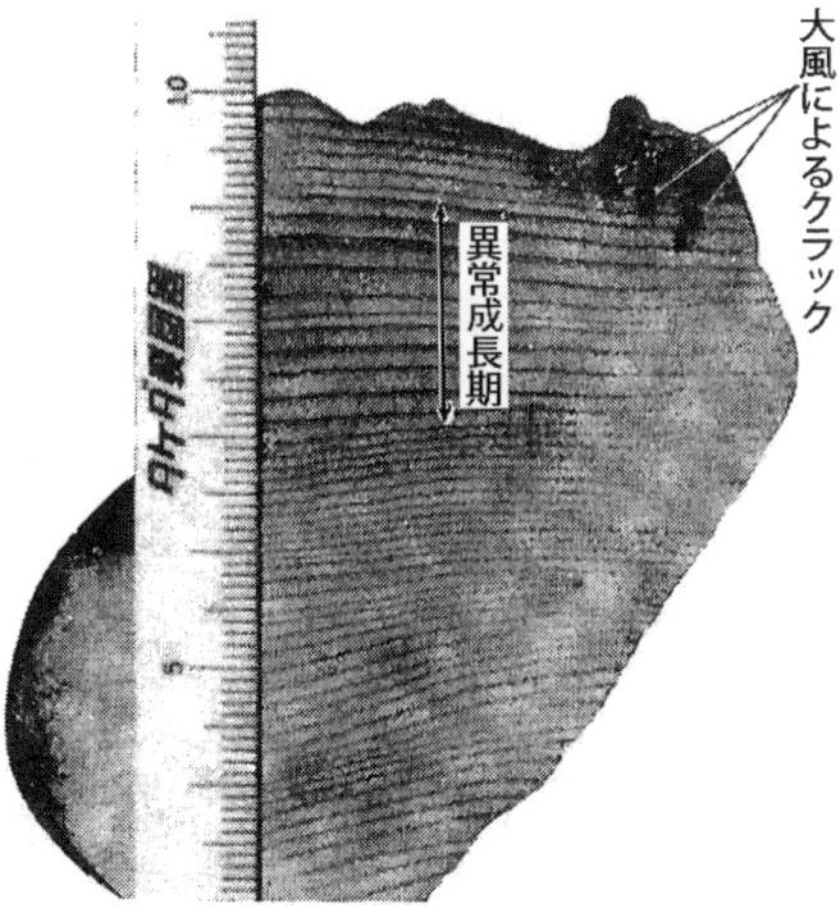

が見られると思いますけども、そこの年輪の幅が異常に広いのですね。つまり、そこの一一年間だけ年輪がものすごく成長しているということは、よほど気候条件が良かったに違いないと思われるわけです。この分析も含めて、日本の歴史で、気候について書かれたまともな本は、山本武夫氏の『気候が語る日本の歴史』ですが、まだマルクス主義が盛んであった一九七六年に、よくぞ勇気を持って書かれたと敬服します。現在でも有用ですけれども、後で述べますように、今から見ると大きな欠陥を持っております。

この山本氏が表7−1を作られました。(C)、(B)、(A)と右から左に目を移してください。先の一一年間の部分はどこに当たるのかと申しますと、ちょうど(B)に当たります。この(B)は、そこにありますように一一六七年に清盛が太政大臣になり、そして一一七一年に自分の娘徳子を安徳天皇に嫁がせた時です。この徳子は壇ノ浦で天皇が亡くなったあとは、皆さんよくご存じの建礼門院として余生を過ごします。それはともかく、この時が『平家物語』が言うところの「平氏ニ非ズンバ人ニアラズ」の極盛期に当たります。気温がすべてだったというと、またマルクスの生産力と同じになってしまいますが、山本氏のように最適な気温が平家の極

表 7-1

期　　間	(A) 1186 ～ 1177 年 (n = 10)	(B) 1176 ～ 1166 年 (n = 11)	(C) 1165 ～ 1154 年 (n = 12)
年輪成長幅	1.03mm/ 年	1.76mm/ 年	0.89mm/ 年
旱　魃 (祈雨を含む)	6	8	3
霧　雨 (祈晴を含む)	2	5	3
洪　水	2	3	4
飢　饉	4	0	2
歴史上の事件	1177…鹿谷陰謀 1180…頼朝挙兵 1185…平家滅亡	1167…清盛太政大臣 1171…徳子入内	1156…保元の乱 1159…平治の乱

盛期を支えたという言い方はできるでしょう。

(C)、つまり一一五四から一一六五年、これは保元の乱と平治の乱が起きた年代で、あとの平治の乱によって、平清盛が頼朝と義経の父親である源義朝を殺して、そして自分が政権を取った。そして(B)で大変な極盛期になった。しかし、(A)の時代一一七七年から一一八六年になりますと、鹿ケ谷の陰謀、頼朝挙兵、そして一一八五年の平家滅亡へと向かいます。表のなかの飢饉の回数を見ていただきますと、やはり(B)の時は０だったのですが、(A)では四回も飢饉が起きている。その飢饉のうち、最も有名な養和の飢饉について、実は鴨長明の『方丈記』に記載があり、歴史と文学が結びつく瞬間であります。これも山本氏が指摘しております。

重要なところだけみますと、「養和のころとか」ですから、一一八一年でありますけれども、「久しくなりて覚えず。二年《ふたとせ》があひだ、世の中飢渇《けかつ》して、あさましき事侍《はべ》りき」。大変な飢饉があって、大変なことが起きた、と。「夏植うるいとなみありて、秋刈り、冬収《をさ》むるぞめきはなし」。夏に田植えがあって収穫がないということでありますね。その後「乞食《こつじき》、路《みち》のほとりに多く、憂《うれ》へ悲しむ声《こえ》耳に満てり」。それから飢饉になりますから、当然、疫病が流行ります。すなわち「疫癘《えきれい》うちそひて…築地《ついひぢ》のつら、道のほとりに、飢ゑ死ぬる者のたぐひ、数も知らず」と。そういうことで仁和寺《にんなじ》の隆暁法院《りゅうげうほふいん》という僧侶が、数も知らず死んでる人たちを弔うために、額に、梵字でいう阿字を書いてあげたのですね。そして数えたら、なんと四万二千三百余りあったと。そういうわけで、ものすごい飢饉のなかで、この戦いが行われていたということです。

一般に、西に飢饉があるとき、東は豊作だといわれております。日本列島は南北に長いですから。東に本拠地を置いた頼朝、西に本拠地を置いた清盛、どっちが勝つか。卑近な言い方をすれば米をたくさん食べたほうが勝つということですね。東が勝ち、西が敗れ、ついに政権は東の鎌倉に移る。鎌倉幕府の成立ということになってまいります。気候が、かくも大きな影響を与えたわけです。

四、トピック①―史上最悪一四世紀「大天災」とその帰結
―ヨーロッパ・シルクロード・日本―

これから見ます一四世紀は、人類史上、あるいは世界史上、大変な時代といってよいと思います。もう一度、図7―11を見てください。線を引きました一三〇〇年を境にしまして、急激に気温が落ち込むのであります。大変な落ち込み方です。図7―12でも同様に、気温が非常に落ち込んでおります。ここから小氷期が始まるという説と、一七世紀こそがそれではないかという説があります。私は、どうも後者をとりたいのですけれども、前半でもかまいません。とにかくここから、ものすごく寒くなってくるのです。ところで、山本氏が使用し、その他の日本史研究者が同じく気候を考える際の研究の根本にしているフェアブリッジ曲線というグラフがあります。

図 7-14

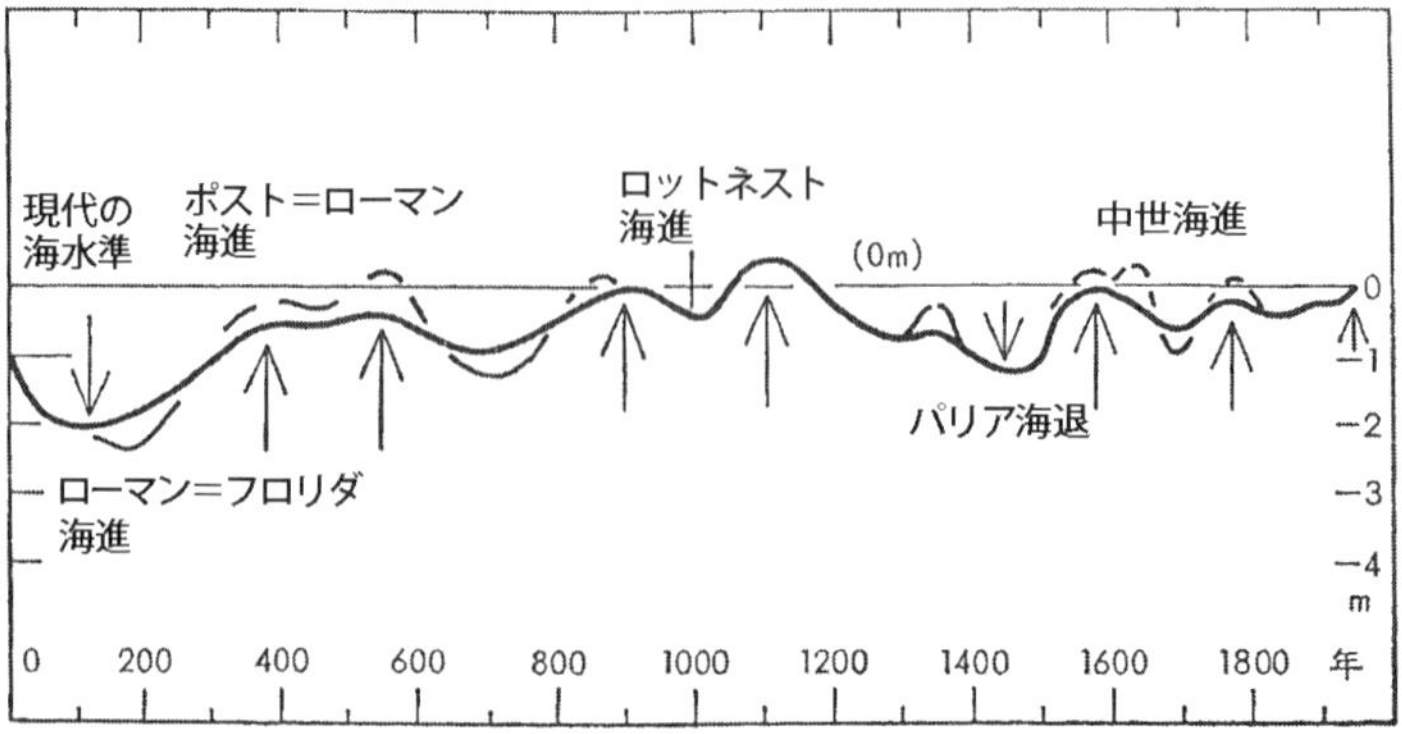

図7－14です。このグラフによれば、寒冷化に落ち込むのは一二世紀前半であり、また、一七世紀のところはむしろ上昇しておりまして、図7－11図や図7－12と整合的ではありません。私はここにフェアブリッジ曲線の大きな問題があると考えております。今後もっと精密に検討することを考えておりますが、ここではこうした欠陥を指摘するにとどめます。（本書、第I部第4章参照）

では、世界に目を移したとき、この一四世紀というのは、どういう時代なのかということを、京都大学のモンゴルの専門家杉山正明氏が、『フビライの挑戦』（朝日選書、一九九五年）という本のなかで大変見事に描いています。要点だけを取り出しますと、おおよそ次のように述べております。すなわち、一三三〇年代からほとんど、軌を一にして、モンゴルの東西は混乱し、ゆらぎ、次第に沈み込んでいく。原因のひとつは、明らかに一三一〇代から二〇代ころよりはじまった、異様なほど長期で、巨大な地球規模の天変地異であったということであります。これはモンゴル領内だけではなかった。ヨーロッパでは一三一〇年ごろよりひんぴんと災害や異常な天候不順がおこり、農業生産はひどく損なわれた。そしてついに一三四六年より黒死病が、エジプト、シリア、東地中海沿岸、そして西欧を襲い、国家と社会を破滅においこんだ、と。

例えば、ヨーロッパでルネサンスといえば、その中心はフィレンツェでありますけれども、一三四八年には人口が半分になっているということを考えますと、このペストの惨禍は恐るべきものでした。当時のヨーロッパ全体の人口はおよそ九千万人でありましたが、このうち、わずか数年の間に、三分の一の三千万人が亡くなったと考えられております。こうした中でルネサンスが始まったことを考えますと、その本質を考え直さないといけないと思っております。この点で、初期ルネサンスの代表作、ボッカッチョの『デカメロン』

が、このペスト流行の難をのがれて、郊外の別荘に集まった一〇人の紳士・淑女の話で、まさにペストの災難から始まっていることは象徴的です。

もう一度、杉山氏の文章に戻りますけれども、この地球規模の天災の猛烈さは、いくら強調してもし過ぎでないと言っております。さらに、記録で確認される限り、この「大天災」は史上最大規模であったことは事実で、それが人類史、世界史の展開に与えた影響ははかりしれない、とも。まことに、人類史、世界史を研究しているものにとっては、この一四世紀を見逃すことはできません。私たち歴史家は、これを「一四世紀の危機」と名付けております。そして結論として杉山氏は、「すくなくとも筆者は、世界史を論じようとこころみる人は、この一四世紀をおおった暗黒と不幸から、目をそらすべきではないと考える。その原因が、果たしてなんであったのか。もし、できるなら解明したいものである」とあって、原因は分からないとあります。天候のこと、いろいろ言っておられるのですけれども、原因は分からないと。それで、私、この本読んだときに、ぜひ自分が解明したいと思いました（一同笑い）。そして解明いたしました。

日本のこの一四世紀の問題が、実は『太平記』に書かれております。かつて明治に久米邦武によって「太平記は史学に益なし」とおとしめられてしまったために、これがずっと近代の学者を縛ってまいりまして、『太平記』は全く歴史の資料としては当てにされなかったのです。そこに、「気候七〇〇年周期説」を唱えた西岡秀雄氏が、『太平記』の真偽を確かめようとしたのです（『気候七〇〇年周期説』好学社、一九七二年）。

西岡氏が問題にしている『太平記』の記述は、新田義貞の軍勢が琵琶湖から北に行ったところで、多くが凍死してしまったという事件についてです。「北国下向勢凍死の事」と題されたところには次のようにあり飛ばし飛ばしですが、「今年は例より陰寒《いんかん》早くして、風まぜに降る山路の雪甲冑《かっちゅう》にそそぎ…」とあり、この年は例年よりずいぶん寒かったことがうかがえます。ついで、「元来薄衣なる人、飼うことなかりし馬どもは、かしここに凍死《こごえし》んで…。馬は雪に凍えてはたらかず、兵は指亀《かがま》りて弓をも引き得ず、太刀の鞆をも握り得ざりける間《あひだ》、腰の刀を抜いてその鞆を土につかへ、覆《うつぶ》しに貫いてぞ死にける」。馬が寒さの中で凍え死に、兵士もあまりの寒さで、兵士として働くことができず自ら命を絶ったというのです。西岡氏は、琵琶湖や敦賀付近の高度わずか六〇〇メートルほどの山中で、敦賀では通常一月の平均気温は四度近くで、このような所で多数の軍馬兵員が多数凍死することは平常なことではないと考え、その検証のために作ったものが、長野県の木曽の御用林の檜から取った年輪分析のグラフであります。図3–1（本書、六一頁参照）です。果たせるかな、延元元年十二月（西暦では西岡氏によれば一三三七年一月だが、水越允治氏によれば一三三六年一一月二三日である。水越編『古記録による一四世紀の天候記録』東京堂出版、二〇〇八年）のところはひどく落ち込み、檜の成長が悪く、はなはだ寒冷な日の多かった年であったことがうかがわれるのでありま す。こうして、西岡氏は、『太平記』の記述は史学に益なしどころか、非常に面白い史料であることを証明されたわけです。

ところで、私たち、歴史をやっている者は、人が使ったグラフをその人以上に読みこむところに非常な醍醐味を感じるわけです。新田義貞軍の凍死の証明のためだけに使用されたこのグラフをじっくり見ていたある時、このグラフの中にあの原因を探ることができるように思ったのです。上下動したグラフを全体としてならしてみてトレンドを見る。そうすると、一三二〇年前後から、一三三七年、あるいは一三四七年ぐらいのところまで、グラフが急下降していることがわかります。私は、これこそが一四世紀の危機の原因でないかと直感したのです。

そう思って、あらためて図7－11のグラフを見ていただくと、一三〇〇年を境にして、急激に気温が下がっていることが分かります。そしてペスト大流行が、これは先にヨーロッパのところで見ましたけれども、よく見ますと、西岡氏作成の図のなかにも刻印を残しております。すなわち、ペストが流行し始めた一三四七年のところは図の中で三番目に落ち込んでいる寒い年であったことがわかります。また、単年度でなく長期にわたるヨーロッパの百年戦争（一三三七～一四五三年）、中国の紅巾の乱（一三五一～六一年）、そして日本の南北朝内乱（一三三三～九二年）なども、こうした寒冷化を背景に統一的に把握できるのではないか。そうした思いが駆けめぐりました。

そこで、私は、すぐに論文を書きました。もう今から九年も前のことであります。表題がちょっと大げさすぎました。「発見―モンゴル帝国大崩壊の秘密がたった一本の桧の中にひめられている」（『皇学館大学文学部紀要』第四一輯、二〇〇二年）というものです（本書、第Ⅰ部第3章）。該当箇所を読んでみたいと思います。

「さて、西岡氏によって、『太平記』の叙述の真偽を確かめるため使用された図が、私にとっては、モンゴル帝国崩壊の原因を示す、すこぶる興味深いものに思われた。…私は一三三七年といった単年ごとの変動でなく、全体の傾向に着目したのである。これは『一七世紀の危機』の変動分析によって、私の中で培われてきたものであった。そのような目でもう一度図を見ていただきたい。一三二〇年代初頭から、一三三七年までの滑り落ちるような気候の寒冷化がこれである。これはもう少し大きく見ると、一三四七年まで続いていると思われる。しかもその間における複数年にまたがる気温の激震ともいえる上下動。この二つによって、モンゴル帝国（その根底にある農業生産）は激しく揺さぶられてしまったのではないか。先の杉山氏の指摘によれば、帝国が沈み始めるのは一三三〇年代だが、その原因となった巨大な地球規模の天変地異は、一三一〇年代から二〇年代にかけて始まったという。この図では、一三一〇年代は示されていないがまず間違いなくその後につながる寒冷化がこの時期にも存在したであろう。しかも一三三七年に底を打った寒さは、その後も上下動を繰り返しながら、一三四〇年代・五〇年代にわたって存続する。信じられないほど長期にわたって続いた天変地異の正体は、これまた信じられないほど急激な寒冷化だったのだ」（本書六二〜六三頁、傍点略）。

以上が私の結論部分で、まず間違いないと思っております。

もう一つ面白いのは、この時期のシルクロードの状況です。たしか昭和五五年から一年間にＮＨＫが石坂浩二さんのナレーションで、シルクロードをやり、大変面白かったことを記憶しております。それは全一二巻の書籍として出版されました。その後、平成一七年に新シルクロードというのをやりました。これも全五巻にまとめられております。この第四巻にあたりますところをテレビで見ておりましたときに大変びっくりしました。図４−１（本書、八一頁参照）をご覧になっていただきたいのですが、カラホトというオアシスの商業都市があり、シルクロードの大きな拠点でありました。そのそばに黒河という川が流れておりまして、これがハート形で、ものすごく巨大な湖、居延澤《きょえんたく》に流れ込んでおりました。ところが、この急激な寒冷化によりまして、川の水が凍ったり、時には氷河が溶け出して洪水を起こし流れが変わったりしまして、カラホトへ水が来なくなってしまいました。下の図のようについにカラホトは崩壊、大きな居延澤も天鵝湖《てんがこ》という、小さな湖に変わってしまったのが、よくご覧になれると思います。図4−2（本書、八二頁参照）は中国の祁連《きれん》山の氷河から分析したグラフで、一三〇〇年より少し前のところから気温が急激に下がっていることが分かります。これも先ほどの私の結論を補強してくれているように思われます。

五、トピック②―「一七世紀の危機」と鎖国―

いよいよ最後の課題です。先にも少し触れました「一七世紀の危機」について一瞥したいと思います。図7−11を改めてみていただきますと、このグラフでは一番気温が落ち込んでいる時代で、江戸時代前半にあたります。もとより図7−12も同様の傾向が見られますね。真の意味で小氷期の時代だと思います。この時期には太陽黒点が著しく減少して、太陽のエネルギーが減ったことが報告されております（桜井邦明『太陽黒点が語る文明史』中公新書、一九八七年）。実は昔から、不思議だなあと思ってきたことがあります。一六四二年にイギリスでは、ピューリタン革命、そしてその後一六八八年には名誉革命が勃発して近代化を推し進めて行ったわけです。東アジアにおいて日本では一六四一年が、いわゆる鎖国の完成といわれる時期ですね。しかも、中国でも明という国が一六四四年に滅ぼされまして、そして清という国に転換しているわけです。東西において一六四〇年代に、かくも重要な諸事件が起きている。これらは、偶然なんだろうか、それとも何か関連があるのだろうか。高校の教員をやっておりました三〇年程前には全然分かりませんでした。ああ、イギリスはいよいよここから近代への道、日本は鎖国。なんと日本は後れた国だろうという感覚が正直なところでした。

しかし、「一七世紀の危機」を研究する中で、大変よい本に出会うことができました。この本はまさしく「一七世紀の危機」の根本原因を、気候現象、特に小氷期に求めた本であります（G. Parker & L. Smith, *The General Crisis of the Seventeenth Century*, 1978. 一九九七年には改訂第二版が出ている）。本書を読むにつれ、先ほどの諸事件は全部関連しているというふうに思えてきたわけです。この本の著者たちが、よくぞここまでと思うほど、世界とヨーロッパのさまざまな政治反乱、民衆反乱、あるいは戦争の図を見事に描いてくれております。図２－４（本書、三九頁参照）がそれです。真ん中のカーブの下のところがヨーロッパで、カーブの上の部分が世界の状況です。まずヨーロッパから見ますと、イギリスも、ドイツも、東ヨーロッパも真っ黒に染められていますね。ちょうどこれが、三〇年戦争（一六一八～四八年）の時代であります。イギリスもまさに先ほど述べた革命のときであります。私は、専門はフランス史ですけれども、パリで、フロンドの乱（一六四八～五三年）という、パリ高等法院を中心に貴族が王権に反抗した大きな乱がありました。そのほかイタリアでもスペインでも同じ時期に多くの事件が起きております。ここに書かれた一つ一つの事件を調べていったら、一生かかっても研究できません。それくらいたくさんあります。

さあ、片や図の上の部分を見てください。世界の状況を見ますと、まず、日本のところに目が行きますね。先に示した本の著者たちは、日本の二つの事件にも注目をしいてくれますね。一つは、江戸の一六五〇年、もう一つは九州で、一六三七年から三八年の天草四郎時貞の、いわゆる天草の乱ですね。一六五〇年は間違いで、一六五一年でないといけません。これは由井正雪の乱であります。特に天草四郎のほうは、寒冷化による飢饉が根本にあります。いずれにしても世界中に同時期に、あちこちで民衆反乱、政治反乱があった時、これを一つのものとして把握するためには、世界的に銀供給不足による一種の金融恐慌が起きていたというもう一つの要因もありますけれども、やはり気候を根底に据え置かないと分からないということなのです。そして、この一六三七から三八年のキリスト教を奉じた天草四郎の乱に、幕府は大変な神経をとがらせまして、ついに一六四一年に鎖国ということになります。また中国の明から清への国家転換も、この「一七世紀の危機」への対応の結果だったのではなかろうかと思います。言い換えれば、このそれぞれの地域において、その内部事情の違いが現象の違いになってきますけれども、近代化を図ったり、鎖国をしたり、国を編成替えしたりということは、それぞれが皆「一七世紀の危機」への対応の結果ではなかったか、と思う次第であります。このような視点で見ますと、明は「一四世紀の危機」の中から姿を現し、「一七世紀の危機」の中で姿を消していくということもできますね。

おわりに　―今後の課題と展望―

最初にも申しましたが、歴史学、とりわけ日本史の中ではこれまでなおざりにされていた気候に焦点を当てて、あえてその観点を強く押し出しながら論じてみました。限られた時間の中で、急ぎ足で過去数十万年前から現代までの気候変動を見てきましたので、当然舌足らずな説明になり、申し訳なく思っております。ただ、過去二千年のみを眺めましても、人類は三度の危機に見舞われたことがわかります。「過去二千年人類史上の三大危機」と名付けたいと思っております。六世紀、一四世紀そして一七世紀です。いずれも大きな人類の曲がり角です。キーズは五三五年の大噴火後の古代社会の崩壊によって、一挙に近代社会の枠組みができたと言っております。私は、それによって人類全体の古代が滅んで中世が誕生し、一四世紀に中世が崩壊し、一七世紀に近現代の枠組みができたのではないかとの見通しと仮説を立てております。あまりにも大雑把ですが、これを今後検証していきたいと思っております。いずれにしましても、その三つの画期にいずれも気候変動が絡んでいます。

たくさんの図を提示させていただきました。後でまたご覧になって、どうか皆様も自分で新しい発見をし、仮説を作ってみてください。ご静聴ありがとうございました。

《図・表の出典》

図7―1　「過去六五万年のサイクル」　田家康『気候文明史』日本経済新聞出版社、二〇一〇年
図7―2　「晩氷期以降の気候変動と文明の盛衰」　安田喜憲『縄文文明の環境』吉川弘文館、一九九七年
図7―3　「六世紀ヨーロッパのオークの生長状況」Ｄ・キーズ『西暦五三五年の大噴火』文藝春秋、二〇〇〇年
図7―4　「シベリア西部とスカンジナヴィア北部で調査した紀元一～一九九七年の夏の気温（推測）」Ｄ・キー

ズ『西暦五三五年の大噴火』文藝春秋、二〇〇〇年
図7－5　「六世紀アメリカ西部の、バルフォアマツとヒッコリーマツの生長」D・キーズ『西暦五三五年の大噴火』文藝春秋、二〇〇〇年
図7－6　「六世紀チリ南部の気温グラフ」D・キーズ『西暦五三五年の大噴火』文藝春秋、二〇〇〇年
図7－7　「気象データが見つかった地点」D・キーズ『西暦五三五年の大噴火』文藝春秋、二〇〇〇年
図7－8　「六世紀東南アジアの王朝断絶と五三五年前後の東南アジア」、D・キーズ『西暦五三五年の大噴火』文藝春秋、二〇〇〇年
図7－9　「日本列島の植生図と古地理」安田喜憲『環境考古学』NHKブックス、一九八〇年
図7－10　「古気温曲線」　坂口豊「過去八〇〇〇年の気候変化と人間の歴史」『専修人文論集五一』一九九三年
図7－11　「屋久杉の年輪分析」安田喜憲『NHK人間大学　森と文明』NHK、一九九四年
図7－12　『中日新聞』二〇一〇年一月八日（夕刊）
図7－13　「佐波川上流に埋没している鎌倉時代の木材の年輪」山本武夫『気候の語る日本の歴史』そしえて、一九七六年
表7－1　「佐波川埋木の年輪成長と気候の関係」山本武夫『気候の語る日本の歴史』そしえて、一九七六年
図7－14　「フェアブリッジ教授の海水準曲線」山本武夫『気候の語る日本の歴史』そしえて、一九七六年

なお、本文中の『日本書紀』は、『新訂増補　国史大系　日本書紀後編』（吉川弘文館、一九七一年）を、『方丈記』、『太

平記』は、いずれも『新編　日本古典文学全集』（小学館、一九九五〜一九九六年）に収められているものを利用させていただきました。

第Ⅲ部

第8章　エジプトからアメリカに渡ったオベリスク
―「環境世界史学」の視点から―

はじめに

「環境世界史学」とは聞きなれない言葉であろうが、もとよりそれは当然の事で、現代の深刻な環境問題と歴史的過去を結びつけるために、私が創始した用語であるからである。これまで私は、特に森林破壊について、過去から現代まで世界史教育学的に考察を進めてきた（その成果は、拙著『環境世界史学序説』国書刊行会、二〇〇一年に収められている）。今回は、それとはおよそ異なった現代の環境問題と、過去を結びつけてみようと思うのである。

一、セントラル・パークに立つオベリスク

ニューヨークのセントラル・パークのちょうど中ほど、メトロポリタン美術館の裏手にあたるところに、一本の巨大なオベリスクが聳え立っている。とはいっても、今では大きな木立に囲まれて、よほど注意して探さないと、簡単には見つからない。私も団長の奥住先生と一緒に、セントラル・パークの南の入り口からずーっと歩いて、かなり苦労してようやく探り当てた時は本当にうれしかった。今回の研修の私の最大の目標の一つはこのオベリスクの調査にあったからである（写真8—1参照）。

ところで、オベリスクとはなんであろうか（以下オベリスクに関しては、ラビブ・ハバシュ『エジプトのオベリスク』六興出版、一九八五年のすぐれた叙述ならびに訳者吉村作治氏の

写真 8-1 〈筆者撮影〉

「解説」に負う）。古代エジプトを代表するものは何と言ってもピラミッドである。これを建造するためには、莫大な財力と長い年月にわたって費やされる労働を担うだけの国民の団結力等を必要としている。古王国時代当初、エジプトはこれらの条件を満たす国力の充実した裕福な国家だった。ナイル川氾濫による農閑期の失業対策として作業にかり出された国民も、神である王の墓作りに参加する事で、自分も死後の幸福にあやかりたいと思ったのである。しかし、やがて中央政権の弱体化が進むにつれ、国家を総動員するような大事業は行われなくなってしまう。第四王朝の時最高水準に達したピラミッド建設も、その小型化に伴って技術力の低下を招き、第七王朝を最後にピラミッドは姿を消す。それにかわって太陽神に奉納されたのがオベリスクなのである。

次に、オベリスクという名称についてであるが、古代エジプト人はこれを「テケヌ」と呼んだが、実はこの言葉の由来はわからない。ギリシャ人にとっては古代エジプトは関心の的であったようで、特にオベリスクとピラミッドに注目が集まった。ギリシャ人はオベリスクを「オベリスコ」と名付けた。「小さな焼き串」という意味である。形が高くて細長いところからこの名がついたのであろう。したがって、オベリスクという名はこのギリシャ語から派生しているのである。ちなみにアラビア語では「メッサラハ」といい、これも「大きなつぎ当て針」という意味で、やはりオベリスクの形から来ている。

二、エジプトブームとオベリスク

ナポレオン・ボナパルトが行ったエジプト遠征（一七九八〜一八〇一年）がきっかけとなって、一九世紀初頭にはヨーロッパでエジプトブームが沸き起こった。この遠征は軍事的には失敗に終わったが、エジプト学の発展に大きな功績を残した。ナポレオンは遠征に際して一六七人とも一七五人とも言われる当時一流の学者たちを同行させた。帰国後、彼らは『エジプト誌』という膨大な著作を発表した。そこには古代エジプトの人々の習慣、服装、信仰、そして主だった都市や町について正確に描写されていた。だがしかし、記念碑に彫られている象形文字については、誰一人としてその意味がわからなかったのである。

ともあれ、ヨーロッパでは、古代エジプトの光栄ある歴史に興味を抱く事が流行し、その結果、ヨーロッパの主要国は自国のコレクションにするためにエジプトの工芸品を収集し始めた。エジプト駐在の外交官たちはエジプト国内の重要な遺跡の大部分をくまなく歩き回り、価値の高い美術品を捜し求めた。そして古代エジプトブームを決定的にしたのは、フランスの学者シャンポリオンの象形文字解読のニュースだった。碑文が解読されると、古代エジプトに関心を寄せる人々は益々増えていった。そのため、ついにイギリスとフランスの両国政府は、それぞれの首都を飾るオベリスクを建てることに乗り出したのである。

持ち出しの許可を得る事は簡単だった。というのは、当時エジプトを事実上支配していたのは、法律的にはトルコ皇帝の一総督に過ぎないムハンマド・アリだったからだ。彼はたとえエジプトに残っているオベリスクが全部なくなっても、イギリスやフランスとの友好関係を取り結ぶためならどんな要求でも受け入れた。

ただエジプトにとって幸いな事に、一本のオベリスクを移転するためにかかる莫大な費用と手数のせいで、受け入れがわの両国はその全てを運べなかったのである。そこで両国は検討を重ね、運び出すオベリスクは最上のものか、移転しやすいものにするという最終案に落ち着いたのである。こうして現在、パリやロンドン、そしてニューヨークにあるオベリスクは（図８－１参照）、この時代の外交政策の結果なのである。

図 8-1

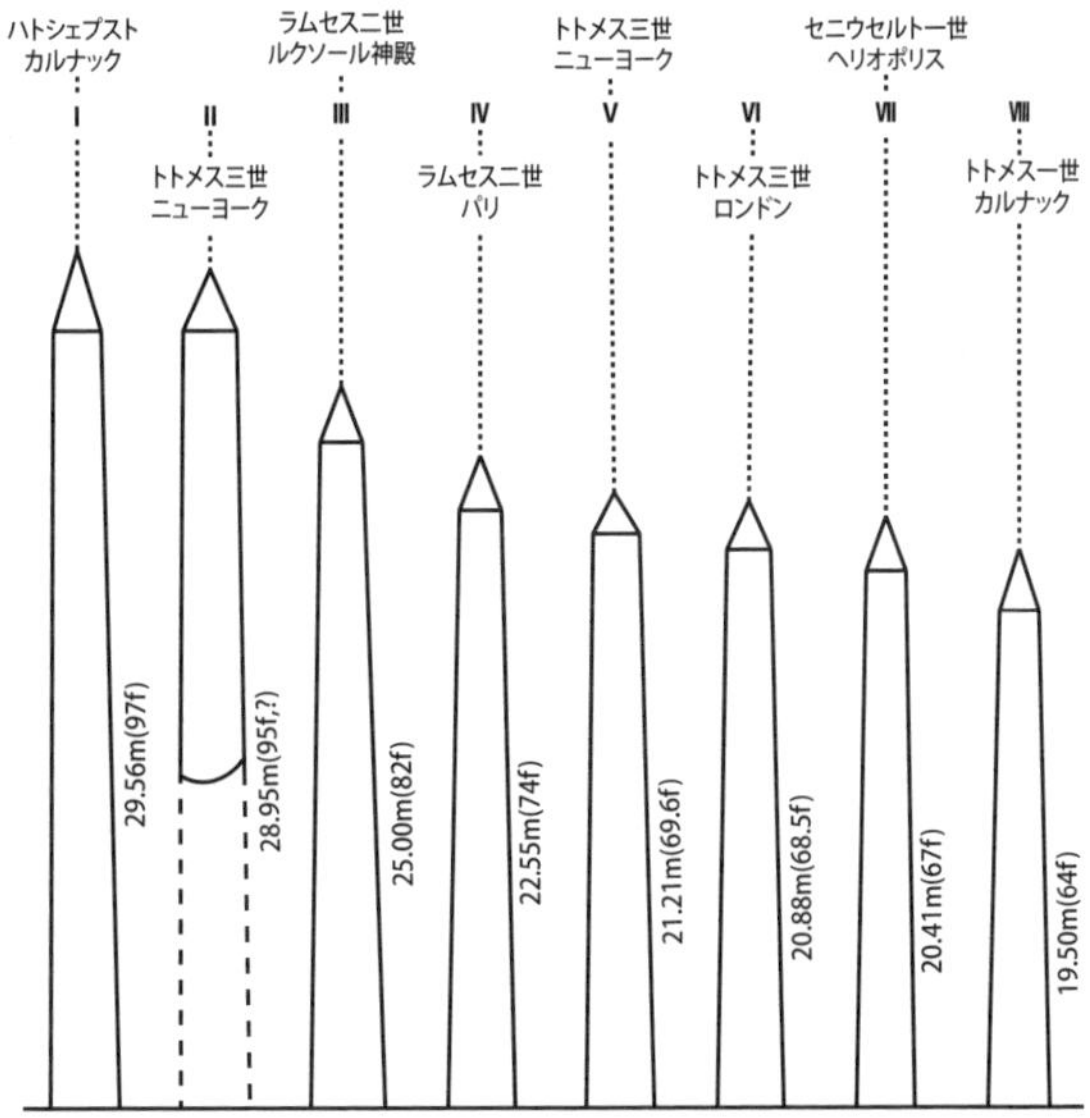

〈出典〉ハバシュ『エジプトのオベリスク』1985 年、136 頁

三、エジプトからニューヨークへ

再びニューヨークに話を戻すためには、一八六九年のスエズ運河開通の折にさかのぼらねばならない。その時アメリカ合衆国は初めてのオベリスクをヘディーブ・イスマイールから贈呈されたのである。合衆国はこの申し出に、初めはたいして関心を示さなかった。だが、一八七七年にロンドンにオベリスクが建てられ

たというニュースが伝わると、母国との対抗関係からか、俄然、合衆国内にもオベリスクを建てようという世論の動きが高まった。二年以上の交渉の結果、アレキサンドリアに立っているオベリスクを移動する許可がおりたのである。この任に当たったのが合衆国海軍のヘンリー・H・ゴーリング少佐であった。運び出すのには多くの困難が生じた。まず、アレキサンドリアにいたイタリア領事がオベリスクの立っている土地の所有権を主張したため、オベリスクを運ぶ作業が進められなくなってしまった。アメリカ側は作業の遅れにともなう損害賠償を要求するという脅しをイタリア側にかけ、やっと難を凌いだが、今度はエジプト政府の一人の債権者が、彼の請求に対する支払いが済むまでは作業の継続は中止するようにと、国際裁判所に訴え出たのである。これによって作業はさらに遅れた。しかし最終的には、アメリカ合衆国の国旗がオベリスクの頂上に掲げられた。

次いでゴーリング少佐のぶつかった技術的な問題は、オベリスクの移動と船に積む作業をどのように進めるかであった。オベリスクの周囲が片付けられると、隠れていた土台が現れた。その結果、このオベリスクは階段状になった土台の上に作られた台座上に載っていることがわかった（写真8－2参照）。また、オベリスクの底部には二匹の青銅製のカニがあり、その各々にはギリシャ語とラテン語でアレキサンドリアに建てられた由来が次のように刻まれている。

「〔アウグストゥス〕カエサルの治世第一八年に、エジプト提督であった〔P・ルプリウス〕バルバロスが〔これを〕建立した。建築家ポンティウス」

（このカニは現在、ニューヨークのメトロポリタン美術館の所蔵となっている）。

さて、オベリスクは一種の弾薬箱に収められ、また台座その他も箱に入れられて港に運ばれた。その間に、オベリスクを運ぶためのデシュック号という船の購入の交渉に成功し、運搬に適するように改造された。船体に穴が開けられ、二つの水圧ジャッキを使ってオベリスクをその高さまで持ち上げ、その穴から中に押し込んだ。こうして出航の準備は万端整ったが、肝心の船に乗り込んで運んでくれる勇気ある船乗りがアレキサンドリアにはいなかった。そこでアドリア海の最も北にある都市トリエステで乗組員たちを見つけ、予定より数ヶ月遅れで新世界を目指す旅は始まったのであった。そうしてついに一八八〇年七月二〇日、船はニューヨークの停船港に到着、いかりをおろしたので

写真 8-2　オベリスクと筆者

ある。七月二七日に公園局の議会は、オベリスクをセントラル・パークの中にある硬砂岩の小山の頂上に建てる事を決定した。

階段状の土台は問題なく移動できたが、五〇トンもある台座（写真8－2の台形のもの）は困難を呈した。それをトラックに積みこみ、市の通りを三頭一組になった三二頭の馬で引かせた。台座の設置が完了するといよいよオベリスクを運ぶ作業である。その陸揚げ地については多くの提案がなされたが、最終的にはスティトン島が選ばれた。そこからの歩みは堂々としていたが遅々たるものであった。一日わずか二九・五メートルほど。セントラル・パークの設置場所まで三三二三・五メートルの距離があったので、一一二日間を費やし、翌一八八一年一月五日、オベリスクは無事到着したのであった。

それから約二週間ほど経ってから、オベリスクは一万人を超える観衆の歓呼の中で建てられた（図8－2参照）。アレキサンドリアでの移動作業から実に一五ヶ月の月日が流れていた。そして二月二二日、贈呈式は大勢の政府高官と二万人もの群集が見守る中で盛大に行われたのである。

四、現代病の生き証人オベリスク

式典では、当時国務長官だったウィリアム・マックスウェル・エバートが、現代から見ても非常に重要な演説を行っている。すなわち、古代のアッシリア帝国、ローマ帝国、そしてビザンティン帝国は、その栄えていた頃、エジプトからオベリスクを運び出してその首都を飾った。しかしその大文明も古代エジプトが辿った衰退の道と同じ道を歩み、その繁栄は過去のものとなってしまった。それでは最近オベリスクを手に入れた国々、すなわちイギリス、フランス、そして我がアメリカ合衆国の運命はどうなるのだろうか。

オベリスクはこう尋ねるかもしれないと彼はいう。「おまえたちは永遠にこの繁栄が続くと思っているのだろうか？　富が蓄積すれば、人類は滅びることがないと思っているのか？　ぜいたくという名のやわらかなひだがこの国のまわりをぴったりと包み込んでくれれば、国民の精力と活力が尽きることもないと考えているのだろうか？　衰弱がおまえたちの上に忍び寄っても、それでも国家が滅びることを知らずにすむと思っているのか？」―このような問いに答えられるのは様々な歴史の営みを眺めてきたオベリスクだけだろうとも彼は言った。

一二〇年前の、エバート国務長官の問いかけは、現代においてこそもっと深刻に受け止めなければならないのではない

図 8-2

〈出典〉ハバシュ、前掲書、211 頁

だろうか。なぜなら今、このオベリスクそのものが厳しい現代病に苦しんでいるからだ。石 弘之氏の『酸性雨』（岩波新書、一九九二年）を読んで、我がオベリスクの惨状を知った時から、それが我々に訴える意味をずーっと考えてきた。三五〇〇年前にエジプトで赤色花崗岩から切り出されて以来、長い年月を耐えてきたこの「クレオパトラの尖塔」も、大西洋をわたって一〇〇年足らず、特にここ三〇年の間に大気汚染にさらされて、かくも腐食してしまったのだ（写真8－3参照）。汚染大気の飛来する西側の面が特にひどいと指摘されていたので、じっくり見てみたが、もはやのっぺらぼうといっていいほどであった（写真8－1のオベリスクは東側で、文字はまだよく残っている。西側の写真は逆光のためうまく撮ることができず、石氏の著書からそのまま掲載させていただいた）。現代の摩天楼が立ち並ぶニューヨークのなかで（そのうち二つはテロで破壊されてしまったが）、古代の摩天楼といわれたオベリスクが叫ぶ声を、アメリカ人ばかりでなく人類がどう聞くかこそが、これからの最重要の課題ではなかろうか。

写真 8-3

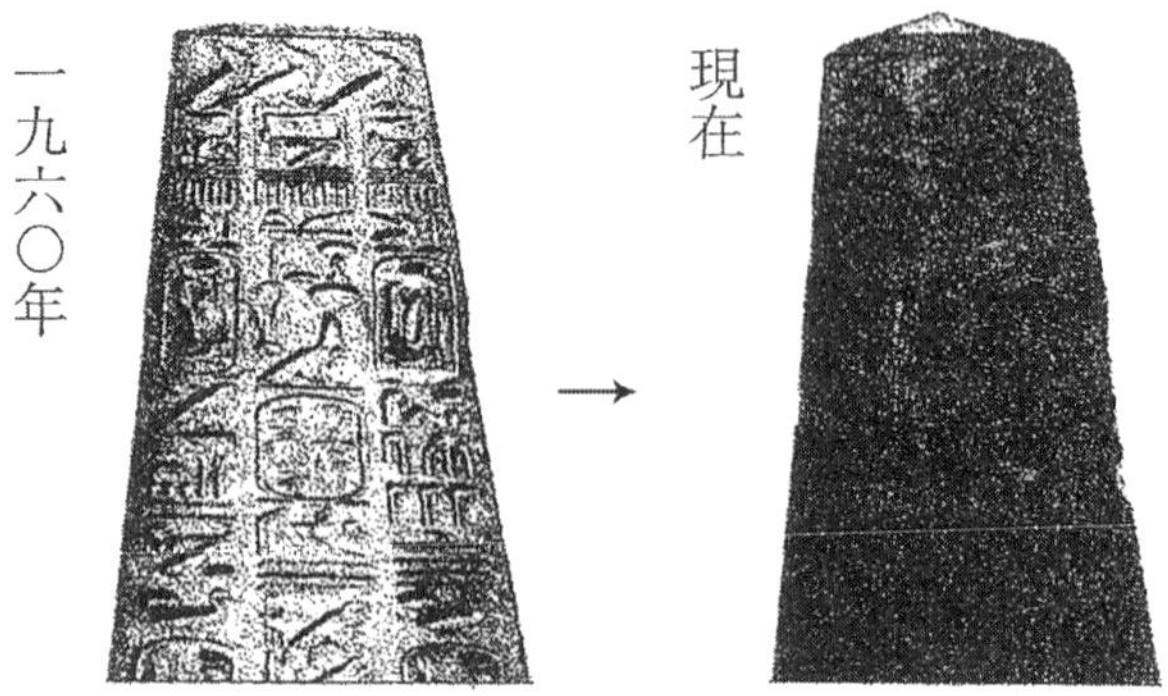

〈出典〉石『酸性雨』1992 年、125 頁

第9章　アメリカ民主主義の本質
―ターナーとアーノルド理論に触発されて―

はじめに

今回の研修の旅は、アメリカ合衆国の中西部であった。そして中西部といえば、直ちにフロンティア開拓の歴史を思い出す。しかもまさに、ここここそアメリカ民主主義の発祥の地でもある。一〇〇年以上前にフレデリック・J・ターナーがそのことを見事に論じた。しかし一方、わたし自身が『環境世界史学序説』（国書刊行会、二〇〇一年）を出版して以来、アメリカの環境、とりわけ森林破壊に関して特別な関心を払ってきた。それは、なぜかというと、過去三〇〇年間でアメリカの森が激減したことを知っていたからである。旅行中、常にそうした観点から風景を眺め続けた。拙著出版後に読んだD・アーノルド『環境と人間の歴史―自然、文化、ヨーロッパの世界的拡張―』（飯島昇藏・川島耕司訳、評論社、一九九九年）は、そのための確かな視点を与えてくれた。そこで今回は、ターナーとアーノルドの理論を中心に据えつつ、表題についてしばらく考えてみようと思う。

一、ターナーのフロンティア論

フレデリック・J・ターナーが、アメリカ史におけるフロンティアの意義についての論文「アメリカ史における辺境の重要性」(一八九三年)『アメリカ史における辺境』(松本政治・嶋忠正訳、一九七三年、北星堂書店、所収)を発表してから一世紀が経過した今日においてなお、その学説が批判され、あるいはその有効性が論じられていることを見るにつけても、その寿命の長さに驚嘆せざるをえない、と岡田泰男氏は述べている(『フロンティアと開拓者』東京大学出版会、一九九四年、二九一頁)。ここでは、その批判の詳細は論じられないが(それについては、渡辺真治『フロンティア学説の総合的研究』近藤出版社、一九八〇年を参照)、ターナーの理論がかくも長期にわたって大きな影響を及ぼしていることは事実である。

さて、アメリカにおいてフロンティアが消滅したのは、一八九〇年のこととされている。ターナーの先の論文はその三年後に書かれたものだ。本稿に関わる限りで、そのおおよその論点を述べれば次のようになろう。

今日に至るまでアメリカの歴史は、その大半が「偉大な西部」の植民化の歴史である。自由地域の存在、それが絶えず侵食され後退する、そしてアメリカ人の開拓部落が西へ西へと進出する、—これらがアメリカの発展を説明する。辺境はその開拓の波の外端部—野蛮と文明の接触点であった。辺境の前進は、ヨーロッパの影響から絶えず遠のいて、アメリカの線上での不断の独立の生長を意味した。辺境は様々な自然の境界線による特徴を示すが、そのいずれもインディアンとの戦いで勝ち取ったものである。毛皮の取引をする交易商人がインディアンの住む荒野へ入り込み、文明への道を開いた。…

大西洋沿岸は圧倒的に英国系であったが、辺境へは旧大陸からの移民が絶え間なく自由な土地へと流れ込んだ。そのため、辺境のルツボの中で移民たちはアメリカナイズされ、開放され、融合されて、国籍の点でも性格の点でも英国的でないひとつの混合民族となった。こうして、辺境が米国民のために混成的な国籍の形成を促進した。…

しかし、辺境の最も重要な影響は、アメリカおよびヨーロッパにおける民主主義の推進であった。辺境は個人主義を生み出す。というのも、複雑な社会が荒野のために一挙に家族を基盤とする一種の原始的な組織に転落するからである。その傾向は反社会的であり、支配に対する反感、殊にどんなものであれ直接支配に対する反感を生み出す。このような個人主義が、当初から民主主義を促進してきたのである。こうして合衆国の民主主義は、第七代大統領ジャクソンらの下で西部が優勢になるにつれて勃興した。そのことは良い要素も悪い要素も一切ひっくるめて辺境の勝利を意味した。…

以上、ごく簡単にまとめてみたが（ターナー、前掲書、六〜四二頁）、本稿のテーマにあえて引きつけてこの中から重要なポイントを取り出せば、それは以下の三点であろう。①アメリカの歴史はその大半が西部の植民地化の歴史であること。②インディアンを野蛮と捉え、彼らの住む荒野を戦いで勝ち取っていくことが文明であり、アメリカの発展であること。③そのような過程で生み出された個人主義こそが、アメリカ民主主義の根幹であること。

二、アーノルドのフロンティア論

D・アーノルドは先の書物で、その独自の観点からターナーの理論を検討している。が、それに先立ち、「移住者の社会は、地域的環境に適応し、順応するように強いられるのであろうか。それともそれは自分たち自身の環境が入った鞄を持っていくのだろうか」、という興味深い問いかけをしている（アーノルド、前掲書、一三四頁）。そして、フロンティア論はヨーロッパの（またはヨーロッパから派生した）社会の力動的な性格を表す装置として、そしてそうした社会と、原始的で、不変であると考えられている社会、あるいはそうした社会がみせている生態とを対照する装置として用いられてきた、と指摘する。

彼はターナー理論のなかでインディアンがどのように扱われているかに関して、重要な見解を示している。すなわち、ターナーは一方では、アダムズ学派の、人種的で遺伝的な議論に反対していたし、また、アメリカの諸制度のヨーロッパ起源を、彼らが強調することに反対していた。しかし他方では、インディアンたちが征服され、白人のその後のアメリカ史から排除されるべき必要がある劣った種族であるとする観念を是認していた。このフロンティアは、人種的服従とその後の排除をもたらしたフロンティアであった。そこには、強力で意識的なダーウィン的方向性があった。フロンティアは、たんに新しいアメリカを生んだ文化的母胎であるだけではなく、原始的なインディアンから白人の工場や農場や裁判所へと変わっていった、ターナーがいうところの「社会進化の記録」でもあった。

さらにアーノルドは言う。ターナーの見方では、インディアンたちは環境の一部であり、自然と同種のものであり、原始的で邪魔になるものであったが、森林や川や山の道と同様に、形成していく力をもつものであった。インディアンたちは克服されなければならなかった。そうすることで、彼らに変わる白人のアメリカ的制度や価値を栄えさせることができたのである、と。

彼が引用するターナーの文章を記しておこう。後者の基本的考え方がよくでている。

カンバーランド渓谷に立ち、文明の進歩を見よ。塩泉への道をたどるバッファロー、インディアン、毛皮商人やハンター、ウシの飼育人、開拓農民が、一つの縦列をなして行進して行き、そしてフロンティアは過ぎ去っていく。一世紀後にロッキー山脈のサウス・パスに立ち、前より広い間隔をとりながらではあるが同じ行進が続いているのを見てみよ。

ターナーのインディアンの扱いに対する、アーノルドの批判は手厳しい。あまりにも白人的な立場、ダーウィン的進歩主義的立場に立ちすぎているからだ。現時点でわたし自身がターナーを批判するとすれば、まさにこの人種的偏見にこそあるだろう。が、こうした見方はその後ウォルター・W・ウェッブにも引き継がれていく（『グレイト　フロンティア―近代史の底流―』西澤龍生訳、東海大学出版会、一九六八年）。この本は一九五二年に書かれたものだが、アーノルドも指摘するように、フロンティアにおける最も重要な性格の一つは、それが表象する自然との遭遇であると、ウェッブはターナーよりもさらに強調して述べている。「ヨーロッパでは生活の主題は人対人、人対文明であった。フロンティアでは主題は人対自然であった」（ウェッブ、前掲書、三〇頁）、と。ここでは先住民は自然と同一視されてしまって、完全に無視されている。彼らには、ヨーロッパ人たちが北アメリカの海岸に最初に上陸したとき、アメリカは手つかずの土地であったという観念があった。しかしそれは正しくない。風景は文化的な産物であり、約一万五千年前にアジア系の人々がベーリング海峡を渡ったときに、アメリカの森林の変化は始まったのである。ヨーロッパ人が最初に北アメリカに来たときに見たものは、すでにインディアンによって変容させられた、あるいは彼らに管理を受けてきた自然なのである。

様々な論拠をあげながら、アーノルドはターナー＝ウエッブ説を批判し、そのうえで、南北アメリカの生態を全体として眺めたとき、それは旧世界の植物や病原菌の侵入によって変容させられたのではなく（したがってそのように主張するA・W・クロスビー『ヨーロッパ帝国主義の謎』岩波書店、一九九八年、に対してアーノルドはきわめて批判的である）、かつては豊かであった環境に対する人間の意図的な略奪によって変容させられた主要な例だという。とりわけ北アメリカにおける環境への衝撃においてなおいっそう膨大であったものは、森林の破壊であった。これも人間による収奪と排除の行為であり、その結果として、それまで彼ら自身の必要に応じて森林の生態系を管理してきたインディアンたちの追放をもたらした、と結論づける（アーノルド、前掲書、一六六頁）。

三、アメリカ民主主義の本質

以上、限られた紙数のために大変不十分な論証になってしまった。が、いわば正反対ともいえる二人の北アメリカ史におけるフロンティアの捉え方を見てきた。きわめて単純な言い方をすれば、ターナーは白人の立場から、アーノルドはインディアンの立場からの考察であったといってよい。先走って言ってしまえば、「環境世界史学」を提唱する私の立場は、アーノルドに非常に近いといえるだろう。

そこで改めて表題に立ち返りたい。アメリカ民主主義の本質とは何であろうか、と。もはや言うまでもないかもしれない。すでにみたように、ターナーによれば、野蛮＝インディアンを倒し、その管理する森を伐採するフロンティアにおいて生み出された個人主義こそアメリカ民主主義の根幹をなすものだとすれば、それは先住民撲滅と森林破壊を内包するものではないか、と。否、内包というよりも表裏一体といった方がよいかもしれない。つとによく知られているように、第七代大統領ジャクソンは、西部から生まれたもっともアメリカらしい民主主義を体現する人だが（「ジャクソニアン・デモクラシー」）、彼がインディアン抑圧にかけた情熱こそが、この民主主義の本質を語っていないだろうか。

ところで、「環境考古学」を提唱する安田喜憲氏は、われわれとはやや違った角度からアメリカの森を考察していて興味深い（『日本よ、森の環境国家たれ』中公叢書、二〇〇二年）。すなわち、人類文明史には二つの異質の文明の系譜がある。ひとつは「森の民」の文明で、森と共生し、その世界観はこの宇宙の太陽を含め、命あるものはすべてが永劫の再生と循環をくりかえしているとするものである。もうひとつは「家畜の民」の文明で、森と敵対的な文明を構築した。それはメソポタミア文明にはじまり、近代ヨーロッパ文明へと受け継がれた。しかも森との共生を拒否した「家畜の民」の文明が発達させた金属製の武器は、「森の民」を支配し、殺戮する兵器ともなったのである。この武器を持った「家畜の民」が近代ヨーロッパからアメリカへ渡ったとき、先住民インディアンはひとたまりもなかったであろう。安田氏は一つの衝撃的な図（矢印は引用者）を掲げている（図5－3、本書、一〇四頁参照）。これらの図に関しては、もはや説明を要しないだろう。やはり森の消滅と森の民インディアンの消滅は軌を一にしていたのだ。（本書、第Ⅲ部、図10－1、二一〇頁をも参照）

安田氏は「家畜の民」の世界観が、直線的・発展的であることを指摘している。私自身は、ヨーロッパ一九世紀の発展史観が森林破壊を内包するものであることを先の拙著でくりかえし説いた。ターナーもウェッブもそうした世界観を共有している。図のような痛ましい森の消滅を見るとき、アメリカがそうした世界観・史観による、人類にとってマイナスの意義をもった巨大な実験場であったように思えてならないのである。

おわりに

日本ではまだまだアメリカの民主主義は一つの理想として語られることが多い。アメリカのようにならない限り、日本は遅れているという発想だ。しかし果たしてそうだろうか。民主主義の重要性を疑うものではないが、「森の民」に適合した民主主義があるのではないだろうか。アメリカを参考にするにしても、かつて当のターナーが喚起を促してくれた次の言葉を忘れるべきではないであろう。

自由な土地から生まれた民主主義は、利己性と個人主義が強く、行政上の経験や教育に対して偏狭で、個人の自由を適度な限界をこえてゴリ押ししようとして、利点と共に危険もはらんでいる（ターナー、前掲書、三六頁）。

第10章　環境史と世界史

一、「環境世界史学」の創造

世界的に環境史が意識され始めたのはいつであろうか。やはり先達はアメリカで、一九七六年にAmerican Society for Environmental History が創設され、同年から雑誌 *Environmental Review* が、ついでそれを引き継ぐ形で一九九〇年から *Environmental History Review* が、さらに一九九六年から現在まで *Environmental History* と名称を変えて刊行されている。他方、ヨーロッパではこの分野に参入した学者はアメリカよりも早かったと思われるが、団体としての形成は遅く、イギリスで *Environment and History* という雑誌が発刊されたのは一九九五年のことであった[1]。

もとより、私は当時、このような世界的状況を十分にふまえるまでに至っていなかった。が、日本の安田嘉憲の諸業績に強く刺激を受けながら、それまで研究してきた「一七世紀の危機」の方法論をベースにして、いずれ日本でも世界史教育に環境史の成果が組み込まれるに違いないと考え、「世界史教育における環境問題の取り扱い」を書いたのが一九九五年のことであった。そしてその数年後に、「環境世界史学」の創設が必要と思い、『環境世界史学序説』を世に問うた。[2]

それゆえ、今回の高等学校学習指導要領世界史B「2 内容」の「(1) 世界史の扉」のアにおいて「自然環境と人類のかかわりについて、人、もの、技術、文化、宗教、生活などから適切な歴史的事例を取り上げて考察させ、世界史学習における地理的視点の重要性に気づかせる」という文言が目に入ったとき、「ついに来たか」という感慨を持ったのである。

二、パラダイム転換—森林破壊からみる—

「環境」という視点からこれまでの世界史を見ると、考え方を一八〇度ひっくり返さないといけないという思いに駆り立てられることがしばしばであった。

たとえば、マルクスの発展段階論を下敷きにした、大塚久雄の資本主義発展理論、すなわち、古代オリエントの貢納制社会→ギリシア、ローマの奴隷制社会→中世ヨーロッパ、とくにガリアを中心とした封建社会→近代西ヨーロッパとりわけイングランド、ネーデルランドを起点として生誕し、拡延するにいたった資本主義社会という一系列は、これまで生産力の発展による文明の進歩とみなされてきた。[3] しかし、この系列の中心地がなぜ、時代により地理的移動をみせているのか。この事実に着目すれば、これまでとはおよそ異なった見方ができる。すなわち、オリエントのシュメールに始まる文明は、牧畜民の文明を引き継ぎ、初発から森や自然を徹底的に搾取する性格を持っていた。その搾取が限界に達するとその文明は衰亡し、その中心地を自然の豊かな地に移した。いいかえれば、生産力の発展とは、実は自然や森の食い潰しのプロセスそのものに他ならないと言えるのであり、世界史をこの見地から捉え直す必要を痛感するのである。[4]

その意味で、アメリカ民主主義の本質をめぐるターナーとアーノルドの議論を見てみよう。前者による重要な論点は、①アメリカの歴史はその大半が西部の植民化の歴史であること。②インディアンを野蛮と捉え、その住む荒野を戦いで勝ち取っていくことが文明であり、アメリカの発展であること。③そのような過程で生み出された個人主義こそがアメリカ民主主義の根幹であること、である。この②については今日ではいろいろ批判もあるが、これがおよそこれまでのアメリカ史の見方であった。これに対し、後者アーノルドは、南北アメリカの生態を全体として眺めたとき、それは旧世界の植物や病原菌の侵入によって変容させられたのではなく、かつては豊かであった環境に対する人間の意図的な略奪によって変容させられた主要な例と捉える。とりわけ北アメリカにおいて、環境への衝撃のなかでなおいっそう膨大であったのは森林の破壊であり、その結果として、それまで必要に応じて森林の生態系を管理してきたインディアンたちの追放をもたらした、と結論づけた。

この野蛮＝インディアンを倒し、彼らが管理してきた森を伐採するフロンティアにおいて生み出された個人主義こそが、アメリカ民主主義の根幹をなすものだとすれば、それは先住民抑圧と森林破壊を内包するものでないか。第七代大統領ジャクソンは、西部から生まれたもっともアメリカらしい民主主義を体現する人だが、その彼がインディアン撲滅にかけた情熱こそが、その民主主義の本質を物語っていないだろうか。環境史からすれば、このような見方も可能ではないか。[5] 図10－1は北アメリカにおける一六二〇年から一九二〇年までの森林の消失を見事に示しているが、とりわけ一八五〇年以降の消滅は急激であり、同世紀後半のインディアンの追放と軌を一にしているのである。

図 10-1　北米における森林の消失

1620年

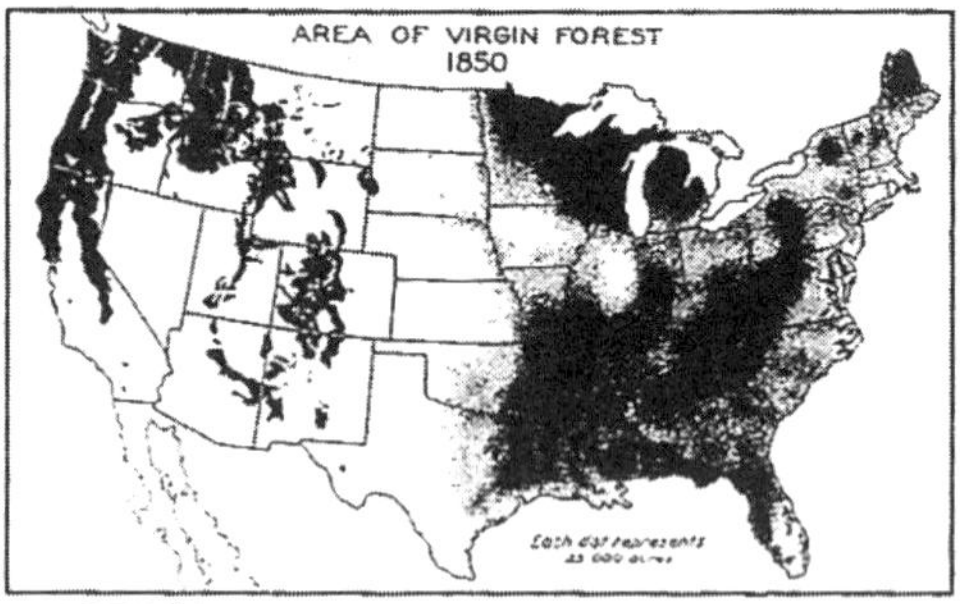

1850年

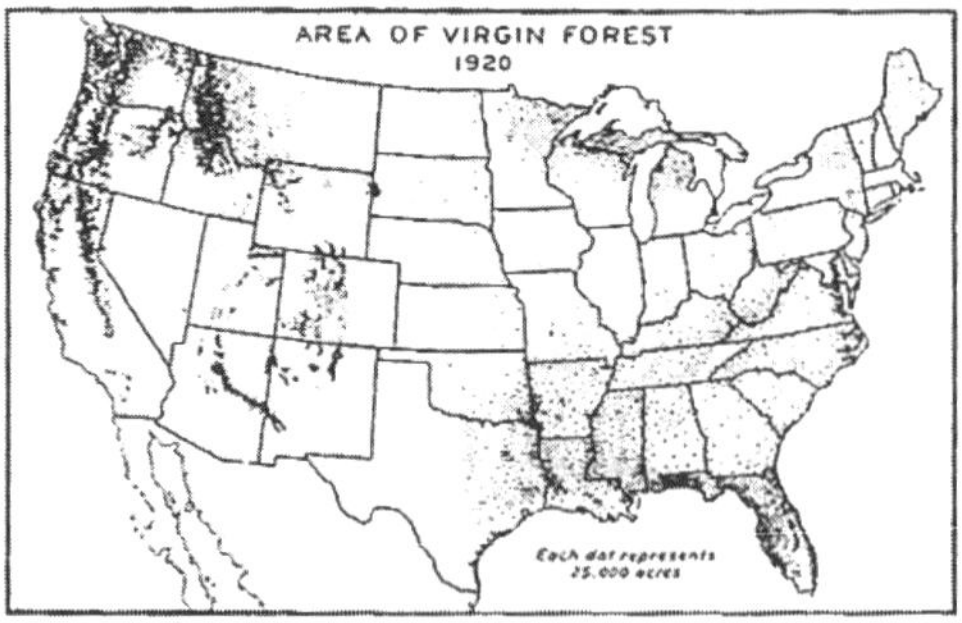

1920年

〈出典〉M.Williams,*Deforesting the Earth*,2006

三、気候からみる世界史

かつてマルクス主義史学が隆盛を誇っていたときには、気候が歴史に影響を与えるという主張は、直ちに環境決定論として厳しく排斥されたものである。しかし、今日では気候変動が歴史に及ぼす影響が様々な面で明らかにされつつあり、環境史における重要なファクターとなっている。[6] そこでここでは気候に着目して、次の三つの局面から概観してみたい。

（一）西暦五三五年の大噴火

西暦五三五年ないし五三六年に、人類史上最大の天災が発生した。何が起きたのだろうか。当時の東ローマ帝国の歴史家プロコピオスが「日光は一年中、輝きを失って月のようだった」と述べていることが一つのヒントとなろう。すなわち陽光が弱まったということは、何らかの大気汚染が原因だったのであるが、それはおそらくスマトラ島とジャワ島の狭間あたり、クラカタウ山の原型だったスンダ海峡のカルデラにおける、過去五万年間で最大級の噴火によるものではないかと考えられる。その結果、全世界的な現象として気温は下がり、飢饉・洪水・干ばつ・疫病そして戦争が頻発した。

この天候異変により東ローマ帝国は半ば崩壊しかかり、アラビアでも政治的変動が生じ、ヨーロッパ西部ではペストにより人口が激減し、また東アジアでは、この天災が各地で政治経済を不安定にしたが、この混乱のなかから隋が中国を統一する。日本の飢饉と仏教導入(五三八年)の背景もここにある。さらに、東南アジア、たとえばインドネシアでは五〇〇年にわたって繁栄を謳歌した古代文明が滅び、あちこちで王朝が断絶・交代した。中南米でも、ピラミッドで有名なアメリカ古代文明最大のテオティワカンが民衆の反乱で崩壊し、ペルーのナスカ文明も滅亡した。こうして、キーズによれば、世界中で古代文明は崩壊し、その後、近現代世界の原型が誕生するというのである。(7)

(二) 一四世紀の危機

図7-11(本書、一六七頁参照)は屋久杉の年輪分布から得られた過去二千年の気候変動で、およそにおいて世界の気温も反映していると見られる。これによれば八〜一二世紀は「中世温暖期」で、北欧におけるヴァイキングの活動が活発になったことや、中国宋の繁栄も日本の東北開発も、この温暖化に裏打ちされている。

しかし、一四世紀にはいると状況は一変する。ほぼ一世紀にわたるこの地球的規模の大異変をモンゴルを中心に見事に描いたのは杉山正明で、「世界史」を論じようとこころみる者は、この一四世紀をおおった暗黒と不幸から目をそらすべきでないと強調する。(8) ユーラシア全域が地震、洪水、長期の異常気象に見舞われ、モンゴル帝国はこれによって沈み込み、一三四六年からペスト(黒死病)がエジプト、シリア、東地中海沿岸部、さらにヨーロッパを襲い、国家と社会を破滅においこむ。杉山はこの原因がわからないとしたが、私は、図3－1（本書、六一頁参照）から、一三二〇年代からおよそ四〇ないし五〇年代までの滑り落ちるような寒冷化であることを突きとめた[9]。図3－2（本書、六三頁）にもそれは表れている。ヨーロッパでのジャックリーやワットタイラーの乱、中国での紅巾の乱、日本の南北朝内乱もこうした時代背景の中に位置づけなければならない。

（三）一七世紀の危機

一六世紀は世界中でヨーロッパの大航海時代をはじめとして拡張が見られた時代で、ブローデルによって「長期の一六世紀」と呼ばれている。ところが、図3－2（本書、六三頁参照）によれば、一七世紀に入ると気候はさらに落ち込む。私はこの時期こそ「小氷期」の名に値すると考えているが、一四世紀からそう考える学者も多い[10]。寒冷化に伴ってペストもまた蔓延し始める。

ところで、一七世紀も一四世紀と同様に、地球上のいたるところで、多くの事件が起きている。すなわち、ヨーロッパでは三〇年戦争、ピューリタン革命、フロンドの乱など、中国では李自成の反乱による明の滅亡、日本でも島原の乱が勃発した。パーカーらは、一七世紀の危機の根底に気候の寒冷化を見、それに伴う穀物凶作さらにそこから派生する移住・死・反乱を世界的規模で考察している[11]。しかも、ペルー及び日本の銀の生産が一七世紀にはいると急減し、世界中が銀不足からいわゆる金融危機に見舞われる。明から清への王朝交代や日本の「鎖国」も、こうした事態に対する対応策ではなかったか。

四、今後の課題

以上、小論では、私がこれまで関心を持ってきた環境世界史のほんの一端を、主に森林破壊と気候変動という二つの側面から垣間見たにすぎない。

ところで、この森林破壊に関しては思想的にも大きな問題となっている。すなわち、この破壊の根源はユダヤ・キリスト教に大きな原因があるのではないかと。リン・ホワイトが最初にこの問題を提起し、その後反論もあるが、ジャック・ル＝ゴフなども一九世紀までヨーロッパ人が自然を支配しようとする意志があったことを認めている。[12] もしそうならば、このような観点からも、これまでのヨーロッパ中心史観を再検討する必要があるであろう。

注

（1）環境史の概観には、J・D・Hughes, *What is Environmental History?*, 2006

（2）拙著『環境世界史学序説』国書刊行会、二〇〇一年、拙稿（一九九五）も本書に所収。

（3）『大塚久雄著作集』第四巻、岩波書店、一九六九年、一六九頁以下。

（4）安田喜憲『森林の荒廃と文明の盛衰』思索社、一九八八年。

（5）拙稿「アメリカ民主主義の本質」『米国理解教育（Ⅲ）』愛知教育大学「米国理解教育プロジェクト」第三年次報告書、二〇〇二年、所収。（本書、第Ⅲ部第9章）

（6）あるいはモズレイのように、「気候、土壌、森、河川、動物は歴史の《共同創造者 Co-creator》として作用する」という見方で気候を位置づけるのも面白い。S・Mosley, *The Environment in World History*, 2010, p.3.
（7）D・キーズ『西暦五三五年の大噴火』文藝春秋、二〇〇〇年、一〇頁。（本書、第Ⅱ部第7章二も参照）
（8）杉山正明『クビライの挑戦』朝日選書、一九九五年、二四八頁。
（9）拙稿「発見―モンゴル帝国大崩壊の秘密がたった一本の桧の中にひめられている」『皇学館大学文学部紀要』第四一輯、二〇〇二年、所収。（本書、第Ⅰ部第3章）
（10）たとえば、B・フェイガン『気候大変動』河出書房新社、二〇〇一年。
（11）G. Paker & L. Smith(ed.),*The General Crisis of the 17th Century*,1978.（本書、第Ⅱ部第7章五も参照）
（12）L・ホワイト『機械と神』みすず書房、一九九九年、およびル＝ゴフの「まえがき」R・ドロール他『環境の歴史』みすず書房、二〇〇七年、所収。

第11章　グローバル教育とグローバル・ヒストリー

一、研究史概観

歴史家たちの間で、国際的な局面で「グローバル・ヒストリー」が問題にされ始めたのは、実はごく最近の二〇〇〇年八月、第一九回オスロ国際歴史学会議においてであって、ここでそれが最初の大きなテーマとなったのであった。(1) また、ほぼ時を同じくしてフランスにおいても、二〇〇一年の『アナール』第五六巻一号に「グローバル・ヒストリー」特集号を掲載している。(2) 我が国においては、後で述べるA・フランクの著作『リオリエント』の翻訳(3)がきっかけとなって、二〇〇二年二月に、川勝平太氏により『グローバル・ヒストリーに向けて』(藤原書店)が編集され、五月には先の『アナール』に載せられた論文を中心に『思想』(岩波書店)に「グローバル・ヒストリー」特集が組まれた。このように、グローバル・ヒストリーが専門の歴史家たちの間で議論されるようになったのは、まだ非常に日が浅いといえるのである。が、もとよりアメリカにおいては、早くも一九六〇年代から、L. S. Stavrianos がグローバル・ヒストリーを構想し[4]、その後も、B. Mazlish, David W. Del Testa, Barry K. Gills らの編纂になるものが着々と積み重ねられている[5]。その意味でもグローバル・ヒストリーの本家本元はやはりアメリカといってよいであろう。

ところで、我が国の歴史教育においては、日本の歴史家たちに先立つことずっと以前に、すでにグローバル・ヒストリーが構想され、議論されていることは注目されてよい。私自身、一九九〇年に地球社会のグローバル化の進展に鑑み、世界史のグローバルな捉え方を提唱したが[6]、その後原田智仁氏やとりわけ宮崎正勝氏が包括的な研究をしている[7]。

二、なぜグローバル・ヒストリーなのか

グローバル・ヒストリーが登場した背景には、いうまでもなく経済の国境を越えたグローバル化がある。それによって諸国家を超えた「地球を全体としてみる目」(川勝)が登場してきたのであるが、問題はそれによって世界史の何が問われるようになってきたかということである。我が国の世界史教育に即して考えれば、これまでの最大の問題点といってよいものは、ヨーロッパ中心史観であった。私がグローバル・ヒストリーに着目してきたのも、何とかしてヨーロッパ中心史観をこれによって克服できないかということであった。実は、大きな話題を呼んだ先のフランクの著作は、その点を徹底的に究明したものであって、近世を中心とした世界経済を分析した結果、その中心はヨーロッパではなくてアジアであること、したがって、「ヨ

ーロッパ中心主義というトンネルに入ったような視野の狭さから抜け出なければ、世界史を―あるいは、そのどの部分でさえも―理解する道はない」と結論するに至ったことは重要である。

三、「環境世界史学」の観点から気候に注目する

もとより、グローバル・ヒストリーは経済にのみ依拠するものではない。気候は経済よりももっとグローバルな影響を及ぼすことがある。図3ー2（本書、六三頁参照）は、屋久杉の年輪分析から得られた過去二千年の気候変動であるが、おおよそ世界の気温も反映していると見られる。これによれば、八〜一二世紀の「中世温暖期」の後、気温は急激に下降し、ほぼ一三〇〇年を境にして、いわゆる「小氷期」に突入し、一七世紀が最寒冷期であることが読み取れる。歴史上一四世紀と一七世紀は「危機」の時代といわれ、いずれも戦乱、農民反乱、革命が起き、ペストなどの疫病が蔓延した。その背後に、このような厳しい気候の寒冷化があったことは間違いない。日本の半世紀以上にもわたる南北朝の動乱も、この「一四世紀の危機」の一コマと捉える眼が必要であろう。私が気候から日本史・世界史教育を再構成することを提唱したのも、以上の点と深く関わっている。(8)

四、文明史の視点からグローバル・ヒストリーを再構築する

ところで私は、我が国の文明史の分野の業績でグローバル・ヒストリーに大きな示唆を与えるものがあると考えてきた。梅棹忠夫氏の『文明の生態史観』（中央公論社、一九六七年）である。図1―2（本書、六頁参照）の如く、ユーラシア大陸を第一地域（西ヨーロッパと日本）と第二地域に分け、後者が大乾燥地帯に生息する諸民族の暴力と破壊によって、全体の発展が妨げられてしまったのとは対照的に、そのはしっこに位置する前者はそれをまぬがれ、封建制から高度資本主義社会へと発展したと見る。これに対し、川勝氏は第一地域の文化変容に海外からの外圧が決定的なのに、梅棹理論には海洋がないことを批判し、図1―6（本書、一六頁参照）のように海洋を書き込んだ『文明の海洋史観』（中央公論社、一九九七年）を主張した。私は両者を相補的に捉える必要があると感じつつも、なおそこに気候変動が組みこまれていないことに不満を持っていた。そのような折り、世界システム論の観点から、山下範久氏が図2―2（本書、三一頁参照）のような興味深い図を提示してきた。[9] 氏の関心は近世日本の世界史における時空の位置付けにあるが、日本は一六世紀ごろに氏が「近世帝国」と呼ぶ五つの楕円（ヨーロッパ、北ユーラシア、西アジア、南アジア、東アジア）の一つである東アジアのシステムに組みこまれる。しかもこの五つの近世帝国には共通の特徴を持つ対等の価値づけがなされ、ヨーロッパ中心史観からも抜け出している。この図に、梅棹氏の第一地域の「はしっこ」論と先の一四・一七両世紀の「危機」を組みこんで私が構想したのが、図2―9（本書、四九頁参照）である。[10] 今後、私たちは自らのグローバル・ヒストリーを作り出していく努力をしなければならないと思う。

注

（1）Proceedings,*19th International Congress of Historical Sciences*,Oslo,2000.

（2）*Annales Histoire,Sciences,Sociales* 56^{e} Annee-no1,2001.

（3）Andre Gunder Frank,*ReORIENT*,1998. 山下範久訳『リオリエント』藤原書店、二〇〇〇年。

（4）L.S.Stavrianos,*The World Since 1500:A Global History*,1966,Id,*The World To 1500:A Global History*,1970,Id. *A Global History,From Prehistoy To The Present* ,1971. 同著者の邦訳本としては『新・世界の歴史』（桐原書店、一九九一年、原題はLifelines From Our Past,1989.）がある。

（5）B.Mazlish & Ralph Buultjens(ed.),*Conceptualizing Global History*,1993,David W.Del Testa(ed.),*Global History,Cultural Encounters from Antiquity to the Present*,4vols,2004,Barry K Gills & William R.Thompson(ed.),*Globalization and Global History*,2006.

（6）拙稿「社会科教育の国際化課題—三つの相対化—」『皇学館大学紀要』第二八輯、一九九〇年、のち『社会科教育の国際化課題』国書刊行会、一九九五年、所収。

（7）原田智仁「グローバル・ヒストリーの可能性」『社会科教育論叢』全国社会科教育学会年報第四〇集、一九九三年、宮崎正勝『「世界史」の内容構成理論としてのネットワーク論とグローバル・ヒストリー』平成八・九年度科研費研究成果報告書（その一）、一九九八年、同「グローバリゼーションと『世界史』の改革」『グローバル教育』創刊号、一九九八年。

(8) 拙著『環境世界史学序説』国書刊行会、二〇〇一年。以上の点については、本書、第Ⅰ部第4章や第Ⅱ部第7章で補っていただきたい。

(9) 山下範久『世界システム論で読む日本』講談社、二〇〇三年。

(10) 拙稿「新しい世界システム論の構築」『皇学館大学紀要』第四四輯、二〇〇六年。(本書、第Ⅰ部第2章)

〈追記〉なお、本稿を認めた後、水島司＝編『グローバル・ヒストリーの挑戦』山川出版社、二〇〇八年、水島司『グローバル・ヒストリー入門』山川出版社、二〇一〇年、パミラ・カイル・クロスリー(佐藤彰一訳)『グローバル・ヒストリーとは何か』岩波書店、二〇一二年、等が出版されているので、これらによってさらにグローバル・ヒストリーに対する認識を深めていただきたいと思う。

第12章　十字軍と斎王制度終焉の謎

一、問題の発端

私の勤める大学では、毎年春に「参拝見学」と称して、伊勢神宮にゆかりの深い場所を各学年でコース別に訪れることにしている。今年は斎宮歴史博物館に見学に行った。あちこち見た後、一つの年表の前に立ちつくしてしまった。そこでびっくりした発見があったからである。そこには伊勢にやってきた（「群行」という）最後の斎王が都に帰った（「退下」という）年が、一二七二年と記されていた。その瞬間に「待てよ」と思った。これはあの十字軍最後の年一二七〇年とほとんど同じ年ではないか。これはよくある歴史上の偶然の一致なのだろうか。たとえば、六二二年は聖徳太子がなくなった年であると同時に、ムハンマドがメッカからメジナへ都を遷した（「ヘジラ」）年でもある、というように。

だが、私には頭の中にさーっと一連の考え（仮説）が浮かんできた。というのもここ一〇年ほど、生産力論に基礎を置いたマルクス主義歴史観を乗り越えるために、「環境世界史学」を構想し、気候と歴史の相関についてずーっと考えを巡らしてきたからだ（拙著『環境世界史学序説』国書刊行会、二〇〇一年）。この場合、私は結果よりその後に関心を持つ。つまり、十字軍も後から見ればあの時点で終わっているが、その継続の意志はまだまだヨーロッパ側にあったのではないか。斎王もまたしかり。こちらは「群行」がなくなった後もなお三人の斎王が立てられている。もとより数百人を数える壮麗な「群行」を執り行わなくなったことによって、いやが上にも衰退の感はまぬがれないが。それにしても、その後のそうした制度存続の意志の継続を、不可能にしたものがあったにちがいない。

二、モンゴル帝国と東西世界の気候背景

ところで一二七二年といえば、その二年後にモンゴルが日本に襲来した。いわゆる「文永の役」であるが、そのあと一二八一年にも「弘安の役」があって、鎌倉幕府はその対応に忙殺される。モンゴルは三度目の襲撃も計画していたようであるが、それは果たされなかった。他方、モンゴルは日本侵略の半世紀も前から、西に向けて大進撃を開始していた。すなわち一二二三年の南ロシア征服を皮切りに、一二四一年にはポーランド・ハンガリーに侵入し、ヨーロッパを恐怖のどん底にたたき落としたのである。今や十字軍を精神的に束ねていたローマ教皇が神聖ローマ皇帝と共に、ヨーロッパの危機を説かねばならなくなった。この時点で、ヨーロッパの敵はイスラムではなくモンゴルになったのではないか。こうして、東西の二つの地域において

「モンゴルの恐怖」にいかに立ち向かうかが、大きな課題となった。そのためどちらの地域においても、内部の結束は今まで以上に高まったのではないか。

　さて、話は変わるが、ここで地球上の気候について考えてみたい。屋久杉の年輪分析（本書、図3―2、六三頁）や尾瀬ヶ原泥炭層の花粉分析（本書、図7―10、一六四頁）などから判明したことは、大きく見れば七～八世紀と一七～一八世紀に顕著な寒冷期がみられ、八～一三世紀には温暖な期間が認められることである。これは日本のみならず地球規模での気候変動をも反映していると考えられている。そして、その二つの寒冷期に挟まれた温暖な時期は「中世温暖期」と呼ばれる。実に興味深いのは、斎王制度の本格的な開始が、「壬申の乱」の翌年の六七三年天武天皇の時であり、最後の斎王が一三三三年（この年が在任期間の最初であり、いつまでその期間が続いたかは分からない）よりしばらく後までで、ほぼこの温暖期と重なることである。また十字軍も一〇九六年から始まり、すでに見たように一二七〇年で終わっており、温暖期のほぼ後半に当たっているといえよう。今回の仮説を思い立ったのも、このことにある時気づいたからである。

三、仮説の提示

モンゴルの話に戻ろう。ユーラシアの東西を脅かしたモンゴルが、一二七九年に南宋を滅ぼしたクビライの時全盛を迎え、しかも輝き始めたとたん、その後急激に衰退していったのはいったい何故であろうか。モンゴル研究の第一人者杉山正明氏は、それを「地球規模の天災」に求めている。すなわち、一三一〇年代ころより、ひんぴんと災害や異常な天候不順がおこり、ユーラシア全域がくらい影におおわれていった。そしてついに一三四六年より黒死病が、エジプト、シリア、東地中海沿岸部、そしてヨーロッパを襲い、国家と社会を破滅においこんだ。おなじころ中国でも黄河が大氾濫し、悪疫が華北・華中を襲った。中国本土では省単位で一〇万、数十万、ついには一〇〇万を越す被災者があふれる事態が続き、モンゴル高原はもっと悲惨であったという。ともかくもおよそ七〇年ほどにわたる長期の「大天災」(私はこれによる社会経済の混乱を「一四世紀の危機」と呼んでいる)で、モンゴル帝国の光は失われた(杉山正明『クビライの挑戦』朝日選書、一九九五年)。もっとも杉山氏はこの地球的天変地異の原因を明らかにしていない。が、私はそれが一三二〇年代初頭から一三三七年ないし一三四七年までの、滑り落ちるような寒冷化であることを突き止めた(拙稿「発見—モンゴル帝国大崩壊の秘密がたった一本の桧の中にひめられている」『皇学館大学紀要』第四一輯、二〇〇二年、本書、第Ⅰ部第3章)。この寒冷化は、実は一二九六年に始まることがわかっている。最近気づいたことだが、その意味で、全盛を誇ったクビライの死が一二九四年であることは象徴的である。なぜなら、彼はモンゴルを衰弱させることになる気候の寒冷化を経験せず、その二年前になくなったのだから。

モンゴルのこのような衰退によってヨーロッパでも日本でも、いつ襲ってくるかもしれない「モンゴルの恐怖」はしだいに薄れ始めた。それによって、キリスト教世界を束ねる唯一の存在としてのローマ教皇は急速に権威を失い、ローマとアヴィニョンに教皇が並び立つという「大分裂時代(シスマ)」をむかえたのは、モンゴルが明によって高原に退けられたちょうど一〇年後の一三七八年のことであった。もはや十字軍を支えた精神的支柱は崩壊したと言っていい。他方、日本でもおなじ理由によって、御家人同士の結束がゆるみ、得宗家の専制に対する反発が強まる。それに力を得た後醍醐天皇による倒幕の動きが加速する。こうして鎌倉幕府は一三三三年に滅ぶが、これが、先に述べた急速な寒冷化のまっただ中であることは興味深い。そしてこの年に、最後の斎王が任についたことはすでに述べた。博物館の学芸員さんに聞いたところによれば、この時期の斎王は鎌倉幕府の後ろ盾あってのことであった。それが滅んではもはや何ともならない。まさに「一四世紀の危機」の日本的現象形態である南北朝の動乱のさ中に、斎王制度は姿を消していくのである。

最初は何でもない偶然の一致かと思われた二つの歴史事象が、実はモンゴルと気候を介在させることによって、両者に深い関連のあることが分かったように思う。「モンゴルの恐怖」からの東西の解放が、十字軍と斎王制度の存続を不可能にしてしまったのだ。

あとがき

拙著『環境世界史学序説』（国書刊行会、二〇〇一年）を世に問うてから、早一五年が過ぎた。第Ⅲ部第10章にも記したように、何とかして「環境世界史学」という分野を立ち上げたいという思いは強かったが、それ以後思うような成果を出せないままに今日まで来てしまったことに、内心忸怩たるものがある。しかも今年度で定年を迎えることになり、学問的にも何らかの区切りをつけたかった。そんな折、青山社より出版のお誘いがあったので、内容は不十分であるし、全体として決してまとまっているものとは言えないが、大きく見たとき「グローバル世界史と環境世界史」という表題が相応しいのではないかと考え、思い切ってこれまで書いてきたもの、講演したものをまとめてみようと思ったしだいである。

そのようなわけで、出版に際し、なにからなにまでお世話になった、青山社の武内秋子さんにはここに記して、心よりお礼申し上げたい。

【初出一覧】

第Ⅰ部

第1章　「二一世紀に向けた世界史の再構築—梅棹忠夫『文明の生態史観』を手がかりとして—」…『皇學館大学文学部紀要』第四二輯、二〇〇三年

第2章　「新しい世界システム論の構築—山下範久『世界システム論で読む日本』の検討を通して—」…『皇學館大学文学部紀要』第四四輯、二〇〇六年

第3章　「発見—モンゴル帝国大崩壊の秘密がたった一本の桧の中にひめられている—」…『皇學館大学文学部紀要』第四一輯、二〇〇二年

第4章　「『一四世紀の危機』について」…『皇學館大学教育学部研究報告集』第四号、二〇一二年

第5章　「ミヒャエル・エンデが『モモ』で訴えたかったこと—その挿絵の解釈—」…『皇學館大学教育学部研究報告集』第二号、二〇一〇年

第Ⅱ部

第6章　「文明と環境から見た福沢諭吉と夏目漱石」…『皇學館大学講演叢書』第一〇四輯、二〇〇一年

第7章　「世界的気候変動の中の日本史」…『皇學館大学講演叢書』第一五〇輯、二〇一三年

第Ⅲ部

第8章　「エジプトからアメリカに渡ったオベリスク―「環境世界史学」の視点から―」…愛知教育大学「米国理解教育プロジェクト」第二年次報告書『米国理解教育（Ⅱ）―米国東海岸諸都市を中心に―』二〇〇一年

第9章　「アメリカ民主主義の本質―ターナーとアーノルド理論に触発されて―」…愛知教育大学「米国理解プロジェクト」第三年次報告『米国理解教育（Ⅲ）―米国中西部諸都市を中心に―』二〇〇二年

第10章　「環境史と世界史」…福井憲彦・田尻信壹編『歴史的思考力を伸ばす　世界史授業デザイン』明治図書、二〇一二年

第11章　「グローバル教育とグローバル・ヒストリー」…日本グローバル教育学会編『グローバル教育の理論と実践』教育開発研究所、二〇〇七年

第12章　「十字軍と斎王制度終焉の謎」…日本教師会『日本の教育』第五二二号、二〇〇四年七月

■著者略歴

深草 正博（ふかくさ まさひろ）

昭和 25 年　名古屋市に生まれる
昭和 49 年　愛知教育大学（歴史教室）卒業
昭和 52 年　東京教育大学大学院文学研究科修士課程（西洋史学専攻）修了
愛知教育大学附属高等学校文部教官教諭・愛知教育大学兼任講師を経て、現在皇學館大学教育学部教授（元 教育学部長）

《著書》

『初等・中等社会科教育』（共著、学術図書出版社、1990 年）
『現代社会科教育実践講座』（共著、第 11 巻、研秀出版社、1991 年）
『社会科教育の国際化課題』（単著、国書刊行会、1995 年）
『21 世紀「社会科」への招待』（共著、学術図書出版社、2000 年）
『21 世紀地球市民の育成』（共編、黎明書房、2001 年）
『環境世界史学序説』（単著、国書刊行会、2001 年）
『グローバル教育の理論と実践』（編集委員、教育開発研究所、2007 年）
『「文化と環境」の教育論』（単著、皇學館大学出版部、2009 年）
『社会科教育実践ハンドブック』（共著、明治図書、2011 年）
『世界史授業デザイン』（共著、明治図書、2012 年）他

《論文》

社会科教育学や世界史教育関係の他、フランス近世史さらに創造性教育に関わる論文が多数ある。

グローバル世界史と環境世界史

2016 年 2 月 24 日　第 1 刷発行
2018 年 3 月 26 日　第 2 刷発行

著　者　深草　正博　
発行者　池上　淳
発行所　株式会社　**青 山 社**
〒 252-0333　神奈川県相模原市南区東大沼 2-21-4
TEL　042-765-6460（代）　FAX　042-701-8611
振替口座　00200-6-28265　ISBN　978-4-88359-345-3
URL　http://www.seizansha.co.jp　E-mail　info@seizansha.co.jp

印刷・製本　モリモト印刷株式会社